Batterien, 51

Leo Schestow

Leo Schestow

Tolstoi und Nietzsche

Die Idee des Guten in ihren Lehren

Mit Aufsätzen von Boris Groys,
Gustav A. Conradi und Aleksej Remisow

Matthes & Seitz

Die deutsche Übertragung aus dem Russischen besorgte Nadja Strasser.

Gustav A. Conradis Essay erschien zuerst in: Antaios, X, Stuttgart 1969.

Aleksej Remisows Impressionen: Erstdruck, zusammen mit weiteren Texten Remisows, in der Zeitschrift »Čiska«, IX, Paris 1933. Hier aus dem Russischen übersetzt von Felix Philipp Ingold.

 Die Originalausgabe *Dobro w utschenii gr. Tolstowo i Fr. Nitsche* erschien zuerst 1900 in St. Petersburg. Herstellung und Umschlaggestaltung Bettina Best, München. Satz: Wirth, München. Druck und Bindung: Freiburger Graphische Betriebe. ISBN 3-451-88221-266-7

INHALT

Boris Groys

Die Krankheit Philosophie

Der Name Leo Schestows (1866–1939) sagt dem heutigen westlichen Leser relativ wenig. Auch in der aktivsten Periode seines Lebens zwischen zwei Weltkriegen war er dem breiteren Publikum kaum bekannt. Trotzdem war Schestow in den engeren intellektuellen Kreisen Europas dieser Zeit hochgeschätzt, und sein Denken übte einen geheimen, aber deutlichen Einfluß auf einige der besten Repräsentanten der damaligen kulturellen Szene aus. Er lebte nach der Emigration aus Rußland im Jahre 1920 in Paris, wo er viel in der französischen philosophischen Presse und in den Pariser Verlagen publizierte und mit vielen geistigen Größen befreundet oder gut bekannt war – u.a. mit Lucien Lévy-Bruhl, Jean Paulhan, André Gide oder André Malraux. Der noch junge Albert Camus war ebenfalls von seinen Schriften tief beeinflußt. Und Georges Bataille hat bei der französischen Herausgabe von »Tolstoi und Nietzsche« mitgeholfen. Darüber hinaus hatte Schestow in Frankreich zwei treue Schüler, die seine Lehre verbreiteten und kommentierten: Benjamin Fondane und Boris Schloezer.

Dennoch galt das eigentliche Interesse Schestows der deutschen Philosophie. Er bewunderte vor allem Husserl und versuchte nachhaltig, dessen Name den französischen Publikum bekannt zu machen, wobei er sich sogar einer Rüge von Malraux ausgesetzt sah, der meinte, daß es unter der Würde eines Denkers vom Rang Schestows sei, sich mit solchen zweitrangigen Autoren wie Husserl oder Bergson zu beschäftigen.[1] Unbeirrt beharrte Schestow aber darauf, Husserl sei der größte lebende Philosoph. Schestow hatte übrigens die Reise Husserls nach Paris und seine Vorträge im Jahre 1929 an der Sorbonne organisiert, aus denen die berühmten Husserlschen »Cartesianische Meditationen« entstanden sind. Nicht weniger war Schestow von den frühen Arbeiten Heideggers fasziniert, mit dem ihn Husserl bekannt machte. Und wiederum war Schestow bemüht, Martin Heidegger, wie auch Max Scheler und Martin Buber, mit denen Schestow ebenfalls persönlich gut bekannt war, nach Frankreich zu bringen. Ganz besonders aber engagierte sich Schestow für die Verbreitung des Namens und der Ideen von Sören Kierkegaard, der in Frankreich damals völlig unbekannt war. Er war auch einer der ersten, die die neue Aktualität der Philosophie Plotins erkannten. Darüber hinaus waren Interpretationen der Werke Tolstois und Dostojewskis, die Schestow in vielen seiner Aufsätze und Vorträge vorgeschlagen hat, für die philosophische Rezeption dieser Schriftsteller in Europa von besonderer Bedeutung. Man kann also sagen, daß Schestow wesentlich dazu beigetragen hat, in Frankreich eine intellektuelle Atmosphäre zu schaffen, die

1. Die Memoiren von B. Fondane. Siehe: N. Baranova-Sestova, »Zizn' Lva Sestova«, La Presse Libre, Paris, 1983, B. 2, S. 132.

später die Entstehung des französischen Existenzialismus ermöglicht hat.

Dennoch gehört das eigene Denken Schestows viel weniger in das existenzialistische Paradigma als es zunächst zu sein scheint. Obwohl Schestow sich in vielen Hinsichten sowohl Husserl wie auch Kierkegaard, Nietzsche oder Dostojewski nahe fühlte, waren ihm diese Autoren vor allem deswegen wichtig, weil sie gleichzeitig die grundlegende philosophische Haltung am konsequentesten verkörperten, gegen die Schestow sein ganzes Leben lang mit äußerster Vehemenz gekämpft hat: erst in der Polemik mit diesen Autoren konnte Schestow seine eigene Position am besten artikulieren. Diese Position hat sich allerdings viel früher in Rußland, im Kontext der russischen Philosophie um die Jahrhundertwende formiert und trägt deutlich den Stempel der damaligen russischen intellektuellen Lage, obwohl auch in Rußland Schestow ein ausgesprochener Einzelgänger war.

Leo Schestow war als Lew Schwarzmann in der Familie eines reichen jüdischen Manufakturhändlers in Kiew geboren. Sein Vater hat sich vom traditionellen jüdischen Glauben etwas distanziert und unterstützte die säkularisierende zionistische Bewegung, die damals ihre ersten Schritte gemacht hat, nahm aber auch am religiösen Leben der jüdischen Gemeinde in Kiew teil. Schestow hat sich später mit den Vertretern der sogenannten russischen religiösen Renaissance um die Jahrhundertwende – und vor allem mit den ebenfalls aus Kiew stammenden Berdjajew und Bulgakow – verbunden und wurde zu einem der bekanntesten Autoren dieser Denkrichtung, die die Abkehr von westlichen philosophischen Positivismus in allen seinen Formen und die Rückkehr zum neu interpretierten russischen orthodoxen Christentum gepredigt hat. Zugleich ist Schestow aber nie zum orthodoxen christlichen Glauben konvertiert. Er schreibt sehr selten über Christus und nennt ihn dabei nur »den besten Sohn der Erde«. Nie beteiligt er sich an Diskussionen über die christliche Dogmatik. Spricht Schestow von Gott, zitiert er dabei aber fast ausschließlich aus dem Alten Testament.

Wenn Schestow seine Loyalität der jüdischen religiösen Tradition gegenüber auf diese Weise nie ernsthaft in Frage gestellt hat, setzt er diese Tradition dem Christentum nicht entgegen. Nie sagt er etwas, das auch für die Christen nicht akzeptabel wäre, nie thematisiert er explizit das kontroverse Verhältnis zwischen Judentum und Christentum. Das Letztere ist um so mehr auffällig, weil fast alle seine christlichen Freunde ihr Verhältnis zum Judentum in ihren Schriften ausführlich behandelt haben. Schestow will dagegen weder als Jude noch als Christ noch eigentlich als Philosoph gelten: ihn interessiert es ausschließlich, wie sich das persönliche Schicksal eines einzelnen Menschen in seiner Religion und in seiner Philosophie äußert. In bezug auf alle von ihm in seinen Schriften behandelten Autoren stellt Schestow immer wieder nur eine einzige Frage: was in ihrem Leben hat sie veranlaßt, sich überhaupt der Philosophie zu widmen? Der Inhalt des jeweiligen individuellen philosophischen Diskurses ist für Schestow nur soweit interessant, ob er sich für die Beantwortung dieser Frage als relevant erweist. Zugleich betreibt Schestow aber auch keine Psychologie: er sucht nach einem Primärereignis, nach dem lebendigen Auslöser für ein theoretisches Interesse überhaupt, inklusive das Interesse an der Psychologie. Diese beinahe traumatische Konzentration auf ein spezifisches »erstes Erlebnis« zwingt den Leser Schestowscher Texte, nach einem solchen Erlebnis in der eigenen Biographie Schestows zu suchen. Die Schestowsche Monomanie findet aber – zumindest auf den ersten Blick – keine Erklärung in seinen Lebensumständen.

Die relativ liberale Atmosphäre in der Familie, der große Bekannten- und Verwandtenkreis sowie der familiäre Wohlstand haben Schestow schon in seiner Jugend erlaubt, entsprechend seinen Neigungen zu studieren und viel zu reisen. Im alltäglichen, praktischen Leben war Schestow besonnen, moderat, klug und im Großen und Ganzen erfolgreich. Als noch vor der Revolution die Geschäfte seines Vaters einmal nicht so gut liefen, kam Schestow nach Kiew und konnte binnen weniger Zeit sie wieder in Ordnung bringen. Alle, die Schestow kannten, erinnern sich an ihn als einen liebenswürdigen, immer freundlichen und aufgeschlossenen Menschen mit gutem Sinn für das Praktische. Diesem Bild entspricht auch die Sprache, in der die Bücher Schestows geschrieben sind: eine klare, etwas ironische, kühle Sprache, die sich nicht anstrengt, um »poetisch«, erhaben, tiefsinnig oder gar »mystisch« zu wirken. Zugleich kreist diese Sprache immer um das eigentlich unbenannte tragische Erlebnis, das vielleicht das Erlebnis dieser Sprache selbst ist.

In allen Texten Schestows werden immer wieder die gleichen Zitate beschworen: u.a. von Tolstoi, Dostojewski, Nietzsche, Spinoza, Tertullian, Kant, Hegel, Kierkegaard, Husserl. Das gesamte Oeuvre dieser

Autoren wird nie analysiert, ihre »Systeme« werden nie rekonstruiert, beschrieben, interpretiert. Nur ein Ausdruck, ein Satz, manchmal sogar ein Wort werden aufgegriffen und als Chiffren einer gewissen Haltung oder eines gewissen Problems immer wieder zitiert – mit Zustimmung oder mit Protest. Diese Zitate scheinen Wunden oder Geschwüre zu sein, die einmal in den Körper der schestowschen Sprache eingeschnitten worden sind und nicht mehr kuriert werden konnten. Ständig kratzt oder leckt Schestow diese Wunden, aber sie verheilen nie – nur weiter brennen und jucken sie, wie bei Schestows Lieblingshelden Hiob. Die ewige Wiederkehr dieser Zitate scheint manchmal zwanghaft, krankhaft – beinahe pathologisch – zu sein. Sie erinnert an die von Freud beschriebene regressive Fixierung auf traumatische Erinnerungen, die mit der Frustration oder Erfüllung des Begehrens verbunden sind. Diese Zitate bezeichnen im Grunde vergleichbare Erlebnisse des schestowschen philosophischen Eros – entweder markieren sie ein Erlebnis der Verzweiflung wegen der Unerreichbarkeit der »besten« Philosophie oder die Erinnerung an das erlebte Gefühl des Durchbruchs und der damit verbundenen kurzen Ekstase. Beide sind aber für Schestow gleich schmerzhaft. Jede Begegnung mit der Philosophie ist für Schestow offensichtlich immer lebendig, tragisch, verletzend. Bestimmte philosophische Sätze traumatisieren seine eigene Sprache, machen ihre weitere unbeschwerte Existenz unmöglich, nehmen ihr die Kraft des Selbstverständlichen, die für die freie, »organische« Entfaltung jeder Sprache eine unabdingbare Voraussetzung bildet. Die konsequent verstandene philosophische Skepsis macht jede – sogar eine ganz einfache alltägliche – Aussage unmöglich, problematisch, unartikulierbar. Und Schestow schreibt keine philosophische Sprache: vielmehr schreibt er diese einfache, gewöhnliche Sprache, die den Verletzungen durch die Philosophie ausgesetzt ist und sie ständig erneut zu überwinden versucht.

Das ist offensichtlich der Grund, warum Schestow seine sprachlichen Erlebnisse als reale, rein persönliche Erlebnisse umschreiben will: sie werden von ihm zwar als tragische beschrieben, aber zugleich domestiziert, weil aus dem sprachlichen Bereich in den »lebendigen« Bereich transportiert, der anscheinend mit Mitteln der alltäglichen, lebendigen Sprache beschrieben werden kann. Die Vorgehensweise von Schestow folgt dabei im wesentlichen dem von Nietzsche entwickelten Verfahren der »Genealogie«: eine theoretische, philosophische oder wissenschaftliche Position wird nicht nach ihrer »objektiven« Gültigkeit, sondern nach ihrem Ursprung »im Leben« gefragt. Für Nietzsche funktioniert eine »abstrakte«, sich nur auf ihren vermeintlichen Erkenntniswert berufende Aussage bekanntlich immer nur als Kompensation einer realen Niederlage: derjenige, der im Leben siegreich ist, braucht keine »objektiven Prinzipien«. Dagegen will der Unterlegene sich mit Hilfe solcher Prinzipien aus seiner realen ungünstigen Lage symbolisch retten. Schestow übernimmt diese Strategie Nietzsches, aber radikalisiert sie zugleich und wendet sie gegen Nietzsche selbst. Für Schestow ist das »Leben«, von dem Nietzsche spricht, ein nicht weniger abstrakter Begriff wie »Vernunft«, »Wissenschaft«, »Freiheit« usw.: im Grunde sind alle diese Begriffe sogar synonym. Indem Nietzsche das siegreiche Leben preist, »amor fati« pre-

digt und sich damit mit den Kräften der Natur identifiziert, die ihn zerstören müssen, will Nietzsche nur sich und die anderen von der Tatsache ablenken, daß er selber krank, arm, schwach und unglücklich ist. Das reale, persönliche Problem Nietzsches, d.h. seine Krankheit, die ihn allmählich umbringt, ruft bei Nietzsche das gleiche Ressentiment hervor, das er bei allen anderen denunziert, und diktiert ihm die Pose eines Sprechenden im Namen des Lebens, die jener Pose gleich ist, mit der man gewöhnlich im Namen der Vernunft, der Moral oder der Wissenschaft spricht.
Schestow diagnostiziert bei Nietzsche den Versuch, seine eigene, individuelle Lage zu verallgemeinern und dadurch die Einsichten, die er aus dieser Lage gewonnen hat, den anderen als eine objektive Wahrheit aufzuzwingen. Diese Strategie ist für Schestow gleichzeitig die Hauptstrategie der Philosophie schlechthin. Ein Philosoph wird dadurch zum Philosophen, daß er seine eigene, individuelle, unreduzierbare Situation als eine allgemeine versteht, beschreibt und zum Rang der universellen Wahrheit erhebt. Damit begeht aber der Philosoph zwei Fehler. Erstens: er versteht seine Lage als in der Realität selbst unüberwindbar. So glaubt Nietzsche nicht an die Möglichkeit, seine Krankheit tatsächlich zu kurieren, zu überwinden – und dieser Unglaube äußert sich in seinem »amor fati«, in seiner Bereitschaft, sich den Kräften der Natur zu unterwerfen. Und zweitens: der Philosoph überträgt seine eigene Situation auf die anderen, die vielleicht in einer völlig anderen Lage sind. So sind vielleicht andere nicht, wie Nietzsche, unheilbar krank, und verspüren deswegen keine Notwendigkeit des »amor fati«, sondern sind durchaus bereit, mit dem Schicksal zu

kämpfen. Warum dann diesen anderen den Nietzscheanismus als eine »wahre Lehre« aufzwingen?
Diese zwei Fehler – von denen der erste für ihn viel schwerer wiegt – stellt Schestow bei allen Philosophen fest, mit denen er sich beschäftigt. Bei den Rationalisten und Moralisten, wie z.B. Tolstoi oder Platon oder Spinoza, gilt noch die Kritik Nietzsches. Aber auch für die »Existenzialisten« macht Schestow keine Ausnahme. So findet er die gleiche Strategie auch bei Kierkegaard. Kierkegaard konnte Regina Olsen nicht heiraten, stellt Schestow nach der kurzen Analyse der Tagebücher Kierkegaards fest, weil Kierkegaard impotent war. Dieses persönliche Problem hat Kierkegaard aber verallgemeinert und daraus ein universelles, existentielles, allgemeinmenschliches Problem gemacht.[2] Damit hat er sich seinem eigenen, rein persönlichen Problem entzogen und auf der anderen Seite alle anderen in Mitleidenschaft gezogen, die vielleicht gar nicht impotent sind und deswegen auch keine existenziellen Probleme haben müssen.
Diese Kritik erweitert Schestow auch auf Heidegger, bei dem er in dessen »Sein und Zeit« nur ein Umschreiben des Kierkegaardschen Denkens mit anderen Mitteln diagnostiziert. Heidegger erweist sich damit als Opfer eines Mißverständnisses: die unglückliche Affäre zwischen Kierkegaard und Regina Olsen wird von Heidegger als universale Wahrheit des menschlichen Daseins dargestellt. Es besteht kein Zweifel, daß Schestow auch den französischen Existenzialismus, zu dessen Entstehung er so wesentlich beigetragen hat, der gleichen Kritik unterzogen hätte, denn die

2. Lev Sestov, »Kirkegard i ekzistentsialnaja filosofia«, Moskva, 1992, S. 37-38.

Existenzialisten reden immer nur über die Subjektivität als solche, die Grenzsituation als solche, die existentielle Wahl als solche, das Erlebnis als solches usw. Nur scheinbar wird hier die klassische vernunftorientierte philosophische Haltung überwunden: die Tragödie, die Ekstase oder die Verzweiflung werden hier genauso verallgemeinert und genauso zu den abstrakten Begriffen gemacht, wie früher die Vernunft und die Moral. Im Grunde wird die »condition humaine« dabei nach wie vor allgemeingültig, d.h. rationalistisch beschrieben.

Schestow widersetzt sich aber gerade einer solchen neutralen, unspezifischen Beschreibung der »condition humaine«. Für ihn ist eine persönliche, körperlich bedingte Lage nicht ein konkreter Fall der universalen »condition humaine«. Kierkegaard will eigentlich nur mit Regina Olsen schlafen können und dadurch glücklich werden. Könnte er mit Regina tatsächlich schlafen, hätte er seinen ganzen Existenzialismus – und überhaupt die ganze Philosophie – sofort vergessen, meint Schestow: die »condition humaine« aller anderen hätte ihn nie aus der Fassung oder auf die philosophischen Gedanken gebracht. Die Heilung von der Impotenz wäre für Kierkegaard auch die Heilung von der Philosophie, genauso wie für Nietzsche Heilung von seiner Krankheit eine Rettung von der Philosophie wäre. Und das einzige, was Nietzsche oder Kierkegaard, nach Schestow, wollten, war diese Heilung. Ihre Philosophie ist damit nur das Zeichen ihres fehlenden Mutes, ihr eigenes, rein persönliches Ziel konsequent zu verfolgen. Wie für Wittgenstein, ist für Schestow die Philosophie eine Krankheit, die den Körper der Sprache befällt. Im Unterschied zu Wittgenstein glaubt

Schestow aber nicht an die Fähigkeit der Sprache, allein durch ihre eigene Kraft diese Krankheit zu überwinden, denn auch der Körper des Sprechenden, des Philosophen, des Schriftstellers ist krank und braucht Heilung, die allerdings nicht von der Sprache kommen kann.

Schestow lehnt alle Varianten der Sublimierung, Metaphorisierung, der kulturellen, schöpferischen Transformation oder nur symbolischen Erfüllung kategorisch ab. Alles, was den anderen produktiv, poetisch, schöpferisch zu sein scheint, scheint ihm nur lächerlich zu sein. Er besteht rigoros auf der buchstäblichen, genauen, diesseitigen, unsymbolischen Realisierung der individuellen, körperlichen menschlichen Wünsche – und ist grundsätzlich nicht bereit, einen kulturellen Ersatz dafür zu akzeptieren. Dabei handelt es sich wiederum nicht um das unbewußte sexuelle Begehren im Sinne Freuds: die Wünsche, über die Schestow spricht, sind ihren Trägern bewußt und sie sind nicht unbedingt sexuell. Aber vor allem ist ihre Realisierung nicht durch Kultur, Gesellschaft, Moral oder Konvention verhindert, sondern durch die Natur selbst. Auch wenn die gesellschaftliche Befreiung aller Wünsche stattfindet, auch wenn das Unbewußte und das Körperliche akzeptiert werden, wird Kierkegaard immer noch nicht mit seiner Regina schlafen können, und Nietzsche bleibt krank. Wenn diese Wünsche überhaupt eine allgemeine Form haben, dann ist es die Forderung, die Natur – und vor allem die Zeit – zu besiegen, das Geschehene zum Ungeschehenen zu machen, die Vergangenheit neu zu gestalten. So ist es für die kranken Dostojewski, Nietzsche oder Kierkegaard die Forderung, überhaupt niemals krank geworden zu sein. Erst eine solche Forderung, die nicht gegen die Gesellschaft und ihre Institutionen, sondern gegen die Natur selbst gerichtet ist, eröffnet für Schestow den Raum sowohl für die Philosophie wie auch für die Wissenschaft. Nicht das Streben nach der absoluten Erkenntnis oder der absoluten Moral transzendiert die Grenzen der Natur: eine ganz elementare, alltägliche Forderung vermag einen Menschen jenseits des Weltganzen, ins Metaphysische zu transportieren.

Die erste Reaktion auf eine solche Forderung heißt selbstverständlich: ihre Realisierung ist unmöglich, und es ist völlig sinnlos, darauf bestehen zu wollen. Aber diese spontan sich bietende Antwort ist gerade diejenige, die Schestow bekämpfen will. Seine Argumentation entspricht dabei einer folgenden Strategie. Die Unterscheidung zwischen Möglichem und Unmöglichem ist eine philosophische Unterscheidung. Diese Unterscheidung wird von der Vernunft getroffen. Die Philosophie und die philosophische Vernunft sind aber ihrerseits immer die Produkte einer persönlichen Katastrophe, einer nicht-realisierten Forderung: Philosophie und Vernunft entstehen nach dieser Katastrophe und nicht davor. Das bedeutet aber weiter, daß die Akzeptanz dieser Katastrophe und die Entscheidung, den persönlichen Kampf für seinen Wunsch aufzugeben, gehen der Konstituierung der Philosophie und der Vernunft voraus. Die Akzeptanz der realen Niederlage ist also nicht die Folge einer Überlegung über das Mögliche und Unmögliche, weil die Vernunft, die eine solche Überlegung vollziehen könnte, sich noch nicht konstituiert hat. Vielmehr ist die Vernunft selbst das Produkt dieser Akzeptanz. Für Schestow beginnt die

Geschichte der europäischen Vernunft in dem Augenblick, da Platon den Tod des Sokrates (des »besten unter den Menschen«) akzeptiert und als Äußerung des universalen Schicksals begriffen hat, statt gegen diesen Tod zu protestieren.

Hier liegt für Schestow der wesentliche Unterschied zwischen Philosophie und Religion oder, wie er sagt, zwischen Athen und Jerusalem. Der gläubige Mensch akzeptiert nicht die »unumstößlichen Gesetze der Natur«. Für ihn ist die Natur in ihrem Ganzen dem Willen Gottes unterworfen, der imstande ist, auch die Vergangenheit zu ändern, den Toten zum Leben zu erwecken und den Kranken zu heilen. Die Akzeptanz der Naturgesetze, die kein Erbarmen mit dem Menschen haben, nimmt dem Unglücklichen die Kraft, auf seinem persönlichen Wunsch zu insistieren, was vielleicht zu seiner Rettung führen könnte: stattdessen beginnt er zu philosophieren – und ist dadurch unwiderruflich verloren. Hier wiederholt Schestow sicherlich in einer abgewandelten Form die berühmte Argumentation Pascals: wir sollen an Gott glauben, denn wenn es Gott nicht gibt, dann sind wir in jedem Fall verloren – wenn es ihn aber gibt, dann haben wir zumindest die Chance auf eine Rettung, die wir durch unseren Unglauben nicht vertun dürfen. Pascal appelliert mit diesem Argument allerdings immer noch an die Vernunft. Schestow wird dagegen den Punkt genau definieren, an dem die Vernunft erst entsteht, die die Krankheit festschreibt und unwiderruflich macht, statt die Heilung anzustreben.

In diesem Insistieren auf Heilung entgegen jeder gegenteiligen, »natürlichen« Evidenz fügt sich Schestow auch in den Haupttrend der russischen religiösen

Renaissance der damaligen Zeit. Fast alle Repräsentanten dieser Bewegung haben ihre philosophische Laufbahn als Marxisten oder zumindest als linke Sozialisten angefangen. Auch Schestow hat seine erste große Arbeit über die »Lage der Arbeiterklasse in Rußland« geschrieben, die als Dissertation wegen ihrer »revolutionären Tendenz« von der Universität nicht angenommen wurde. Darüber hinaus hat sich Schestow als Student an verschiedenen oppositionellen und revolutionären Aktivitäten beteiligt und infolgedessen große Schwierigkeiten seitens der Behörden bekommen. Relativ schnell hat er seinen linken, revolutionären Glauben allerdings verloren.

Der intellektuelle Grund dafür war dabei der gleiche, wie auch bei vielen anderen russischen Denkern seiner Generation. Der Glaube an Vernunft, Wissenschaft und sozialen Fortschritt, den Rußland im Laufe des 18. bis 19. Jahrhunderts vom Westen importiert bekommen und sich angeeignet hat, beinhaltete auch das Versprechen einer besseren Organisation des gesellschaftlichen und privaten Lebens und damit auch des wachsenden individuellen Glücks: der Mensch schien mächtiger zu sein, nachdem er sich von den Dogmen der Religion befreit hat.

Sehr schnell aber hat man begriffen, daß es sich genau umgekehrt verhält: mit der Absage an den religiösen Glauben ist der Mensch nicht mächtiger, sondern ohnmächtiger geworden. Der technische Fortschritt war nämlich mit der Anerkennung der autonomen und objektiven Naturgesetze verbunden, die sich dem Menschen gegenüber sowohl übermächtig wie auch gleichgültig zeigen. Die politischen, sozialen, technischen Mängel konnten vielleicht behoben werden –

nicht aber Krankheit, Wahnsinn oder Tod, die ihren Ursprung in der Natur hatten. Und wenn man auch glauben würde, daß diese Übel in der Zukunft durch den weiteren Fortschritt der Technik überwunden werden könnten, wäre dieser Fortschritt nur für die zukünftigen Generationen heilbringend und hätte dadurch eine durch nichts gerechtfertigte Ungleichheit in die historische Zeit eingeführt. Die Evidenzen der Logik, Wissenschaft und rationalen Philosophie wurden daher von vielen in Rußland als Zwang empfunden, als scheinheilige Rechtfertigung eines Gefängnisses, von den Naturgesetzen verwaltet, in dem jeder Mensch zum sinnlosen Tod verurteilt ist. Jedes utopische sozialpolitische Projekt wurde dadurch zu einem leeren Versprechen. Nicht zufällig war Husserl der Lieblingsgegner Schestows: wie kein anderer Philosoph hat er die zwingende Kraft der Evidenz zu seinem Thema gemacht und verherrlicht.

Wladimir Solowjow, Nikolaj Fjodorow, Nikolaj Berdjajew und viele andere ältere und jüngere Autoren der russischen religiösen Renaissance haben sich deswegen dem russischen orthodoxen Christentum zugewandt, um bei ihm eine Garantie oder zumindest eine Hoffnung – auf ein ewiges Reich des universellen Glücks zu bekommen, bei dem die Natur selbst sich mit dem Menschen und mit der Gesellschaft versöhnen könnte, und an dem auch die früheren Generationen durch die Auferstehung der Toten teilnehmen könnten. In einem gewissen Sinne stellt die Ideologie dieser religiösen Renaissance mehr eine Radikalisierung des sozialistischen Ideals als Abkehr von ihm dar: auch die Natur sollte sich dem Menschen fügen, auch die Naturgesetze sollten sich in Gesetze der Kunst umwandeln, wie es Solowjow forderte. Dabei sollte speziell Rußland eine ganz besondere, eine messianische Rolle zukommen, da nur Rußland, nach Ansicht der entsprechenden Denker, imstande sei, ein so kühnes Projekt der totalen Transformation nicht nur der Gesellschaft, sondern des ganzen Universums zu entwerfen und zu verwirklichen, da die Philosophie des Westens durch ihre Akzeptanz des Bestehenden ihre ursprünglichen Kräfte schon verloren habe.

Es ist unmittelbar einsichtig, daß bei Schestow diese ekstatischen Träume von der universellen Rettung einfach kein Interesse wachriefen. Privat, in seinem Briefwechsel ironisierte er sie. Öffentlich nahm er zu ihnen keine Stellung, was ihm erlaubte, mit ihren Trägern zusammen zu publizieren. Unter allen Umständen war aber Schestow sich treu geblieben: ihn interessierte ausschließlich das Schickal des einzelnen. Die Sache der Menschheit, der Natur oder der Geschichte im Ganzen ließ ihn vollkommen gleichgültig. Sein Protest gegen die Evidenzen der Vernunft oder gegen die Naturgesetze wurde von ihm lediglich aus einer persönlichen Perspektive ausgesprochen – und er konnte sich eigentlich einen Menschen ganz gut vorstellen, der keinen Anlaß hätte, die Naturgesetze oder die Wissenschaft zu beklagen. Deshalb sah auch Schestow keinen Beweggrund, einen solchen Menschen vor ihnen zu retten. Die implizite Voraussetzung der Schestowschen Anti-Philosophie besteht darin, daß die meisten Menschen überhaupt keine Philosophie brauchen, weil sie – egal ob richtig oder falsch – glauben, daß sie ohnehin gesund, glücklich und zufrieden sind. Die Philosophie brauchen nur die wenigsten, denen es besonders schlecht geht – und das heißt, daß nur das Schicksal dieser wenigsten bei der Erörterung der philosophischen Problematik relevant ist.

Nun merkt aber der Leser der Schriften Schestows relativ bald, daß ihr Autor zwar ständig das Urerlebnis nur andeutet, aber nie wirklich beschreibt. Schestow besteht ständig darauf, daß man ausschließlich über sich selbst sprechen soll – und spricht nur über die anderen. Diese Beobachtung führte einige Kommentatoren in die Versuchung, ein solches Urerlebnis auch bei Schestow zu entdecken. Diese Aufgabe hat sich zumindest bis jetzt als unlösbar erwiesen.

Von Schestow ist bekannt, daß er im Alter von 12 Jahren von einer revolutionären, anarchistischen Gruppe entführt wurde, die damit seinen Vater erpressen und von ihm Geld bekommen wollte. Der Vater hat abgelehnt zu bezahlen. Nach einigen Tagen wurde der Sohn freigelassen. Über diese Episode hat Schestow nie geschrieben, aber sie kann aus biographisch plausiblen Gründen auch nicht als gesuchtes Urerlebnis eingestuft werden. In der Kiewer Zeit hat Schestow zusammen mit seiner Familie einige antijüdische Pogrome erlebt – aber auch sie können nicht als das auslösende Ereignis gelten.

Aus den Memoiren einiger Freunde Schestows geht hervor, daß Schestow tatsächlich ein solches Erlebnis der absoluten Verzweiflung im Jahre 1895 hatte, dessen Grund unbenannt blieb. Ein Freund schreibt, daß mit Schestow etwas besonders Erschreckendes passierte. Und eine andere Memoirenschreiberin erwäht eine »komplizierte und ungewöhnliche Verantwortung, die sein Gewissen belastete«. Schestow selber äußert sich nur an einer Stelle dazu, wenn er in seinem Tagebuch im Jahre 1920 schreibt: »In diesem Jahr ist es 25 Jahre her, daß ›die Zeit aus den Fugen geraten ist‹ … Ich schreibe das auf, damit ich es nicht vergesse: die wichtigsten Ereignisse des Lebens, von denen niemand außer Dir weiß, werden leicht vergessen.«[3]

Diese Eintragung ist in vielerlei Hinsicht interessant. Sie zeigt, daß Schestow sich darauf konzentriert, ein ganz bestimmtes Ereignis nicht zu vergessen, bei ihm zu bleiben, sich von ihm nicht abzuwenden. Die Gefahr des Vergessens liegt aber darin, daß die anderen dieses Ereignis nicht kennen. In seinen Schriften schafft sich Schestow deswegen eine kleine Gesellschaft der anderen Autoren, von denen jeder sein eigenes Geheimnis hat, das als Metapher und zugleich als Erinnerung des Schestowschen Geheimnisses dient. Und dabei ist es eigentlich nicht mehr wichtig, ob die Zitate von diesen Autoren, zu denen Schestow ständig zurückkehrt, dieser inneren Erinnerungsarbeit dienen, oder ob dieses furchtbare Urereignis und die ständige Erinnerung daran ihrerseits nicht lediglich einen Vorwand und eine mnemotechnische Hilfe leisten für die rein philosophisch geforderte Konzentration auf ein einziges Thema, zu dem Schestow wie zwanghaft ständig wiederkehrt: zur Verletzung der Sprache durch den philosophischen Diskurs.

Die Texte Schestows fallen vor allem durch ihre äußerste Monotonie auf. Ständig werden die gleichen Argumente für die gleiche Beweisführung benutzt. Ständig werden die gleichen Zitate im gleichen Kontext erwähnt. Ständig wird die gleiche – die einzige – Fragestellung wiederholt und ihre Relevanz mit immer gleichen Beispielen belegt. Nicht nur den anderen gesteht

3. N. Baranova-Sestova, Op. cit., S. 22.

Schestow keine Entwicklung, keine Kreativität, keine gedankliche, künstlerische oder allgemein kulturelle Transformation des ursprünglichen Erlebnisses zu. Auch seine eigenen Texte entwickeln sich kaum: es gibt bei Schestow keine Logik der Entwicklung, keine schöpferische Evolution, kein Transzendieren, keine weitergehende Analyse, keine neue, tiefergehende Interpretation – kurzum, kein kulturelles Produzieren im üblichen Sinn dieses Wortes. Nur ständiges Re-Produzieren, nur Re-Kombinierung und Re-Formulierung der immer gleichen Elemente.

Die Poetik der Schestowschen Texte hat in der Tat beinahe nichts mit der »schöpferischen« Poetik des Existenzialismus zu tun. Vielmehr erinnert sie an die Poetik einer späteren Zeit: an die Romane Robbe-Grillets, an die minimalistische Kunst und Musik, an die Lust zur Wiederholung, die sich in den 60–70er Jahren ankündigt. Wie auch immer Schestow es rechtfertigt oder plausibel macht, beschäftigt er sich in erster Linie mit der Möglichkeit eines minimalistischen, repetitiven, re-produktiven, d.h. nicht produktiven, philosophischen Schreibens.

Die Notwendigkeit eines solchen Schreibens ergibt sich für Schestow aus einer tiefen Einsicht in die Situation der Philosophie unserer Zeit. Er weiß, daß die Wissenschaften – die positiven Wissenschaften und die Humanwissenschaften – das ganze Terrain des modernen Denkens besetzt haben. Er weiß auch, daß die Philosophiegeschichte die Philosophie ersetzt hat. Und er glaubt nicht an den Erfolg der heroischen Anstrengungen solcher Philosophen wie Husserl, die versuchen, mit neuen philosophischen Methoden dieses Terrain zurück zu erobern: er sieht, daß die wissenschaftliche

Vernunft diese Versuche letztendlich einfach ignoriert. Der reiche, produktive, expandierende philosophische Diskurs ist in diesem Jahrhundert unglaubwürdig geworden. Wenn Schestow einen solchen Diskurs bei einem anderen Philosophen kommentiert, fragt er immer nur: »Woher weiß er das alles?«

Deswegen sucht Schestow nach einem Diskurs, der rein philosophisch bleiben könnte – und nicht etwa den Bereich der Wissenschaften, der Politik, der Kunst oder sogar der Religion im strengen Sinne des Wortes berührte: Philosophie nicht mehr als eine Superwissenschaft oder als eine totale Weltanschauung, die andere »Teilbereiche« des Wissens sich methodologisch unterwirft, sondern Philosophie als ein »armer Diskurs«, der sich ausschließlich in der Zone situiert, auf die weder Wissenschaft noch Politik, noch Religion, noch sogar Philosophiegeschichte einen Anspruch erheben und erheben können. Diese Zone ist für Schestow die schmale Grenze zwischen der alltäglichen Sprache und der Sprache der Vernunft. Der wissenschaftliche, vernünftige Diskurs verletzt ständig die alltägliche Sprache: nicht nur verleugnet er ihre Wünsche und Hoffnungen, sondern macht sie unartikulierbar, prinzipiell unausgesprochen. Und gleichzeitig relativiert die alltägliche Sprache ständig die Prinzipien der Vernunft, die in ihr nur als Zugeständnisse der eigenen Hoffnungslosigkeit klingen. Daher die sorgsame Auswahl der Zitate, der Beispiele, der Fragestellungen bei Schestow: sie sind erst dann in den Schestowschen Diskurs aufgenommen, wenn sie die Grenzen zwischen der wissenschaftlichen und der alltäglichen Sprachen überqueren, d.h. wenn sie verletzend oder relativierend und damit heilend sind. Erst nach einer sorgfältigen Prüfung beginnt Schestow mit den von ihnen ausgewählten Diskurselementen zu arbeiten – sie unterschiedlich zu kombinieren, zu plazieren, zu betrachten. Dadurch bestimmt Schestow den Verlauf der von ihm beobachteten Grenze.

Die Schestowsche Strategie des »armen«, reduzierten, begrenzten Diskurses ist vielen künstlerischen und literarischen Strategien dieses Jahrhunderts verwandt. Es genügt an den späten Tolstoi, an die Malerei nach Cézanne oder an die Dichtung nach Mallarmé zu erinnern. Die Philosophie ist größtenteils einfach nicht so weit (mit der großen Ausnahme von Wittgenstein), um diese Strategie systematisch zu denken und zu entwickeln: der alte Anspruch auf Universalität und Reichtum sitzt zu tief. Die akademische Institutionalisierung schützt auch den gewöhnlichen Philosophen zusätzlich psychologisch vor dem Wettbewerb mit den anderen, konkurrierenden Diskursen, gegen die die Philosophie verlöre, wäre sie diesem Wettbewerb schutzlos ausgeliefert. Deswegen bleibt das Philosophieren Schestows zunächst einmal in der Tat für die wenigen fesselnd und lehrreich, die das schmerzliche Urerlebnis der Begrenztheit aller ihrer diskursiven Möglichkeiten schon hinter sich haben.

Leo Schestow

Tolstoi und Nietzsche

Die Idee des Guten in ihren Lehren

Vorwort

Im siebenten Kapitel dieses Buches findet der Leser folgenden Auszug aus einem Privatbriefe Bjelinskis[1]): „*Wäre ich auch imstande, die höchste Stufe der Entwicklung zu erreichen, ich würde Sie auch dort bitten, mir Rechenschaft über alle Opfer der Lebensbedingungen und der Geschichte zu geben, über alle Opfer der Zufälle, des Aberglaubens, der Inquisition Philipps II. usw. usw.; sonst würde ich mich von der höchsten Stufe der Entwicklungsleiter Kopf voran hinunterstürzen. Ich will das Glück auch umsonst nicht haben, solange ich nicht beruhigt bin über jeden meiner Brüder im Blute. Man sagt, die Disharmonie sei eine Bedingung der Harmonie: das ist ja vielleicht sehr vorteilhaft und ergötzlich für Melomanen, doch keinesfalls für diejenigen, die gezwungen sind, durch ihr Schicksal die Idee der Disharmonie zu verkörpern.*“ Ich führe diese Zeilen durchaus nicht deswegen an, um eine Autorität zur Bekräftigung meiner eigenen Meinungen heranzuziehen. Im Gegenteil: ich erkenne wohl, daß die Autorität des Kritikers Bjelinski nicht für, sondern gegen mich ist. Um mich auf ihn stützen zu können, war ich genötigt, nicht nach seinen Werken, sondern nach seiner Privatkorrespondenz zu greifen. Selbst das aber kann sonderbar erscheinen, zumal diese Briefstelle in der russischen Literatur schon oft von Schriftstellern der verschiedensten Richtungen zitiert worden ist. Was für ein Geheimnis liegt denn nun in diesen Worten, daß sie von Menschen der gegensätzlichsten Anschauungen in gleicher Weise benützt werden? Ist vielleicht ihr Inhalt so allgemein und so unbestimmt, daß er den mannigfaltigsten Deutungen zugänglich ist? Meinem Gefühle nach — nicht. In allem, was Bjelinski geschrieben hat, ist, meiner Meinung nach, kaum eine zweite Stelle zu finden, die deutlicher und klarer Bjelinskis Wesen offenbarte. Und dennoch waren, trotz des klaren Sinns der schlichten und durch nichts verdunkelten Worte, verschiedene Deutungen dieses Briefes möglich. Niemand, der diesen Brief zitierte, hat gemerkt, daß die in diesen Zeilen ausgesprochenen Gedanken zu all dem, was Bjelinski in seinen kritischen Arbeiten ausgesprochen hat, in höchst krassem und schreiendem Gegensatz stehen. Man deutet diesen Brief in eben dem Sinne, wie man seine leidenschaftliche literarische Predigt und sogar sein Schreiben an Gogol[2]) gedeutet hat. Man wollte auch aus diesem Brief, wie aus allem, was Bjelinskis Feder geschrieben hatte, nur den großen Idealisten erkennen, der seine gebieterische Stimme zum Schutze der Humanität, der Menschlichkeit, des Guten erhebt. Er lehnt die ganze Philosophie, er lehnt Hegel ab, weil sie ihm zumuten, sich für die Vernichtung von hundert Iwans durch die Vollkommenheit eines einzigen Peter zu entschädigen! In diesem ablehnenden Verhalten sah man nur den eigenartigen Ausdruck einer gerechten und humanen menschlichen Seele. Aus diesem Grunde übersah man, ja, merkte man nicht einmal die paradoxe, geradezu sinnlose, empörend sinnlose Form, in die Bjelinski seine Gedanken kleidete. In der Tat — welche Entschädigung sollte ihm wohl Hegel für jedes Opfer der Geschichte, für jedes Opfer Philipps II. geben können? Philipp verbrannte auf dem Scheiterhaufen Scharen von Ketzern; welche Sinnlosigkeit aber ist es, nun heute Rechenschaft zu fordern? Diese Opfer sind längst verbrannt, ihre Sache ist unwiderbringlich verloren, für immer und ewig. Kein Hegel kann da helfen; für diese frühzeitig Umgekommenen, zu Tode gequälten Wesen Rechenschaft zu verlangen, sich ihretwegen zu entrüsten, an die ganze Welt zu appellieren, dazu ist es ganz ohne Zweifel zu spät. Es bleibt nichts übrig, als entweder diesen traurigen Geschichten den Rücken zu kehren oder, wenn man wünscht, daß unbedingt alle wesentlichen Elemente, aus denen sich das Menschenleben zusammensetzt, in die ad hoc konstruierte Theorie hineingezwängt werden, — irgend etwas in der Art der allgemeinen Harmonie zu erfinden, d. i. einer gegenseitigen Haftpflicht der Menschheit und Peters Aktivum Iwan zu Lasten zu schreiben, oder aber überhaupt auf jegliche summarische Zusammenfassungen des Lebens einzelner Persönlichkeiten zu verzichten und den Einzelnen ein für allemal als „*Individuum*" abzutun und zu verkünden, daß es auf ein Prinzip ankäme, dem die „Individuen“ geopfert werden müßten. Jawohl — da müßte das Pathos aufhören und die Philosophie beginnen — die echte, allumfassende Philosophie, die deutlich und bestimmt erklärt, warum ein Philipp, warum die Weltgeschichte Menschen gequält hat und noch immer quält. Blieben auch noch in diesem Fall Probleme, so wären es höchstens solche, die Fragen der Erkenntnistheorie, nach Zeit und Raum, des Kausalitätsprinzips und dergleichen mehr berühren. Aber das sind Fragen, die bekanntlich keine Eile haben. Solange für sie keine richtige Lösung gefunden ist, kann man sich auch mit Hypothesen zufrieden geben. Sind sie doch, wie die Philosophie überhaupt, wenn man Aristoteles Glauben schenken soll, nur entstanden *διὰ τὸ ϑαυμάζειν*. Nun: die aus „*Staunen*“ entsprungene Wißbegierde m u ß durchaus nicht unbedingt durch „*Wahrheit*“ befriedigt werden; im Gegenteil: sie b r a u c h t es eigentlich gar nicht einmal. Würde man die Wahrheit plötzlich finden, so wäre das eine sehr unangenehme Überraschung. Wenigstens behauptete es Lessing (und er wußte, was er sagte), indem er Gott bat, er möge die Wahrheit für sich behalten, den Menschen aber die Gabe belassen, zu suchen und zu irren. Bjelinski jedoch, der ewige Schüler europäischer Lehrmeister, schien, wenn er mit sich allein war, oder wenn er sich mit seinen Freunden unterhielt, anders zu denken und zu sprechen. Er begnügte sich nicht mit dem bloßen Suchen und Ringen, er verlangte die ganze, die volle Wahrheit und protestierte leidenschaftlich gegen die Traditionen seiner Lehrer.

Das war ein gefährlicher Protest. Er gefährdete vor allem den „*Idealismus*" Bjelinskis selber. Denn worin besteht das Wesen und die psychologische Grundlage des Idealismus? Doch wohl nur in dem Glauben, daß die Zweifel, die Probleme und das Forschen nur eine Frage der Zeit seien. An sich ist alles entschieden und völlig geklärt. Man muß nur Zeit gewinnen und geistig wachsen, um sich das ganz klarzumachen, was andere bereits längst wissen. Deswegen ist jede junge Kultur, die sich in der Nachbarschaft einer bereits gereiften Zivilisation entwickelt, immer der beste Boden für den Idealismus. Selbst in Familien sind die jüngsten Mitglieder gewöhnlich Idealisten, die ihre „*Überzeugungen*" auf Treu und

Glauben von den älteren übernehmen, welche mehr wissen, mehr Erfahrung haben, geschickter und vollkommener sind. Dem Kinde erscheint jedes Wort eines Erwachsenen voll geheimnisvoller Bedeutung. Je unverständlicher und unzugänglicher dieses Wort ist, um so mehr wird das junge Gehirn verführt, darin die Kraft und Überlegenheit der Erwachsenen anzuerkennen. Das junge Rußland stand lange eben in diesem Verhältnis zum Abendlande. Jedes von dort herüberklingende Wort schien heilig zu sein. Das erklärt die idealistische Richtung unserer Literatur überhaupt und die Richtung Bjelinskis im besonderen. Das ältere Abendland war zweifellos klüger, reicher, schöner als wir, und wir glaubten, daß es all dies auf Grund seines Wissens, seiner Erfahrung sei. Wir glaubten, daß es ein „Wort"[3]) besäße, einen Schlüssel zur Lösung aller Fragen. Und wir suchten dieses Wort in der abendländischen Wissenschaft, die wir lange schon vergöttert hatten, bevor wir sie übernahmen. Welch' furchtbare Enttäuschung mußte es für einen solchen Idealisten sein, wenn er bei näherer, gründlicherer Prüfung seines Heiligtums entdeckte, daß es nicht die „*Wahrheit*", sondern nur das „*Suchen nach der Wahrheit*" enthielt. Diese Enttäuschung ist der Sinn der angeführten Zeilen aus Bjelinskis Brief. Sie erklärt die seltsamen, unerfüllbaren Forderungen, die Bjelinski an Hegel richtet. Wenn Hegel diesen Brief gelesen hätte — er würde Bjelinski als Wilden bezeichnet haben. Von der Philosophie verlangen, daß sie für jedes Opfer der Geschichte Rechenschaft geben soll! Ist das denn Sache der Philosophie?! Und schließlich: kann man, darf man, soll man mit solchen Forderungen überhaupt auftreten?! Gewiß, Hegel behauptete: Was wirklich ist, ist vernünftig. Was kann aber Hegel dafür, daß Bjelinski diese Worte in dem Sinne deutete, der „*Sieg der Wahrheit*" auf der Erde sei verbürgt! So ist es doch nicht gemeint. Hegel war ja selbst Idealist. Die Deutschen hatten, ebenso wie die Russen, ihr Abendland und lernten auch an Ideen glauben. Nur waren sie gründlicher, zuverlässiger in ihrem Glauben — das ist Sache des Charakters und der nationalen Eigenart —, darum auch nahten sie ihrem Heiligtum nur kniend, ohne von ihm etwas zu fordern. „*Was wirklich ist, ist vernünftig*" — bedeutete für Hegel nur, daß die Wissenschaft über alles herrschen solle, und daß also das Leben um jeden Preis so dargestellt werden müsse, als ob es durchaus den Forderungen der Vernunft entspräche. Mag es auch gar nicht zutreffen, das kümmert den Idealisten nicht; die Hauptsache ist, daß diese Wahrheit vom Katheder und in Büchern stets gelehrt wird. Die deutschen Idealisten verstanden ihre Lehrer ganz vorzüglich. In den Künsten, in den Wissenschaften (selbst in Sozial- und Geschichtswissenschaften) wurde die Wirklichkeit so bearbeitet, daß sie immer für die menschliche Vernunft, die in Deutschland noch bis heute auf ihr a priori stolz ist, Zeugnis ablegte. In diesem merkwürdigen Lande triumphierte und triumphiert noch immer der Idealismus.

Bjelinski aber kommt plötzlich daher und verlangt von der ganzen Welt Rechenschaft für jedes Opfer der Geschichte! Für jedes: man bedenke nur! Er will für alle Weltharmonien nicht einen Menschen hergeben, nicht einen einzigen, gewöhnlichen, mittelmäßigen, einfachen Menschen von all den Millionen, die ja von den Historikern und

Philosophen als Kanonenfutter des Fortschritts betrachtet werden. Diese Stellung Bjelinskis ist weder Humanität, noch Idealismus, sondern eben etwas anderes. Auch die deutschen Historiker und Philosophen sind human: ist die Sache des Fortschritts einmal in Ordnung gebracht, wollen sie sich gerne um die Opfer der Geschichte kümmern: das ist aber alles, was ihrer Auffassung nach von der Humanität zu fordern ist und gefordert werden kann. Man kann vielleicht noch Versprechungen für die Zukunft verlangen: die Wissenschaft verspricht bekanntlich, daß die Zukunft keine Opfer mehr heischen werde, daß irgend einmal jenes sinnlose Vorwärtsschreiten der Geschichte aufhören soll, bei dem der Erfolg eines einzigen Menschen durch Hekatomben anderer erkauft werden müsse... Das ist aber auch alles, worüber die Wissenschaft als Trost für die Opfer verfügt. Für die Zukunft wird unbedingtes Glück für alle Menschen versprochen. Das weiß Bjelinski sehr gut. Er erzählt es — und sehr überzeugend, in seinen zahlreichen publizistischen Arbeiten; wenn er aber mit sich allein ist, ist er über sein eigenes „Pathos" entrüstet. Er will die gegenwärtigen, lebendigen Geschöpfe nicht als Opfer für die nach hunderten oder tausenden von Jahren kommenden hergeben, ja, er gedenkt sogar der in ferner Vergangenheit gefolterten Menschen und fordert für sie Rechenschaft. Daß das nicht schlichte Humanität ist, leuchtet wohl, wie ich hoffe, ohne weiteres ein. Humanität soll mildern, beruhigen, soll die Menschen durch tätiges Wirken für die Nächsten versöhnen. Kurz, die Humanität gibt Antwort, Bjelinski aber fragt und fragt so, daß sein Fragen selbst einen fest überzeugten Idealisten verwirren kann.

Wer aber glaubt, so fragen zu dürfen, der muß fast sicher sein, keine Antwort finden zu können, oder er muß darauf gefaßt sein, sich die Antwort aus Gebieten zu holen, die der Idealismus mehr als die fürchterlichsten Wüsten scheut. Die übliche Formel des Idealismus kann hier eine umgekehrte Bedeutung bekommen. „*Was wirklich ist, ist vernünftig*“ muß unter Umständen dahin gedeutet werden, daß man diese Wirklichkeit nicht solange aufputzen und ausstaffieren dürfe, bis sie endlich den Gesetzen der Vernunft entspricht. Vielmehr müsse die Vernunft ihre Gesetze a posteriori aus der Wirklichkeit ableiten und nicht auf ihrem bisherigen a priori verharren. Welcher Schluß ist daraus zu ziehen? Vielleicht der: wenn nun einmal in dieser Wirklichkeit keine Humanität zu finden ist, oder, mit anderen Worten, wenn man auch keine Rechenschaft für die Opfer Philipps fordern kann, so wird der Vernunft nichts anderes übrigbleiben, als auf ihr hochherziges Prinzip zu verzichten und ein neues Gesetz zu finden ... Und schließlich, wenn die Wirklichkeit vernünftig ist, man also nicht auf sie verzichten, sie nicht verneinen kann, sie vielmehr zu akzeptieren und zu achten gezwungen ist, gelangt man dann nicht zum Quietismus, jenem schrecklichen Zustand, der bisher die kühnsten Leute vor vielen derartigen Theorien hat zurückschrecken lassen?

Das alles erzählt „der rasende Wissarion“[4]) seinen Lesern nicht. Das alles wird als strengstes Geheimnis im Laboratorium der Schriftstellerseele bewahrt. In den Schriften aber verwandelt sich seine Raserei schnell in kühnen, lebendigen, lichten Glauben; in den Glauben an die Zukunft, an eine bessere

Zukunft, die die Wissenschaft einmal mit sich bringen werde. Die Zweifel werden zu Hause gelassen und dort am Kartentisch vergessen. Das Publikum braucht von ihnen nicht zu wissen. Es braucht auch nicht zu wissen, daß der Meister seine Artikel in einem Zuge schreibt, fast in einem Zustand der Trunkenheit. Überhaupt ist es nicht nötig, daß das Publikum allzuviel wisse. Es braucht Ideale; und wer ihm dienen will, muß ihm diese Ideale um jeden Preis liefern. Eine alte Geschichte! Der Schriftsteller gleicht der verwundeten Tigerin, die sich zu ihren Jungen in die Höhle flüchtet. Der Pfeil sitzt ihr im Rücken, sie aber muß mit ihrer Milch die hilflosen Geschöpfe nähren, die von ihrer tödlichen Verwundung nichts wissen. Auch Bjelinski trägt eine solche Wunde, von ihr zeugt seine „Raserei", sein Brief, den wir angeführt haben, sein Vergessen im Kartenspiel. Dennoch aber steht dieser Verwundete bis ans Ende seines Lebens unentwegt auf dem Posten und tut seinen Dienst.

Rußland hatte die Leibeigenschaft, nicht nur in der bürgerlichen Verfassung, sondern auch in den Herzen der Menschen; Rußland hatte noch vieles andere dieser Art. Rußland brauchte einen Publizisten, einen Kämpfer. Bjelinski hatte keine Zeit, seinen Dienst aufzugeben, durfte an den Pfeil in seiner Wunde nicht denken. Und er selbst war stets bereit, gegen diejenigen zu kämpfen, die ihm nicht aktiv zu Hilfe kamen. Davon ausgehend, sagte ich auch, daß die Autorität des Publizisten Bjelinski nicht für, sondern gegen mich sei. Doch alles hat seine Zeit. Vielleicht wäre in diesem Augenblick die Taktik Bjelinskis ebenso unangebracht, wie sie seinerzeit gerechtfertigt und notwendig war. Vielleicht wäre jetzt das Verschweigen dessen, was er verschwieg, keine Heldentat mehr, sondern ein Verbrechen. Zwar wissen wir bis heute noch nicht, ob der Baum der Erkenntnis auch der Baum des Lebens ist, aber für uns gibt es keine Wahl mehr. Wir haben die Früchte der Erkenntnis genossen und müssen, ob wir wollen oder nicht, die Hülle des Geheimnisses lüften, das Bjelinski so sorgfältig verborgen hielt, und öffentlich davon sprechen, worüber er nur mit seinen nächsten Freunden gesprochen hat.

I

Wehe allen Liebenden, die nicht noch eine Höhe haben, welche über ihrem Mitleiden ist!

Fr. Nietzsche.
„Also sprach Zarathustra“
(Von den Mitleidigen).

In seinem Buche „Was ist Kunst?“ wendet sich Leo Tolstoi nicht zum erstenmal zwar, doch mit der ganzen Leidenschaft eines sich frisch in den Kampf stürzenden Menschen gegen die heutige Gesellschaft. Es bedarf jedoch keines besonderen Scharfblicks, um zu sehen, daß es sich für den Autor trotz des Titels nicht um die Kunst handelt, und daß diese ihn dabei nur wenig beschäftigt. Nach Tolstois eigener Darstellung hatte er den Plan zu diesem Buche schon 15 Jahre vorher gefaßt. Er hat aber lange nicht vermocht an die endgültige Gestaltung des Stoffes zu gehen, weil ihm seine eigenen Gedanken über den Gegenstand nicht klar genug schienen. Diese Darstellung entspricht jedoch nicht ganz den Tatsachen. Denn schon vor 15 Jahren hatte Graf Tolstoi einen Artikel veröffentlicht: „Gedanken zur Volkszählung in Moskau“, in dem die Grundthesen des Werkes „Was ist Kunst?“ klar niedergelegt waren. Jener Seelenwirbel, der Tolstoi von der russischen Intelligenz fortgerissen, ihn an ein anderes Ufer geschlagen, und ihm seine seltsame, uns fremde Sprache gegeben, liegt weit zurück. „Was ist Kunst?“ ist nur das Schlußwort einer langen, vor vielen Jahren begonnenen Predigt. Ich sage „*Predigt*“, da alles, was Tolstoi in den letzten Jahren schrieb, selbst seine dichterischen Werke, die ausschließliche Aufgabe hatten, alle Menschen zu der von ihm als richtig erkannten Weltanschauung zu bekehren. Dieses Bestreben zeigt sich sehr kraß auch schon in „Anna Karenina“.

Als Motto zu diesem Roman nahm Tolstoi den Vers aus der Bibel: „*Mein ist die Rache und ich will vergelten, sagt der Herr*“. Wir sind gewöhnt, diesen Vers nur in bestimmtem Sinne zu deuten. Der letzte entscheidende Richtspruch über die Menschen kann nicht von Menschen gefällt werden, und die Erfolge oder die Mißerfolge in unserem irdischen Dasein sind keine Beweise unseres Rechtes oder Unrechtes. In „Anna Karenina“ fühlen wir ein ganz anderes Verstehen des Bibeltextes. Schon in diesem Roman handelt es sich für den Autor nicht allein darum, das menschliche Leben zu schildern, sondern — über dieses Leben zu Gericht zu sitzen. Und nicht zu richten, wie es der unparteiische Richter tut, der weder Mitleid noch Zorn kennt, sondern wie ein Mensch, der tief und leidenschaftlich an dem Ausgang der Verhandlung interessiert ist. Jede Zeile dieses großartigen Werkes wendet sich gegen einen unsichtbaren, doch ganz bestimmten Feind und tritt für einen ebenfalls unsichtbaren, ganz bestimmten Verbündeten ein. Je stärker der Feind, um so schärfer und geschliffener ist die Waffe, die Tolstoi gegen ihn anwendet; um so kunstvoller, komplizierter, unauffälliger ist die Minierarbeit, die der Autor gegen ihn ausführt. Mit einem Oblonsky fertig zu werden, fällt ihm allerdings nicht allzu schwer. Dies gelingt ihm schon durch ironische Bemerkungen, durch komische Situationen, in die der Autor seinen Helden fortwährend verwickelt. Karenin freilich ist schon ein ernsterer Fall, doch auch gegen ihn ist der Kampf nicht sehr schwierig. Anders steht es mit Wronsky und Kosnyschoff. Das sind Menschen größeren Kalibers. Besitzen sie auch nicht Initiative genug, um irgend etwas Neues zu schaffen, so fehlt es ihnen doch nicht an Energie, um das ihnen Erwünschte vorwärtszutreiben und um diejenigen Menschen, mit denen sie eine innere Verwandtschaft verbindet, zu fördern. Sie sind die Stützen einer bestimmten Gesellschaftsordnung, sind Pfeiler, deren Festigkeit — die Festigkeit des gesamten Baues verbürgt. Und mit der ganzen Kraft seiner gewaltigen Gaben zieht Tolstoi gegen diese zwei Gesellschaftsvertreter los. Nicht nur ihr Tun, ihr ganzes Sein wird auf ein Nichts reduziert. Sie kämpfen, ereifern sich, sind geschäftig, aber alles ist ebenso resultat- und zwecklos, wie das Hüpfen des Eichkätzchens in seinem Rade im Käfig. Sie dienen einem sinnlosen Idol, dessen Name — Wahn ist. Hören wir nur, wie Tolstoi die Moralauffassungen Wronskys charakterisiert: „*Wronskys Leben war deshalb besonders glücklich, weil es sich auf einen fertigen Kodex von Regeln stützte und dieser ihm eine sichere Richtschnur dafür bot, was er zu tun und zu lassen habe. Diesem Kodex entsprach es, daß man seine Schuld an einen Falschspieler unbedingt zahlen müsse, an den Schneider aber nicht; daß man Männer nicht belügen dürfe, Frauen dagegen wohl; daß das Betrügen verwerflich sei, doch nicht, wenn es den Ehegatten einer Frau betrifft, daß man Beleidigungen nicht verzeihen, sie aber selbst zufügen dürfe.*" Man sieht, nach Meinung des Verfassers ist die Quelle, aus der Wronsky seine Moralgrundsätze schöpfte, nur leeres, gesellschaftliches Vorurteil.

Bei Kosnyschoff liegen die Dinge fast genau so. Seine Begeisterung ist nichts als Nachahmung einer Mode. Seine geistige Arbeit nur seichte Hirntätigkeit, die desto leichter wiegt, je konsequenter und vollständiger sie sich äußert. Die Summe seines Lebens ist: ein völlig wertloses Buch, witzige Salonunterhaltungen und Beteiligungen an verschiedenen öffentlichen und privaten Veranstaltungen, die keinem etwas nützen. Wronsky und Kosnyschoff sind unter den Repräsentanten der modernen russischen Intelligenz, die Tolstoi zu Gerichte zieht, die einzigen

Gestalten von Belang. Ihnen gesellen sich nur noch einige nebensächliche Figuren zu, doch von so geringer Bedeutung, daß sie dem Leser nichts zu sagen vermögen.

Die wichtigste Person aber unter den Angeklagten, derentwegen der Vers aus der Bibel augenscheinlich an die Spitze des Werkes gesetzt wurde, ist Anna. Ihrer harrt die Rache, mit ihr will Tolstoi abrechnen. Sie hat gesündigt und muß die Strafe auf sich nehmen.

Nie hat ein Dichter in der ganzen russischen und vielleicht in keiner anderen Literatur seinen Helden so gelassen und mitleidslos dem schrecklichen Schicksal zugeführt, wie Tolstoi Anna in diesem Werk. Es genügt nicht, zu sagen — mitleidslos und gelassen — er tat es freudig und triumphierend. Das schmach- und qualvolle Ende Annas ist für Tolstoi ein befreiendes Wahrzeichen. Nachdem er sie in den Tod getrieben hat, bringt er Lewin zum Glauben an Gott — und schließt seinen Roman. Hätte Anna ihre Schmach überlebt, hätte sie ein Bewußtsein ihres menschlichen Rechts in sich bewahrt, wäre sie nicht als Gebrochene und Niedergebeugte aus dem Leben geschieden, sondern als Stolze und von Schuld Unbelastete, dann wäre Tolstoi jenes Stützpunktes beraubt worden, der ihm sein seelisches Gleichgewicht gab. Er stand vor der Alternative, Anna oder er selbst, ihr Untergang oder sein Seelenheil. Und er opferte Anna, die ihren rechtmäßigen Gatten verlassen hatte und zu Wronsky gegangen war. Tolstoi weiß allzugut, was Karenin als Gatte für Anna bedeutete. Wie kaum ein anderer schildert er das Entsetzliche, das für eine begabte, feinfühlige und rege Frau darin liegt, durch die Fesseln der Ehe an einen lebenden Automaten geschmiedet zu sein. Und dennoch müssen diese Fesseln für Tolstoi verpflichtend und heilig sein, denn in dem Vorhandensein des überhaupt Verpflichtenden liegt für ihn eben der Beweis einer höheren Harmonie. Er setzt sich daher mit der ganzen Kraft seines dichterischen Genies für dieses Verpflichtende ein. Anna, die die „*Regel*" mißachtet hat, muß eines qualvollen Todes sterben.

Die Helden in „Anna Karenina" sind in zwei Kategorien einzuteilen. Die einen leben nach einer Regel oder nach Regeln und gehen wie Lewin dem Heil, der Rettung entgegen.

Die anderen folgen ihren Trieben, verletzen die Regeln und erleiden — je nach der Kühnheit und Entschlossenheit ihres Handelns — mehr oder weniger schwere Strafen. Wem viel gegeben ist, von dem wird viel gefordert. Anna ist die am meisten Begabte, und die Schmach, die ihrer harrt, ist grenzenlos. Die anderen leiden — vorläufig — weniger. Man darf annehmen: hätte Tolstoi alle seine Helden in „Anna Karenina" bis an ihr Lebensende geleitet — jeden von ihnen hätte die Vergeltung getroffen, je nach dem Maße, in dem er gegen die „*Regeln*" verstieß.

In „Anna Karenina" ist die Anzahl der „*Regeln*", die Tolstoi als verpflichtend ansieht, verhältnismäßig ganz gering. Zur Zeit der Entstehung dieses Romans räumt der Dichter dem Guten eine nur relative Macht über das menschliche Leben ein. Noch mehr: er lehnt hier das Gute als bewußtes und ausschließliches Lebensziel noch ab. Ebenso wie in „Krieg und Frieden" leugnet Tolstoi auch in „Anna Karenina" die Möglichkeit, Leben gegen das Gute einzutauschen. Ja, er glaubt, ein solcher Tausch wäre unnatürlich, bedeutete Verlogenheit, Heuchelei und würde letzten Endes selbst den besten Menschen zur Reaktion reizen.

In „Krieg und Frieden“ fällt der Dichter ein hartes Urteil über Sonja, dieses tugendhafte, liebreiche, der Familie Rostoff so tief ergebene Mädchen. Im Epilog, in dem die jungen Familien des Nikolaus Rostoff und des Pierre Besuchoff auf den Plan treten, erscheint das Leben dieser vor unseren Augen heranwachsenden Personen — Pierres, Nataschas, Nikolaus' und das der Prinzessin Marie — wohlklingend und sinnvoll. Alle finden sie für sich Platz und Betätigung und setzen ruhig die Arbeit ihrer Väter fort. Ihr Dasein erscheint notwendig und glaubhaft. Nur Sonja ist eine zufällige Erscheinung, und während sie, halb als Kinderwärterin, halb als Pfründnerin des Hauses, traurig vor dem Ssamovar sitzt, ist sie jedem im Wege. Hinter Sonjas Rücken unterhalten sich Natascha und Prinzessin Marie, die so gefühlvoll von Tugend geschwärmt, dann aber Sonja den Nikolaus genommen hat, über Sonjas Leben, und suchen durch ein Zitat aus dem Evangelium die Rechtfertigung für Sonjas trauriges Los zu konstruieren.

Hier ihre Unterhaltung:

„Weißt du,“ sagte Natascha, „im Evangelium, du hast dich ja so viel mit dem Evangelium befaßt, gibt es eine Stelle, die geradezu auf Sonja paßt.“

„Wieso?“ fragte Komtesse Marie verwundert.

„Erinnerst du dich: ‚Denn wer da hat, dem wird gegeben. Und wer nicht hat, dem wird man nehmen auch, das er hat. Sonja ist eine Nichthabende. Warum? Ich weiß es nicht. Vielleicht fehlt ihr der Egoismus. Ihr wird aber genommen, ihr ist schon alles genommen worden. Sie tut mir manchmal furchtbar leid. Ich wünschte früher sehr, Nikolaus möchte sie heiraten. Aber ich ahnte gewissermaßen immer schon, daß es nicht geschehen wird. Sie ist eine t a u b e B l ü t e *(der Sperrdruck ist von Tolstoi), wie es solche unter den Erdbeerblüten gibt.“*

Man braucht kaum noch zu betonen, daß dieses Unterstrichene „*taube Blüte*“ und die Äußerung: „*sie besitze keinen Egoismus*“ und ihr sei deswegen „*alles genommen worden*“, nicht nur das Urteil Nataschas und das der Komtesse Marie wiedergeben, die zwar den Evangelientext anders versteht, sich aber, „*den Fall Sonjas vor Augen*“,

Nataschas Meinung anschließt. Es ist für jeden klar, daß dieses Urteil zweier glücklicher Frauen, die den Kampf um die Tugend nicht bestanden haben — zugleich das Urteil des Verfassers selber ist. Sonja ist eine „*taube Blüte*", es wird ihr Mangel an Egoismus vorgeworfen, und die Tatsache ihrer grenzenlosen Treue und Aufopferung wird glatt übergangen. Diese Eigenschaften betrachtet Tolstoi nicht als wertvolle Eigenschaften. Auf sie das Leben einzustellen — lohne sich nicht. Wer nur sie besitzt, sei einem Menschen zwar ähnlich, aber noch lange nicht Mensch. Natascha, die ein paar Monate nach dem Tode des Fürsten Andrej ihren Pierre heiratet, Komtesse Marie, „*deren Vermögen eine nicht unwesentliche Rolle bei der Brautwahl des Nikolaus gespielt hatte*", diese beiden Frauen, die im entscheidenden Augenblick das Glück zu nehmen wußten, sind im Recht. Sonja aber nicht. Sie ist eine „*taube Blüte*". Richtig leben, heißt so leben wie Natascha und Komtesse Marie. Man solle und dürfe sich bemühen, „*gut zu sein*", man soll die Heilige Schrift lesen, sich an den Erzählungen vorüberziehender Bettler und Wallfahrer bis zur Rührung ergötzen. Das sei aber nur die Poesie des Lebens, nicht das Leben selbst. Der gesunde Instinkt müsse dem Menschen den richtigen Weg zeigen. Wer sich durch Pflicht und Tugend soweit verlocken lasse, daß er darüber das Leben übersieht und in der richtigen Stunde sein Recht nicht zu wahren verstehe, der ist eine „*taube Blüte*", das ist das Ergebnis, zu dem Tolstoi aus seinen Erfahrungen bis zur Zeit der Entstehung von „Krieg und Frieden" kommt. In diesem Werke, in dem Tolstoi die Summe seines 40 jährigen Lebens zieht, wird die reine Tugend, die unmittelbare Ergebenheit in die Pflicht, die Fügung in das Schicksal, das Nicht-für-sich-einstehen-können direkt als Schuld angerechnet. Über Sonja wird, wie später über Anna Karenina, der Stab gebrochen: über der einen, weil sie es nicht gewagt hat, die Regeln zu durchbrechen, über der anderen, weil sie es gewagt hat. Und selbst noch in „Anna Karenina" zeigt sich in vollem Maße Tolstois Abneigung gegen diejenigen, die sich das Gute und seinen Dienst zum Lebenszweck gemacht haben. Welch armselige Figur ist doch Warenjka mit ihren Armen und Kranken und ihrem ganzen gefügigen Leben bei Frau Stahl. Und mit welchem Ekel erinnert sich Kitti an ihre Versuche, dem Guten zu dienen und an ihre Begegnung im Ausland mit Warenjka. Sie zieht es vor, in ihrem Mann einen Ungläubigen zu sehen — sie, die „*überzeugt ist, daß der Unglaube ihn um die Seligkeit im Jenseits bringen werde*" —, als ihn so zu sehen, wie sie selbst im Auslande gewesen ist. Und schließlich erklärt der eigentliche Held des Romans, des Verfassers „*Alter ego*" (selbst sein Name ist Tolstois eigenem Namen entnommen: Lew — Lewin) offen und geradeheraus: sich bewußt in den Dienst des Guten stellen, ist eine überflüssige Lüge. Der Autor sagt folgendes von Lewin: „*Früher (bereits in seiner Kindheit hatte das begonnen und sich bis ins reife Alter fortgesetzt), als er etwas tat, was für die Allgemeinheit, für die Menschheit, für ganz Rußland, für die ganze Dorfgemeinde gut war, merkte er, daß ihm der Gedanke an das Getane angenehm war. Das Tun selbst hatte jedoch nicht viel Sinn und lief letzten Endes auf ein Nichts hinaus. Jetzt aber, nachdem er nach seiner Verheiratung sein Leben immer mehr auf sich selbst beschränkte, empfand er zwar keine Freude mehr bei dem Gedanken an seine Tätigkeit, hatte aber dafür das sichere Gefühl: ‚was er tat, sei notwendig'. Und er sah, um wieviel frischer seine Tätigkeit jetzt im Vergleich zu früher vonstatten ging, und wie sehr sie aus sich selbst heraus wuchs. Wie gegen seinen eigenen Willen grub er sich, einem Pflug ähnlich, immer tiefer in den Boden ein, und er konnte nicht mehr heraus, ohne die Scholle gehoben zu haben."* Und weil er mit seiner Vergangenheit gebrochen, weil er verzichtet hat, dem Guten, ganz Rußland und der ganzen Dorfgemeinde zu dienen, wußte er immer, unter allen Lebensumständen, was er zu tun und was er nicht zu tun habe, was wichtig und was unwichtig sei. Seine Familie müsse ebenso leben, wie seine Großväter und Väter gelebt haben, das Gut müsse mit größtmöglichster Umsicht verwaltet werden, und daher mußten die Arbeiter so wenig wie möglich bezahlt bekommen. Die Angelegenheiten des Bruders und der Schwester sowie all der Bauern, die zu ihm um Rat kamen, müssen wohl berücksichtigt werden, aber dem Arbeiter, der während der Erntezeit nach Hause fortgegangen war, weil ihm sein Vater gestorben, dürfe nicht verziehen werden, wenn man auch Mitleid mit ihm empfinden müsse. Lewin quälte es, daß er nicht wußte, wozu er eigentlich lebte, und wie er leben sollte. Dennoch verfolgte er fest seine eigene bestimmte Lebensbahn und überzeugte sich schließlich, daß, wenn er auch nur sein eigenes Glück und nicht das Gute suchte, sein Leben dennoch oder vielmehr gerade deswegen nicht nur nicht sinnlos war, sondern im Gegenteil den unzweifelhaften Sinn des Guten habe.

II

Woher kam nun plötzlich dieser „*Sinn des Guten*"? Warum kam dieses Gute gerade zu Lewin, um ihn zu segnen, nicht aber zu den anderen Helden des Romans? Warum geht Anna zugrunde — und mit Recht? Warum wird Wronsky zur Ruine, warum führt Kosnyschoff nur ein Scheindasein, während Lewin nicht nur alle Freuden des Lebens genießt, sondern sich noch das Recht auf tiefen Seelenfrieden, etwas, was nur ganz wenigen und außerordentlichen Menschen zuteil wird, erwirbt? Warum wird Lewin vom Schicksal so ungerechtfertigt mild und Anna so grausam hart behandelt? Für einen anderen Romandichter, etwa für einen Naturalisten, wären all diese Fragen unangebracht. Für diesen ist die Ungerechtigkeit des Schicksals das Grundprinzip des menschlichen Seins, ein Gesetz, der natürlichen Entwicklung so deutlich entspringend, daß zum Fragestellen kein Platz übrigbleibt. Ein solcher Dichter zitiert aber auch nicht das Evangelium und spricht nicht von Vergeltung. Hier aber ist das ganze Werk durch diese Fragen veranlaßt worden. Tolstoi schildert in „Anna Karenina“ nicht einfach das Leben, sondern zieht es zum Verhör heran, fordert es zur Verantwortung auf. Tolstois dichterisches Schaffen erwacht am Drang, eine Lösung für die ihn quälenden Fragen zu finden. Daher tragen alle seine Werke, die großen wie die kleinen — „Krieg und Frieden“, „Der Tod des Iwan Iljitsch“, sowie seine publizistischen Schriften, stets den Charakter vollkommener Abgeschlossenheit. Tolstoi erscheint vor dem Publikum immer mit einer fertigen Antwort, die dazu noch in so bestimmter Form gegeben wird, daß in dieser Hinsicht den Anforderungen des anspruchsvollsten Menschen entsprochen wird. Das ist natürlich kein Zufall und kann kein Zufall sein. Darin liegt der Grundton des ganzen Schaffens Leo Tolstois. Die ganze gewaltige innere Arbeit, die notwendig war, um „Krieg und Frieden“ und „Anna Karenina“ zu schaffen, war hervorgerufen durch das bis zur äußersten Spannungsgrenze gehende Bedürfnis, sich selbst und die ihn umgebende Welt zu verstehen, die den Autor verfolgenden Zweifel loszuwerden und festen Boden — wenn auch nur für kurze Zeit — zu finden. Diese Fragen sind zu ernst und zu dringend, als daß man sich vor ihnen hinter einfachen Schilderungen der unmittelbar ins Auge fallenden Wirklichkeitsbilder oder hinter der Wiedergabe von Rückerinnerungen verbergen wollte. Man braucht etwas anderes. Man will ein besonderes Recht auf das Leben finden. Man braucht eine Kraft, eine größere als die Kraft des Menschen, auf die sich dieses Recht stützen, die es fördern würde. Persönlicher Geschmack, Sympathie, Voreingenommenheiten, Leidenschaften — all diese Elemente, in die realistische Schriftsteller das Menschenleben zu zerlegen pflegen, bedeuten keine Sicherheit und können einen Leo Tolstoi nicht befriedigen. Er sucht nach einem mächtigen, allvermögenden Verbündeten, um in dessen Namen von seinem Recht zu sprechen. Die ganze Kraft seines Genies wendet Tolstoi daran, diesen Verbündeten zu finden und ihn zu sich hinüberzuziehen. In diesem Unternehmen ist er erbarmungslos. Es gibt nichts, was er nicht zerstören würde, wenn es gilt, sein Ziel zu erreichen. Es gibt keine Grenzen für die Spannung seiner Seele, wenn es um dieses ihm heiligste Interesse geht.

Lügen, heucheln, falsche Tatsachen vorbringen, das kann und mag Tolstoi nicht. Er schreibt nicht für andere, sondern für sich selbst. Er dichtet seinem Lewin keine einzige, diesem nicht gehörende Eigenschaft an, er schildert ihn offen und aufrichtig, mit allen seinen Mängeln und lächerlichen Seiten.

„*So ist Lewin*“, sagt Tolstoi, „*übertrieben eifersüchtig, egoistisch, ungelenk, er drückt sich vor jeder öffentlichen Betätigung, er ist ungehobelt, — und dennoch ist das Gute auf seiner Seite, das Gute ist seines Lebens letzter Sinn.*“ Lewin hat nicht nur sein Leben nach eigenen Bedürfnissen und Wünschen eingerichtet, er hat zugleich auch instinktiv erkannt, wie er handeln und wohin er gehen müsse, um das Gute auf seiner Seite zu haben. Das „*Gute*“ — ist diejenige Macht, die Lewin, im Vergleich mit den anderen Menschen, zum Riesen macht. Denn es gibt nichts, was stärker wäre als das Gute.

Zur Zeit, als „Anna Karenina“ erschien, hätte man Tolstoi von allem anderen eher überzeugen können als davon, daß das Gute nicht auf Lewins Seite sei. Noch mehr: im selben Maße, wie das Gute mit Lewin ist, ist es gegen alle, die nicht so wie Lewin denken, empfinden, leben; gegen Kosnyschoff, Wronsky, Anna, und es rächt sich an ihnen, mögen sie auch vorübergehend ihren Sieg über Lewin feiern. Wie der Pflug, grub Lewin sich tief in die Scholle ein. In ihm allein fand Tolstoi die Kraft, die er brauchte. Warenjka, Sonja und alle anderen tugendhaften Personen — sie dienen nicht dem wahren Guten, da sie nicht wie Lewin leben, und Tolstoi wirft sie daher in einen Topf mit Wronsky und Anna. In ihrem Dasein gibt es keine Tragödien und keine Schicksalsschläge, aber die Armseligkeit dieses Daseins ist schlimmer als ein Unglück. Tolstoi emfindet für keines seiner Opfer Mitleid. Nirgends vernehmen wir bei ihm die weichen Noten des Mitgefühls, wie so oft in den Werken von Dickens, Turgenjeff, ja selbst in denen der Experimentalisten wie Zola und Bourget, die nie die Gelegenheit versäumen, ihre humanen Empfindungen zu unterstreichen. Es dürfte Tolstoi sicher befremden, daß viele ihn als kalt, gefühllos, hart bezeichnen. Anna Karenina unter den fahrenden Zug zu bringen, ohne auch nur einen einzigen Seufzer auszustoßen! Die Agonie des Iwan Iljitsch zu verfolgen, ohne eine einzige Träne zu vergießen! das erscheint manchem Leser so unverständlich und empörend, daß sie geneigt sind, Tolstoi selbst das dichterische Genie abzusprechen. Ihrer Meinung nach hieße es die Moral beleidigen, wollte man Tolstoi ein Genie nennen, denn die erste Forderung der Moral ist: Mitleid mit dem Nächsten. Diese Leute bemühen sich, Tolstoi einen Platz unter den zweitklassigen Romanschriftstellern anzuweisen, die keinen Vergleich mit einem Dickens oder Turgenjeff aushalten, und sie glauben, in dieser Weise ihr heiliges Recht auf Mitleid zu wahren. Ihrer Meinung nach kann einer, der nicht Mitgefühl genug für das Leiden seiner Nächsten aufbringt, unmöglich als großer Dichter gelten. Und sie — diese Leser — haben in ihrer Weise durchaus recht; sie wollen Mitleid empfinden, denn das Mitleid ist alles, was sie den vom Schicksal Bedrängten zu geben vermögen. Indem sie Leidende bemitleiden und Tränen über Unglückliche vergießen, beschwichtigen sie ihr ewig unruhiges Gewissen. „*Wir können den ins Elend Gestürzten nicht helfen, aber wir können weinen um sie: das ist immerhin eine gewisse Erleichterung*“, sagen sie. Für wen eine Erleichterung? Auf diese Frage antworten sie nicht, ja sie werfen diese Frage nicht einmal auf, wagen nicht, es zu tun. Es ist also begreiflich, daß Tolstoi, der keine humanen Gefühle zeigt, auf solche Leute beängstigend wirkt, und es ist auch begreiflich, daß sie sich zum „König Lear der Steppe“, zu den Erzählungen von Dikkens, selbst zu Zolas „Lourdes“ flüchten. Wecken auch die Bilder, die hier aufgerollt werden, nur Grauen im Leser, so wird dieses Grauen wieder durch die edlen Gefühle des Mitleids aufgehoben, die ihm vom Autor suggeriert werden. Selbst Zola, der von Tolstoi so wenig geliebte Zola, weiß den Leser in jedem seiner Werke durch Mitleid zu rühren, das er mit seinen Helden empfindet.

In Graf Tolstoi entdecken wir keine Spur solcher Weichherzigkeit. Mit Entsetzen nahm

das russische Publikum die Berichte über die neue westeuropäische Lehre Nietzsches auf, der schonungslose Härte gegen Schwache und Unglückliche predigte. „*Was fällt, das soll man auch noch stoßen!*" — „*An Unheilbaren soll man nicht Arzt sein wollen.*" (Nietzsches Werke. Leipzig, A. Kröner Verlag. VI; 385, 302.) Wir glaubten, daß vor Nietzsche niemand solche oder ähnliche Moralsätze gepredigt hat. Ja, wir waren überzeugt, daß die in Westeuropa so niedergetretene Moral bei uns einen sicheren Hort finden würde. Wir glaubten, unseren Rekken, den „*großen Dichter der russischen Erde*", den Grafen Tolstoi — Nietzsche gegenüberstellen zu können. Selbst die Leser, von denen oben die Rede war, die Leser, die instinktiv von Tolstoi zu Turgenjeff flüchteten, auch diese sahen im Schöpfer von „Krieg und Frieden" ihren natürlichen und mächtigen Beschützer gegen das vom Westen her drohende Gewitter. Und wirklich trat Tolstoi mit äußerlich jugendlicher Frische und Leidenschaft der Überzeugung Nietzsche und seinem Anhang entgegen.
Wie bereits angedeutet, handelt das Buch „Was ist Kunst?" nicht von Kunst, auch

nicht von französischen Dichtern und Wagneropern, von denen dort so ausführlich geredet wird. Es behandelt ernstere und wichtigere Fragen als die der Kunst: Fragen der Moral und der Religion; es behandelt einen bedeutenderen und tieferen Autor als Baudelaire und Verlaine, nämlich — Nietzsche. Den Namen Nietzsches nennt Tolstoi allerdings sehr selten, und er bringt nirgends ein Zitat aus ihm. Aber er macht Nietzsche für die neue Richtung in der Literatur verantwortlich. Er sagt: „*Die Folgen eines so falschen Verhaltens zur Kunst machten sich schon seit geraumer Zeit in unserer Gesellschaft geltend; aber in der letzten Zeit trat dieses Verhalten dank seinem Propheten Nietzsche und dessen Trabanten, sowie den ihnen verwandten Dekadenten und englischen Ästheten mit besonderer Unverschämtheit hervor. Die Dekadenten und Ästheten von der Art des Oskar Wilde wählten direkt mit Vorliebe die Verleugnung der Moral und das Lob des Lasters zum Thema ihrer Dichtungen.*“ Leider berührt Graf Tolstoi, der die Verantwortung für alle Sünden der neuen Generation auf Nietzsche abwälzt, mit keinem Worte Nietzsches philosophische

Lehren. Es scheint sogar, daß der russische Dichter Nietzsche nur aus zweiter Hand, nur vom Hörensagen kannte. Das beweist unter anderem auch die Nebeneinanderstellung von Oskar Wilde und Nietzsche. Hätte Tolstoi die Werke Nietzsches gelesen, würde er nicht zweimal seinen Namen mit dem Oskar Wildes verbunden haben. Hätte Tolstoi Nietzsches Werke gelesen, er würde nicht von Frechheit reden. Man kann Nietzsches Lehren annehmen oder ablehnen, man kann seine Moralauffassungen begrüßen oder vor ihnen warnen, aber wer sein Schicksal kennt, wer weiß, mit welchem Preis Nietzsche sein „*neues Wort*" erkauft hat, der kann weder empört sein noch gegen ihn wüten. Nietzsche besaß ein heiliges Recht, das zu sagen, was er zu sagen gewagt hat. Gewiß, man soll das Wort „*heilig*" nicht wahllos, nicht eitel gebrauchen. Und ich weiß: die Menschen mißbrauchen gerne dieses Wort, um ihren Meinungen mehr Gewicht und Überzeugungskraft zu verleihen. Aber zu Nietzsche finde ich kein anderes Wort, über seiner Stirn schwebt der Märtyrerkranz, ihm war alles genommen, was das Leben der Menschen gewöhnlich

freudig gestaltet. Ihm war eine Last aufgebürdet, die selten Einem zuteil wurde.
Es gibt bei Nietzsche eine Erzählung von den drei Verwandlungen, denen der Mensch in seinem Leben unterworfen ist. Zuerst, sagt er, verwandelt sich der Mensch in ein Kamel.

„*Was ist schwer? so fragt der tragsame Geist, so kniet er nieder, dem Kamele gleich, und will gut beladen sein.*

Was ist das Schwerste, ihr Helden? so fragt der tragsame Geist, daß ich es auf mich nehme und meiner Stärke froh werde?

Ist es nicht das: sich erniedrigen, um seinem Hochmut wehe zu tun? Seine Torheit leuchten lassen, um seiner Weisheit zu spotten?

Oder ist es das: von unserer Sache scheiden, wenn sie ihren Sieg feiert? Auf hohe Berge steigen, um den Versucher zu versuchen?

Oder ist es das: sich von Eicheln und Gras der Erkenntnis nähren und um der Wahrheit willen an der Seele Hunger leiden?

Oder ist es das: krank sein und die Tröster heimschicken und mit Tauben Freundschaft schließen, die niemals hören, was du willst?

Oder ist es das: in schmutziges Wasser stei-

gen, wenn es das Wasser der Wahrheit ist, und kalte Frösche und heiße Kröten nicht von sich weisen?
Oder ist es das: die lieben, die uns verachten, und dem Gespenste die Hand reichen, wenn es uns fürchten machen will?
Alles dies Schwerste nimmt der tragsame Geist auf sich: dem Kamele gleich, das beladen in die Wüste eilt, also eilt er in seine Wüste." (VI, 33—34.)

Diese Bilder sind die kurze Geschichte eines langen Märtyrerlebens. Der Leser darf nicht glauben, daß in ihnen auch nur ein Schatten von Übertreibung ist. Im Gegenteil: das Wichtigste, das Entsetzlichste fehlt hier vielleicht. Beim Lesen dieser Zeilen drängt sich einem der Gedanke auf: Nietzsche, dieser tragsame Geist, hat freiwillig die Qual auf sich genommen, sich freiwillig gebeugt und bewußt die Last auf sich geladen, die — über menschliche Kraft geht. In einem solchen freiwilligen und bewußten Märtyrertum, wie schwer es an sich auch sein mag, gibt es einen Trost, den Stolz. Der Mensch weiß: er war auf eine große Sache ausgegangen. Bei Nietzsche trifft auch das nicht zu. Das

Unglück stürzte sich plötzlich über ihn, unerwartet, gerade in dem Augenblick, als er auf einen Lohn für sein bisheriges Leben vielleicht hoffen durfte. Im Augenblick, da er vom Blitz getroffen wurde, war der Himmel über ihm heiter und klar. Er hatte von keiner Seite irgendwelche Gefahr vermutet, war vertrauensselig und ruhig wie ein Kind. Er diente dem „*Guten*", lebte das reine und ehrliche Leben eines deutschen Professors, suchte nach den Idealen bei den griechischen Philosophen, bei den modernen Musikern; studierte Schopenhauer, war befreundet mit Wagner. Er verzichtete all dieser Dinge wegen, die er damals für die wichtigsten und notwendigsten hielt, auf das reale Leben. Später sagt er einmal: „*Wer hat nicht für seinen guten Ruf schon einmal sich selbst geopfert?*" (VII, 97), und: „*Man wird am besten für seine Tugenden bestraft*" (VII, 103). Doch während er dieser Tugenden wegen, dieses guten Namens wegen auf das Leben verzichtete, um in der Stille seines Arbeitszimmers neue Theorien zu schaffen (so verstand er damals das „*dem Guten dienen*"), wußte er nicht, ahnte nicht einmal, wie unerhört teuer er für seine Gewissenhaftigkeit zu zahlen haben würde. Hätte er auch nur einen Augenblick sich seine Zukunft vorstellen können, er würde sich vielleicht über den einzuschlagenden Weg Gedanken gemacht haben. Aber wer kann sein Schicksal voraussehen? Wer vertraut sich nicht in der Jugend seinen Lehrern und seinen Idealen an? Nietzsche hatte nur inbrünstiger, grenzenloser, unbeugsamer an die Unerschütterlichkeit seiner Prinzipien geglaubt als andere. Er hatte alles in sich erstickt, alle natürlichen Instinkte, alle Wünsche, die sonst auch tugendhafte Seelen zu unterjochen pflegen. Nietzsche kannte den Mittelweg nicht. Er lernte und lehrte alles, was er für wichtig, nötig und ernst hielt, und vergaß dabei das Leben. Sogar als die ersten verhängnisvollen Zeichen der furchtbaren Krankheit sich zeigten, erregten sie Nietzsche nicht. Er schluckte in Eile verschiedene Mixturen, um sich ja nicht mit der komplizierten Sache einer ärztlichen Behandlung abzugeben und sich so von seinem Werk abhalten zu lassen. Er setzte seine philosophische und professorale Tätigkeit fort, bis ihn die Krankheit endgültig niederwarf. Hier erst verstand Nietzsche, daß die

Tugend ihn nicht vor allem schützen konnte. Doch es war zu spät. Das Vergangene konnte nicht ungeschehen gemacht werden. Der Stein, der da heißt: „*Es war*", konnte nicht weggewälzt werden; es blieb nur eins: nachdenken — eine Rechtfertigung in der Vergangenheit finden für das Furchtbare der Gegenwart. Wie diese Gegenwart war, läßt sich daraus entnehmen, daß nur der Gedanke an Selbstmord ihm einige Erleichterung gewährte. Dreiviertel blind, ständig geplagt von widerwärtigen Anfällen, durch die erbarmungslose Krankheit zu völliger Einsamkeit verurteilt, stets um Haaresbreite vom Tod oder von Geistesumnachtung getrennt, so lebte Nietzsche die 15 Jahre seines Lebens, in deren Verlauf er seine Hauptwerke schrieb; das Leben ward ihm zur Last und er hoffte auf ein baldiges Ende seiner Leiden. Doch nicht so bald kam das Ende. 15 Jahre ist auch bei einer weniger schrecklichen Krankheit eine zu lange Frist. Wer so viel gelitten hat und wer nur die einzige Schuld hatte, dem sittlichen Ideal zu sehr vertraut zu haben, der hat das Recht, ein eigenes Wort zu sagen, der hat das Recht, zu fordern, daß man ihm zuhört und ihn nicht nur aus zweiter Hand kennenlernt.

Doch kehren wir zu Tolstoi zurück. Ich sagte bereits, daß ein Teil des lesenden Publikums — selbst diejenigen, die in Tolstoi eine weniger bedeutende Begabung sahen als in Dickens oder Turgenjeff —, von ihm die schärfste Opposition gegen die Nietzscheaner erwarteten. Wohl erschien ihnen Leo Tolstoi kühl, sie nannten ihn den Mann mit der Seele von Stahl (interessant: Tolstoi, der gelehrt hat, wie man von Kindererzählungen aufs tiefste gerührt sein könne — eine Seele von Stahl!), doch sahen sie in ihm den natürlichen Beschützer des Guten und den Gegner Nietzsches. Besonders angesichts seiner publizistischen Arbeiten, in denen er sich mit solcher Entschiedenheit für das buchstäbliche Hinnehmen des Evangeliums einsetzte. Die Anhänger Dickens' und Turgenjeffs erkannten die Lehren Tolstois nicht immer an. Sie fanden, daß Tolstoi zu weit gehe, wenn er fordere, gebildete Menschen sollten den Boden bebauen und sich wie Bauern kleiden. Aber als es zur Wahl kam zwischen der bis ins Extrem getriebenen, aber gewohnten Moral und einer

Lehre, die die gewohnte Moral völlig umstürzte, neigten sie sich der ersteren zu. Es stand für jeden außer Zweifel: Graf Tolstoi und Nietzsche schließen einander aus. Noch mehr, jeder von den beiden Lehrmeistern hielt den anderen für seinen Antipoden. Wenn Nietzsche von „*Tolstoischem Mitleid*“ redete, bezeichnete er damit etwas, was ihm völlig fremd war. Von Graf Tolstoi nicht zu reden: Aufgabe seines letzten Werkes war einzig und allein, Nietzsche und seiner Doktrin entgegenzutreten.

Ist es aber so? Sind diese zwei hervorragendsten modernen Autoren einander so sehr fremd? Gewiß, schon diese Frage wird manchem seltsam erscheinen, um so mehr die Antwort: nein! Wollen wir deswegen, ohne vorzugreifen, uns dem wichtigsten publizistischen Werk Tolstois zuwenden, das uns direkt zu seinem Buche „Was ist Kunst“ führt, und damit zu den Fragen, die auch Nietzsche beschäftigt haben.

III

Der Artikel „Gedanken zur Volkszählung in Moskau“ erschien verhältnismäßig bald nach „Anna Karenina“. Es mochten etwa drei bis vier Jahre vergangen sein. In Wirklichkeit war die Zeitspanne noch kleiner, da Tolstoi, wie er selbst mitteilt, etlichemal den Artikel einige Jahre vorher begonnen hatte, ohne ihn fertigzustellen. Es ist demnach anzunehmen, daß nicht die Volkszählung den Umschwung in der Weltanschauung Tolstois verursacht hat. Die für den inneren Umschwung nötigen Keime scheinen in der Seele Tolstois schon viel früher gelegen zu haben. Die Volkszählung war nur, wie es oft im Leben vorkommt, der vom Dichter vielleicht schon lange gesuchte äußere Vorwand. Tolstois seelisches Gleichgewicht, das, was er bei seinem Helden Lewin mit den Worten „*durch das Gute sinnvoll gemachtes Leben*“ kennzeichnet, gehörte längst der Vergangenheit an. Vielleicht war „Anna Karenina“ nur der Versuch, diese Vergangenheit wieder herzustellen, und während der Dichter uns mit so viel Überzeugungskraft erzählte, daß das Gute mit Lewin sei, daß dieser sich wie ein Pflug in die Mutter Erde eingegraben habe, und das Beste, das Richtige tue — vielleicht lebte Tolstoi nur noch von Erinnerungen an Früheres, von dem er sich um so mächtiger angezogen fühlte, je deutlicher und qualvoller sein Bewußtsein ihm sagte, daß der früher so feste Boden unter seinen Füßen zu weichen beginne. Durch diese ganz besondere Stimmung ist vielleicht jene fast unverhüllte Freude zu erklären, mit der der Dichter die Möglichkeit erfaßte, Anna der Schmach und dem Untergang preiszugeben. Tolstoi fühlte da schon, daß ihm seine Rechte zu entschwinden begannen, daß mit dem Verwalten des Gutes, der Sorge um die Familie, mit der Fronde gegen den Liberalismus und die Zeitungen, mit dem „*negativen*“ dem Guten-Dienen, kurz, mit all dem, was den Inhalt von Lewins Leben ausmachte, die Lücken seines Daseins nicht mehr auszufüllen waren; er empfand eine innere Leere, er verlor jene Festigkeit, die ihn berechtigt hatte, auf alle Menschen von oben herabzusehen und in der Überzeugung zu leben, daß Gott mit ihm und gegen seine Feinde war. „Anna Karenina“ scheint ex post facto geschrieben zu sein.

Das mag der Grund sein, weshalb dieser Roman soviel vorsichtige Gerechtigkeit und soviel übertriebene Aufmerksamkeit gegen alle Personen der nicht Lewinschen Richtung enthält. Mit jeder dieser Personen wird letzten Endes schonungslos abgerechnet, aber gerade deswegen werden sie von ihrer besten Seite gezeigt. Sie sind durchaus klug, und gut, und ehrlich, und schön. Tolstoi hat es gar nicht eilig, uns ihre schwachen Seiten zu zeigen. Nur hie und da deutet er durch einen kleinen Zug, durch eine fast ganz nebensächliche Bemerkung dem Leser an, worin die Unzulänglichkeit dieser Menschen besteht. Doch der Schlag wird mit sicherer und starker Hand geführt. Niemand wird seinem Schicksal entgehen: Lewins Art, das „*Lewinsche*“ wird seinen Triumph feiern. Doch nicht lange. „Anna Karenina“ war Tolstois letzter Versuch, sich auf dem früheren Boden zu halten. Alle ehemaligen Interessen existierten für ihn nicht mehr. Er ist aus dem Rahmen aller Lewinschen Freuden und Leiden längst hinausgewachsen. Als Tolstoi vor der Volkszählung nach Moskau kam, war er nicht mehr, wie es scheint, der Dichter, dessen großer, von so bestimmter und klarer Weltanschauung getragener Roman vor kurzem im „Russki Westnik“[5]) zu lesen war. Obschon er nicht mehr jung war — er hatte damals schon die Fünfzig überschritten —, obwohl er der berühmte Schriftsteller war, in dem man vor allem die Festigkeit und Kühnheit der Überzeugungen bewunderte, so war er in Wirklichkeit doch ein von Zweifeln zerwühlter Mensch, der nur eines klar wußte, daß alles, was in ihm war, gar keinen Wert hätte, und daß er etwas anderes suchen müsse. So seltsam es klingen mag, so darf doch behauptet werden, daß das Grauenhafte, das er beim Besuche der Moskauer Armen- und Obdachlosenasyle während der Volkszählung sah, für ihn fast einen glücklichen Fund bedeutete. „*Das mich schon immer seltsam anmutende und fremde Leben in der Stadt*“, erzählt er, „*ekelte mich so an, daß alle Freuden meines von Überfluß erfüllten Lebens, die ich früher als Freuden empfunden hatte, mir jetzt zur Qual wurden. So sehr ich mich bemühte, in meinem Inneren irgendeine Rechtfertigung für unser Leben zu finden, ich konnte nicht mehr ohne Nervosität meinen eigenen und die fremden Salons sehen, die sauberen, herrschaftlich gedeckten Tische, die glänzenden Wagen, die gut genährten Kutscher und Pferde, die feinen Läden, Theater und Klubs. Neben all dem sah ich stets die hungernden, frierenden, geächteten Insassen des Ljapinschen Massenquartiers*[6]) *vor mir.*" Solcher Gegensatz zwischen dem Luxus und der Sicherheit des eigenen Lebens und der Not, der nackten Ljapinschen Not, mußte in einem Menschen, der nie mit offenen Augen die Leiden der Mitmenschen gesehen hatte, eine starke Reaktion hervorrufen. Aber Tolstoi war ja kein unerfahrener Neuling mehr. Der Schöpfer von „Krieg und Frieden", der alle Greuel von 1812 so meisterhaft wiedergegeben hatte, der tausendfachen Tod und Mord, die furchtbarsten und schrecklichsten Äußerungen menschlicher Grausamkeit und Niedrigkeit vor Augen gehabt und aus all diesen Prüfungen des Lebens ungebrochen hervorgegangen war, konnte nicht vom Anblick der Not niedergeschmettert werden wie der indische Jüngling[7]), der, zum ersten Male aus seinem Palast heraustretend, plötzlich einen Kranken, einen Greis und einen Bettler erblickte. Ich will damit nicht sagen, daß der Mensch im reifen Alter etwa lernt oder lernen soll, gegen das in der Welt herrschende Böse gleichgültig zu sein. Nein, im Gegenteil: der Erwachsene kann das menschliche Elend tiefer empfinden als der Jüngling. Aber das Verhalten Tolstois gegen das, was er im Ljapinschen Hause gesehen hatte, erscheint uns deswegen um so rätselhafter. Erst, erzählte er später, war er von der äußeren Umgebung und den Lebensbedingungen in den Nachtasylen so erschüttert, daß er ohne Tränen und Zorn nicht darüber sprechen konnte. „*Ohne es selbst zu merken, fuchtelte ich mit den Armen vor meinem Freunde und rief mit Tränen in der Stimme immer wieder: ‚So kann man nicht leben, so kann man nicht leben, so kann man nicht.*“ Dann aber erklärten ihm alle, daß er sich nicht deswegen so aufrege, weil das, was er gesehen habe, so schrecklich wäre, sondern weil er selbst ein so „*guter und feiner Mensch*" sei. Und diese Erklärungen überzeugten ihn. „*Ich glaubte es gerne,*" erzählt er später, „*und ehe ich mich umsah, trat an Stelle der Selbstvorwürfe und Reue, die ich erst empfand, das Gefühl der Zufriedenheit mit der eigenen Tugend und das Bedürfnis, diese Tugend den Menschen zu zeigen.*" Später begriff Tolstoi, daß ihn seine Freunde durch geschickte und falsche Sophismen getäuscht hatten, und daß er nicht nur kein guter und tugendhafter, sondern im Gegenteil ein sehr schlechter Mensch sei, was ihn schließlich zur Predigt einer Ablehnung des zivilisierten Lebens führte. Es drängt sich die Frage auf: Wie, wenn Tolstoi beim Rückblick auf sein Leben sich davon überzeugt hätte, daß seine Nächsten recht hatten, daß er kein schlechter und schuldbeladener, sondern tatsächlich ein guter und tugendhafter Mensch sei? Die Lage der Nachtasylinsassen wäre dadurch nicht besser geworden. Nach wie vor würden Haufen halberfrorener, mit Lumpen bedeckter Menschen zusammengekauert vor dem Eingangstor stehen, nach wie vor würden die Polizisten Menschen, die im Namen Christi um Almosen bitten, nach den Revieren bringen, nach wie vor würden die Nachtpatrouillen unglückliche und ekelhafte Dirnen rudelweise abführen. Alles wäre dasselbe bis auf eines: Graf Tolstoi hätte ein ruhiges Gewissen bewahrt. Dürfte er dann mit seiner Tugend zufrieden sein und hätte er sie dann den Menschen zeigen dürfen, wie damals, als es seinen Freunden gelungen war, ihn vorübergehend von seiner Tugend zu überzeugen?

Diese Frage ist wichtiger, als es auf den ersten Blick erscheint. Sie schließt in sich die Klarlegung dessen, was Tolstoi eigentlich beschäftigte, und was er in den Moskauer Nachtquartieren wollte. Es handelte sich augenscheinlich nicht um die Bettelleute des Ljapinschen Massenquartiers, sondern um ihn, um Tolstoi selber. Während er zu diesen Armen ging, wollte er ihnen nicht etwas geben, sondern von ihnen etwas nehmen, er fragte nicht um ihret-, sondern um seinetwillen. Er hätte freilich sich von ihnen wegwenden, die Augen schließen, sie vergessen können, wie er es früher in ähnlichen Fällen schon getan hatte, wenn er dem Elend Aug' in Auge gegenüberstand. Aber diesmal brauchte er die Bettler. Nicht alle, doch einige — und auch nicht die aus dem Ljapinschen Massenquartier, sondern andere. Von den für ihn Unbrauchbaren wird er sich zurückziehen, wie er sich von Sonja, Warenjka, Anna, mit denen ihn nichts Persönliches verband, zurückgezogen hatte, und würde sich denjenigen nähern, mit denen er leben könnte, die seinen Lebensmut nicht herunterdrücken, sondern heben könnten, die ihm helfen würden, wie ein Pflug in die rauhe Scholle zu schneiden und ihm das freudige Gefühl vermittelten, daß das Gute wieder auf seiner Seite sei. Kurz, er brauchte jene Armen, die für ihn das bedeuten würden, was Lewin Wirtschaft, Bienenzucht und Familie bedeuteten. Was die anderen betrifft, jene Bettler in der Stadt, die ja eigentlich den ganzen Lärm veranlaßt hatten, so würde Tolstoi sie von sich weisen; diesen ist nicht zu helfen. „*An Unheilbaren soll man nicht Arzt sein wollen...*" Diese Worte stammen von Nietzsche, wie der Leser sich erinnern wird. Ich zitierte sie bereits einmal zugleich mit einem anderen fast identischen Satz von ihm: „*Was fällt, das soll man auch noch stoßen!*" Diese Forderung an Tolstoi zu richten, wird der Leser sich vielleicht nicht entschließen können. Und die erste? Auch diese rief in vielen Entsetzen wach. Und doch enthält sie die Zusammenfassung von Tolstois Verhalten gegen das Bettelvolk der Nachtasyle.

Unmittelbar nach der Volkszählung beschloß Tolstoi, nachdem er sich die Namen der Allerelendesten aufgeschrieben hatte, sich der Wohltätigkeit zu widmen. Diejenigen seiner Bekannten, die ihm ihre Unterstützung versprochen hatten, ließen ihn im Stich. Er besuchte trotzdem regelmäßig seine Armen und half einigen von ihnen. Bei einem seiner Besuche traf er eine hungrige Frau, die seit zwei Tagen nichts gegessen hatte. Auf seine Fragen wurde ihm gesagt, „*daß sie früher ein liederliches Frauenzimmer gewesen sei. Jetzt will keiner sie haben, woher soll sie nun ihren Lebensunterhalt nehmen?*“ Ich will die Einzelheiten dieser schrecklichen Szene nicht wiederholen — die Frau hatte tatsächlich zwei Tage nichts gegessen. Tolstoi aber schließt seine Erzählung mit folgenden Worten: „*Ich gab ihr einen Rubel und erinnere mich deutlich, wie froh ich war, daß die anderen es gesehen hatten.*“ Stimmt es? Stimmt es, daß Tolstoi „*sehr froh war, daß die anderen es gesehen hatten*"? Wir haben keine Ursache, es nicht zu glauben. Um etwaigen Zweifeln vorzubeugen sagt er weiter: „*Ich freute mich, so zu geben, daß ich, ohne zu überlegen, ob es notwendig sei oder nicht, auch der Alten etwas gab.*"

Ich will Tolstoi nicht der Unaufrichtigkeit zeihen oder ihn beschuldigen. Der Autor von „Krieg und Frieden", der Autor von „Gedanken zur Volkszählung" steht über jedem Verdacht und über jeder Anklage.

Um so wichtiger ist es für uns, den Sinn und die Bedeutung seiner Predigt zu verstehen. Diese aufrichtigen Geständnisse sind für uns Wegweiser, die uns die Quelle weisen, aus der er seine prophetische Begeisterung schöpfte. Es war ihm angenehm, „*sehr angenehm*", Almosen zu geben, selbst in einem Augenblick, als sich vor seinen Augen ein furchtbares Drama abspielte — und wer fühlt nicht dieses Drama in den knappen Worten: „*sie sei ein liederliches Frauenzimmer gewesen. Jetzt wolle keiner sie haben, woher soll sie nun ihren Lebensunterhalt nehmen?*" —; seine Freunde konnten durch den überzeugenden Hinweis auf seine Empfindsamkeit seine Aufmerksamkeit von den Szenen in den Moskauer Nachtasylen ablenken. Hier liegt das seltsame Rätsel, vielleicht aber auch die Enträtselung der Tolstoischen Natur. Ohne den Artikel über die Volkszählung zu Ende zu lesen, ahnen wir seinen Schluß. Einer, der es so nötig hat, tugendhaft zu sein, wird so oder anders vor den anderen sein Recht bewahren. Das Gute wird zu ihm kommen, er wird es zu sich heranziehen, wenn es zu diesem Zweck auch notwendig sein sollte, der ganzen Menschheit das Gute zu nehmen.

So war es auch, wie jene wissen, die die „Gedanken zur Volkszählung“ gelesen haben. Tolstoi stieß die Moskauer Armen von sich, weil, wie er ausführlich erklärt, ihnen nicht mehr zu helfen war. Er gab einigen von ihnen Geld, ein-, zwei-, dreimal, gab soviel, als sie nach ihren eigenen Angaben benötigten, um wieder Boden unter die Füße zu bekommen, aber es führte zu nichts. Keinen einzigen von ihnen konnte Tolstoi retten. Da zog er sich auf sein Gut zurück, um in der Muße seine Eindrücke zu verarbeiten und einen Ausweg aus seiner inneren Bedrängnis zu finden. In der Tat war seine Lage furchtbar. Die Worte, mit denen Tolstoi seine Stimmung ausdrückte: „*so kann man nicht leben*“, zeigen uns, wenn wir auf seine Schilderungen der Moskauer Armut nicht stark genug reagieren, welchen Eindruck auf ihn die Geschwüre des großstädtischen Lebens gemacht hatten. Wirklich, wie soll ein Mensch wie Graf Tolstoi leben, wenn in seiner Nähe Insassen von Nachtasylen existieren? Wohl denen, die diese Schrecken nie mit eigenen Augen gesehen haben. Was soll aber der tun, der sie gesehen hat, der sie nicht vergessen kann und will, nicht vergessen darf? Kann man sie einfach nur als Erinnerung behalten?

IV

Antwort auf diese Fragen geben uns jene Resultate, zu denen Tolstoi auf seinem Gute gelangte. Sie sind allen bekannt, und es erübrigt sich, ausführlich über sie zu sprechen. Er erkannte, daß unser ganzes Elend darin bestehe, daß wir, die Gebildeten und Wohlhabenden, die bereit sind, den Unglücklichen aus den Armenhäusern zu helfen, dazu nicht die genügenden sittlichen Qualitäten besäßen, und daß wir uns selbst heilen müßten, bevor wir anderen Heilung bringen könnten. Mit Geld ist hier nichts zu machen, denn nicht um Geld handelt es sich bei diesen Armen. Man muß sie lehren, die Arbeit zu achten und zu lieben, die ihnen die Mittel zum Leben gewährt. Wie sollen wir ihnen das aber beibringen, da wir doch selbst nichts tun? Wir müssen also mit uns selber anfangen, wir müssen besser werden, dann kommt alles andere von selbst. Wir lehren dann durch Wort und Tat zugleich und nicht allein durch das Wort, zu dem unsere Taten in Widerspruch stehen. Und indem wir auf unser Recht auf fremde Arbeit verzichten, rauben wir den anderen nicht mehr die Mittel, die sie notwendig brauchen, uns aber nur zum Luxus dienen. So legte Graf Tolstoi sein europäisches Gewand ab, zog Bauernkleidung an, begann selbst seinen Ofen zu heizen, seine Zimmer zu säubern, zu pflügen und zu säen. „*Als ich zu diesem Bewußtsein und zu diesen praktischen Schlußfolgerungen gelangt war, fühlte ich mich ganz und gar dafür belohnt, daß ich nicht schüchtern dem Gebot der Vernunft ausgewichen, sondern dorthin gegangen war, wohin sie mich geführt hatte.*“ Worin aber bestand dieser Lohn? Etwa darin, daß die Nachtasylinsassen andere oder daß ihr Schicksal weniger schrecklich wurde? Nein, selbstverständlich nicht: die Nachtasylinsassen sind vergessen, besser wurde nur Graf Tolstoi selbst. „*Es stellte sich heraus,*“ erklärte er, „*daß, indem ich acht Stunden, die ich früher im Kampf gegen die Langeweile vergeudete, nun der körperlichen Arbeit widmete, ich noch acht Stunden übrig*

behielt . . ., es stellte sich heraus, daß die körperliche Arbeit die geistige Betätigung nicht nur nicht ausschließt, sondern sie wertvoller gestaltet, sie fördert." Und weiter sagt er: „*Je anstrengender die Arbeit war, je mehr sie sich der gröbsten Landarbeit näherte, um so mehr Freuden und Wissen gewann ich, um so enger und liebevoller war mein Verhältnis zu den Menschen, um so mehr Glück empfand ich am Leben.*"
Trotz der Warnungen der Ärzte schadete die körperliche Arbeit seiner Gesundheit keinesfalls, im Gegenteil: je mehr er arbeitete, um so „*kräftiger, frischer, heiterer und gütiger*" fühlte sich Tolstoi. Und überdies — was das allerwichtigste ist —, er empfand vollen Seelenfrieden und Gewissensruhe, die er nun in pathetischen und beredten Wendungen jedem verspricht, der seinem Beispiel folgen wolle. „*Du wirst die Freude empfinden, in Freiheit und zugleich in Güte zu leben. Du wirst dir ein Fenster, einen Durchblick in das Gebiet der sittlichen Welt schaffen, die für dich verschlossen war.*"
Das war das Resultat, zu dem Tolstoi auf seinem Gute kam. Unsereins, der gebildete Mensch, hat die Möglichkeit, gut zu leben,

sich vor Langeweile zu bewahren, heiter, lustig, fröhlich zu sein, und überdies das Gute wieder auf seiner Seite zu haben, sein Gewissen zu beruhigen, sehr gütig, sittenrein und glücklich zu werden. Das lernte Tolstoi bei den Armen des Nachtasyls, denen er helfen wollte. Nicht wahr, diese Armen waren für ihn ein glücklicher Fund; sie waren ihm gerade das, was er zu jener Zeit am dringendsten brauchte, zu der Zeit, da er sich nicht mehr auf Lewinsche Art durch Bienenzucht, Familie und anderes, was vorher noch hochgeschätzt worden war, heiter, lustig, vergnügt und sittenrein fühlen konnte. Dies scheint nun einmal das Schicksal der Armen zu sein: immer haben sie den Reichen als Mittel gedient. Konnte oder brauchte man aus ihnen kein materielles Gut zu holen, so brachten sie einen „*moralischen*" Trost. Es erweist sich, daß jenes „*man kann nicht leben*" nicht stimmt. Man kann trotz des Nachtasylelends ganz vorzüglich leben, heiter, lustig, vergnügt, ganz so, wie seinerzeit Lewin gelebt hatte oder Pierre Besuchy nach seiner Verheiratung. Sogar noch mehr: jetzt, nach der Volkszählung tauchte ein ganz neuer und höchst wichtiger Lebensfaktor auf: das Bewußtsein, daß all diese Freuden nicht einfach Freuden seien, wie sie auch andere haben, und auch nicht einmal das Gute, wie im Lewinschen Fall, sondern eine Tat im Namen und zum Heil der leidenden Mitmenschen.

Hatte er auch früher sich entrüsten können gegen alle, die nicht nach Lewins Art lebten, hatte er auch, um des „*Guten*" willen, Wronsky, Kosnyschoff, Anna Karenina früher vernichten können, so wandelt sich jetzt dieses Recht zur Pflicht, man könnte sagen zur heiligen Pflicht, wenn sich der Inhalt des Wortes „*Vernichtung*" nicht so schlecht mit unserer Vorstellung von Heiligkeit vertrüge. Tolstoi schien nur darauf zu warten, um endlich gerade und offen seine Predigt zu beginnen, nicht mehr in Romanen, wo man vorsichtig angreifen und die durch die künstlerische Form gestellten Aufgaben wahren muß, sondern in eigens dazu geschriebenen Aufsätzen, deren einziges Ziel die Predigt ist. Jetzt erst fand er eine Betätigung für sich, eine richtige Betätigung.

Graf Tolstoi behauptet freilich, daß er ein Mittel gefunden habe, die Menschen von allen gesellschaftlichen Krankheiten zu heilen. Seiner Meinung nach hat er den Hebel des Archimedes gefaßt. Man braucht nur auf diesen Hebel zu drücken und die ganze alte Welt wird aus den Angeln gehoben, alles Elend verschwindet und die Menschen werden glücklich. Er spricht aber sehr wenig davon. Es ist für ihn eine Selbstverständlichkeit, so sehr eine Selbstverständlichkeit, daß er keine wirklichen Zweifel an der Brauchbarkeit seiner Mittel, die er zur Rettung der Menschheit empfiehlt, zuläßt. Alle Erwiderungen beantwortet er entweder mit dem Märchen vom Menschen, der durch seine Beharrlichkeit den Meergeist erschreckte, oder mit allgemeinen Betrachtungen etwa folgender Art: „*Das kommt dann* (d. h. alle Menschen werden nach den Prinzipien Tolstois zu leben beginnen), *und es wird bald kommen, wenn die Menschen unseres Kreises und mit ihnen die große Mehrheit der Menschen nicht mehr glauben werden, daß es beschämend sei, in selbstgearbeiteten Stiefeln Besuche zu machen, doch nicht beschämend, in Gummischuhen an anderen vorbeizugehen, die gar keine Schuhe besitzen; daß es beschämend sei, nicht französisch zu können oder die neuesten Neuigkeiten nicht zu wissen, daß es aber nicht beschämend sei, Brot zu essen und nicht zu wissen, wie es hergestellt wird; daß es beschämend sei, kein gestärktes Hemd zu besitzen und kein sauberes Kleid, daß es aber nicht beschämend sei, ein reines Kleid zu tragen und damit seinen Müßiggang anzuzeigen; daß es beschämend sei, schmutzige Hände zu haben und nicht beschämend, keine schwieligen Hände zu haben. Alles das wird sein, wenn die öffentliche Meinung dies fordern wird… Das wird sehr bald sein!*" Bald ist ein relativer Begriff, er kann fünfzig, er kann hundert, er kann auch weniger Jahre bedeuten. Seit dem Erscheinen der „Gedanken zur Volkszählung" sind nun 20 Jahre vergangen; trotzdem Tolstoi die ganze Zeit unermüdlich dasselbe predigte, haben sich die Verhältnisse nicht nur nicht gebessert, sondern sie wurden immer schrecklicher.

Wäre es ihm jetzt eingefallen, wie vor 20 Jahren, die Moskauer Nachtquartiere aufzusuchen, er würde dort natürlich seine alten Bekannten nicht mehr gefunden haben. Die Zeit, die alle Freuden und Leiden der Erde hinwegrafft, hatte sich auch ihrer angenommen. Aber er hätte dort neue Menschen gefunden, genau so schreckliche wie die, die er einst gesehen hatte. Und es gibt jetzt dieser Menschen unendlich viel mehr als früher. In den 20 Jahren sind Zehn-, vielleicht Hunderttausende durch die Nachtasyle gegangen, haben dort gelebt, gelitten, begingen Verbrechen und starben, während Tolstoi zur gleichen Zeit in Jassnaja Poljana sich sittlich läuterte und donnernde Artikel gegen diejenigen Intellektuellen schrieb, die sich nicht verlocken ließen, ihn nachzuahmen. Was bedeutet das? Wie kann Tolstoi sich selbst sagen und andere davon zu überzeugen suchen, er wäre vollauf dafür belohnt worden, daß er sich von den Vernunftschlüssen nicht einschüchtern ließ? Welch ein Genügen kann es geben, solange Menschen in den Nachtasylen leben, und noch dazu in einer so erdrückend großen Zahl. Die Prophezeiung „*es wird bald sein*" erwies sich als Lüge! Und welch niederdrückende Lüge!

Hier zeigt sich die auf den ersten Blick paradox erscheinende Tatsache, daß das Predigen, wie sehr viele andere Arten geistiger Tätigkeit, sein Ziel nur in sich selbst hat. Scheinbar lehrt Graf Tolstoi nicht nur durch das Wort, sondern auch durch die Tat, wie man seinem Nächsten hilft. Es stellt sich aber heraus, daß weder Wort noch Tat irgendwelche Beziehung zum Nächsten haben. Die Artikel und die Bücher, nach der Kraft und Fülle des Ausdrucks eines besser als das andere, erinnern den Leser immer wieder an den ruhelosen Denker in Jassnaja Poljana; Graf Tolstoi fühlt sich immer mehr und mehr in seiner Überzeugung gestärkt, daß er einen neuen Weg gefunden hat, der unabwendbar — und bald — zum allgemeinen Glück führt. Aber das Glück ist noch ebenso weit wie früher, und das Elend, jenes schreckliche Elend, das uns der berühmte Dichter so meisterhaft zu schildern wußte, bleibt dasselbe oder wird noch tiefer. Und *„er hat doch sein Genügen gehabt!“* Hat er sein *„man kann nicht leben“* deswegen vergessen, weil er pflügt und gute Bücher schreibt, weil es ihm gelungen war, das *„Gute“* wieder auf seine Seite zu locken? Ihm ist es *„so angenehm zu geben“*, er betrachtet die Sache des Gebens für so wichtig, daß er deswegen sein rauhes *„man kann so nicht leben“* vergißt und sogar mit zornigen, vernichtenden Beschuldigungen gegen diejenigen hervortritt, die nicht den von ihm gezeigten Weg als Ausweg betrachten?! In den „Gedanken zur Volkszählung“ tritt er als Ankläger noch nicht so deutlich hervor. Er, der wieder das Angenehme am Guten fühlte, hält sich noch für zu reich, um zu zürnen oder sich zu empören. Er hoffte gewissermaßen durch Freundlichkeit und gütige Worte die Menschen zu gewinnen. Doch die Menschen folgten ihm natürlich nicht, und in dem Maße, wie die Zeit verstrich, das „*Es wird bald kommen*“ sich nicht bewahrheitete, die glücklichen Zeiten nicht eintraten, die Prophezeiung nicht eintraf, wuchs Tolstois Gereiztheit. Es trat das unvermeidliche „*Wer ist schuld?*“ an ihn heran. Wer ist schuld, daß die einfache und klare Lehre Tolstois sich nicht verwirklichte? Die Menschen sind natürlich schuld und nur die Menschen, denn wen außer den Menschen kann man zur Verantwortung ziehen? Wem kann man die Schuld zuschieben? Wen kann man beschuldigen? Wem Vorwürfe machen? Das ist nun einmal das Wesen der Moral. Sie kann nicht ohne ihren Gegenpol existieren — ohne die Unmoral. Das Gute braucht das Böse als Racheobjekt, und die guten Menschen brauchen die bösen, um sie zu richten, wenn auch nur vor dem imaginären Gericht des Gewissens.

Das erklärt auch die seltsame Sympathie Tolstois für Kants „*Kritik der praktischen Vernunft*“. Der Anhänger des Evangeliums, der Schüler Christi erklärt, daß die Kritik der praktischen Vernunft „*in sich das Wesen der sittlichen Lehre enthält*“. Schon allein die Entstehung der „Kritik“ nimmt einem wahren Christen das Recht, sich Kantianer zu nennen. Die „*Kritik der praktischen Vernunft*“ ist nur ein Anbau zur „*Kritik der reinen Vernunft*“. Kant fand die synthetischen Urteile a priori und erkannte sie als Quelle unseres Wissens, als Existenzbedingung der Wissenschaft. In dieser Weise dämmte er, wie er selbst in seinen Prolegomena erklärt, den Skeptizismus Humes ein, der den Satz von der Unmöglichkeit irgendeiner Wissenschaft aufgestellt hatte. Ob Kant recht hat oder nicht, wenn er in dieser Weise die Aufgabe Humes löste — in jedem Falle erschien ihm selbst diese Lösung so wichtig, so umfassend, daß er sie ohne weiteres auch auf die Fragen der Moralphilosophie anwandte.

In den empirischen Wissenschaften irritierte uns der Kausalitätsbegriff, und wir waren geneigt, ihn als illegitimes Kind der Erfahrung zu betrachten. Kant bewies seine Legitimität, indem er ihn den synthetischen apriorischen Urteilen zuteilte, d. h. denjenigen Urteilen, die der Erfahrung voraufgehen, die die Erfahrung bedingen. Der kategorische Imperativ ist nach der Art und dem Bild des Kausalitätsprinzips gebaut, und zwar deswegen, weil er um der Abgeschlossenheit des Systems willen so gebaut werden mußte.
Für Kant existierten bereits keine wirklichen Gegensätze auf dem Gebiete des sittlichen Lebens. Vor ihm erhob sich der unvollendete Bau der Metaphysik, und seine Aufgabe bestand nur darin, das Begonnene ohne Änderung des ursprünglichen und halb durchgeführten Planes zu vollenden. So entstanden der kategorische Imperativ, das Postulat des freien Willens und so weiter. Alle diese für uns so verhängnisvollen Fragen hatten für Kant nur die Bedeutung von Baumaterialien. Er hatte Lücken in seinem Bau und brauchte metaphysische Flicklappen: er machte sich keine Gedanken darüber, wie weit die oder jene Entscheidung

der Wirklichkeit entspräche; er achtete nur darauf, ob sie der Kritik der reinen Vernunft gemäß war — ob sie sie bestätigte oder die architektonische Harmonie des logischen Baues störte. Und selbstverständlich erreichte er sein Ziel. Die logische Übereinstimmung der einzelnen Teile des Baues läßt nichts zu wünschen übrig: sie ist ganz kantisch. Um so überraschender ist Tolstois Verhältnis zur „*Kritik der praktischen Vernunft*". Was gibt es Gemeinsames zwischen dem von Kant aufgestellten kategorischen Imperativ oder Vergeltungsprinzip und der evangelischen Lehre? Wenn die Katheder-philosophen Kants Morallehre verehren, wenn sie entzückt sind von seiner „*edlen Verteidigung der Pflicht*" — ist es begreiflich. Ihnen imponiert am meisten, daß die Ethik bei Kant ihrer Festigkeit und der Präzision ihrer Schlüsse nach der Mathematik gleicht. Aber Tolstoi? Wie konnte er sich mit einer Lehre versöhnen, in der das Prinzip der Strafe nicht auf der Gnade beruhte, sondern auf der Gerechtigkeit („*das stolze Wort Gerechtigkeit*", wie Tolstoi selbst in „Krieg und Frieden" sagt), in der es heißt, daß gestraft werden müsse, nicht um die Gesellschaft vor Gefahr zu schützen, auch nicht einmal deswegen, um den Verbrecher zu bessern, sondern darum, weil das Verbrechen geschehen war. Für Kant ist in diesem Fall die Möglichkeit, das Wort „*deswegen*“ durch das Wort „*weil*“ zu übersetzen, ein wahrhaftiger und sehr wichtiger Sieg: ad majorem gloriam der Kritik der reinen Vernunft, die naturgemäß für den Autor das allerhöchste war. Tolstoi aber sagt, die Kritik der reinen Vernunft tauge nichts, sie „*fördere nur das herrschende Böse*“. Was lockte ihn also an der Kritik der praktischen Vernunft? Kants Lehre vom Mitleid konnte ihm kaum zugesagt haben. Bekanntlich lehnt Kant das Mitleid mit der „*Begründung*“ ab, daß es das Maß des Leidens nur vergrößerte, da es zum Leiden des Leidenden noch das Leiden des Mitleidenden hinzufügte. All diese praktischen Schlüsse, die Kant so sehr entsprachen, harmonierten sehr wenig mit den seelischen Forderungen Tolstois, nach dessen Meinung „*das Glück der Menschen nur in der Selbstverleugnung und im Nächstendienst liege!*“ Was veranlaßte ihn, der so zurückhaltend war, wenn es galt, Gelehrte, besonders berühmte Gelehrte, zu preisen, die „*Kritik der praktischen Vernunft*" so hoch zu stellen? Offenbar das eine: der kategorische Imperativ, die Pflicht des Dem-Guten- (als solchem) Dienen, also dasjenige, was Lewin einst nach qualvollen Zweifeln als lebensverneinendes, falsches Prinzip abgelehnt hatte. Nun stellt auf einmal Tolstoi dieses Prinzip über alles. „*Dem-Guten-Dienen*" — ist keine Last mehr für ihn, sondern eine Entlastung. Überdies gibt ihm das außer den angeblichen Pflichten noch das Recht, von den anderen Menschen zu fordern, sie sollten das tun, was er tat, sie sollten so leben, wie er lebte. Das eröffnet ihm die glückliche Möglichkeit, als Prediger auftreten zu können, das eröffnet ihm neue Horizonte und Perspektiven, die jetzt, nachdem durch „Krieg und Frieden" und „Anna Karenina" eine andere Lebensperiode mit anderen Horizonten und Perspektiven abgeschlossen worden war, besonders nötig waren. Und so wird die Kantische Pflicht, in derjenigen Form, die keine Zweifel über das Dürfen und Nichtdürfen aufkommen läßt, zum Grundstein der Lehre Tolstois, desjenigen Tolstoi, der noch vor kurzem so wenig an die Vernunft geglaubt und von den Menschen gefordert hatte, sie sollten nicht leichtfertig den von ihren Vätern eingeschlagenen Weg verlassen, sie sollten nicht zu sehr der Vernunft vertrauen, die sich einbildet, die Welt umgestalten zu können; sie sollten sich vielmehr an den unmittelbaren Instinkt halten, der den Menschen hilft, „*sich wie ein Pflug in den Boden zu graben*“.

V

Vielleicht erscheint dem Leser ein Vergleich zwischen der neuen Lehre Tolstois und seiner früheren Weltanschauung ungerechtfertigt und unnötig. Man soll nicht an Altes rühren. Auch hat Graf Tolstoi seiner Vergangenheit so feierlich abgeschworen, daß es vollends nicht angeht, ihm Widersprüche und Inkonsequenz vorzuwerfen. Er gibt ja selbst zu, daß er früher „*schlecht*" gewesen sei. Was will man noch? Nun, es liegt am allerwenigsten in meiner Absicht, Tolstoi Vorwürfe zu machen. Er war, ist und bleibt für immer „*der große Dichter der russischen Erde*". Wenn ich seine Vergangenheit zu erforschen suche, so nicht, um ihn einer Schuld zu zeihen, sondern einzig und allein, um mir über den Sinn und die Bedeutung seiner Lehre Klarheit zu schaffen. Und da überrascht mich weniger der Unterschied zwischen dem früheren und dem jetzigen Grafen Tolstoi, als vielmehr die Einheitlichkeit und Konsequenz in der Entwicklung seiner Philosophie. Gewiß, es sind auch wesentliche Widersprüche vorhanden, und sie sollen nicht außer acht gelassen werden. Tolstoi aus der Zeit des Schaffens von „Krieg und Frieden" und „Anna Karenina" ist uns in jedem Fall ein wichtiger Zeuge, den man nicht nur anhören kann, sondern den anzuhören unsere Pflicht ist. Besonders in Anbetracht der Tatsache, die hier bereits gezeigt wurde, daß dieser außerordentliche Mensch in seinem ganzen Leben beharrlich und fest die Überzeugung vertrat, daß es außerhalb des „*Guten*" keine Rettung gäbe. Alle Wandlungen in seiner Philosophie gingen nie über die Grenzen des „*Lebens im Zeichen des Guten*" hinaus: die Wandlungen bezogen sich nur auf die Vorstellungen vom Guten und dessen, was zu tun sei, um das Gute auf seiner Seite zu haben. Das erklärt die rein sektiererische Unduldsamkeit in bezug auf fremde Meinungen und die von der seinigen abweichenden Lebensweise. So ist nun einmal die Natur des Guten: wer nicht dafür ist, ist dawider! Und jeder, der die Souveränität des Guten anerkennt, ist gezwungen, seine Mitmenschen in Gute und Böse, d. h. in Freunde und Feinde zu teilen. Tolstoi spricht allerdings immer wieder die Bereitwilligkeit aus, zu verzeihen und den Bösen in die Gruppe der Guten aufzunehmen, doch nur unter der streng befolgten Voraussetzung der Reue. „*Gib zu, daß du unrecht hattest, daß du schlecht warst, lebe wie ich, und dann werde ich dich gut nennen.*" Einen anderen Weg der Versöhnung kennt er nicht. Ja, noch mehr: fehlt die Vorbedingung der Reue, so kündet er ihm ewige Fehde an. Feindschaft natürlich nicht im gewöhnlichen Sinne. Graf Tolstoi wird seinen Gegner weder schlagen noch ihm sonst irgendein Unheil zufügen; er wird ihm im Gegenteil auch noch die zweite Backe darbieten, wenn er auf die eine geschlagen wurde. Er wird Kränkung und Schmerz hinnehmen und wird um so zufriedener sein, je mehr er nachgeben kann. Nur in einem Punkte wird er nicht nachgeben, wo es um sein Recht am „*Guten*" geht. Bei jedem Angriff auf dieses Recht zeigt Tolstoi eine ebensolche Gier nach dem Recht auf das Gute, wie Shakespeares Heinrich V. nach Ruhm. Beide, sowohl Tolstoi wie Heinrich V., sind der Meinung, daß in diesem Falle die Gier kein Laster wäre, daß man sie niemandem zum Vorwurf machen könne, sie im Gegenteil als einen Vorzug betrachten müsse. Den englischen König freilich können wir ruhen lassen, doch wenn ein Tolstoi in derselben Weise wie ein mittelalterlicher Ritter bereit ist, sein Lebensgut zu verteidigen, so bringt uns das auf ernste Betrachtungen. Jene Sittlichkeit, jenes Gute, das sich, wie wir immer glaubten, außerhalb der erblichen Betätigung des Egoismus befindet, zeigt sich plötzlich als ein ebenso menschliches, unenteigenbares Gut, wie alle anderen rein heidnischen Güter — Ruhm, Macht, Reichtum usw. Des Guten wegen ist ein ebenso erbitterter Kampf möglich, nur mit anderen Waffen. Das ganze Leben Tolstois ist dafür ein Beispiel; seine ganze Predigt zeugt dafür. In seinem letzten Werk „Was ist Kunst?" nimmt Tolstoi, der siebzigjährige Greis, den Kampf um sein Recht gegen eine ganze Generation auf. Und wie begeistert ihn dieser Kampf! Die einzige Aufgabe dieses Werkes ist, den Menschen zu erklären: *„Ihr seid unsittlich, ich aber bin sittlich,* *d. h. ich besitze, nicht Ihr, das höchste Gut*", und dieses Werk ist mit einer solchen Meisterschaft geschrieben, daß man ein gleiches nicht nur in der russischen, sondern in der zeitgenössischen europäischen Literatur vergebens suchen würde. Trotz der äußeren Ruhe des fast epischen Tones fühlt man die leidenschaftliche Erregung und die Empörung, die Tolstois Feder geführt haben; die spüren selbst diejenigen, die für die Quelle, der die Schöpfung des genialen Dichters entspringt, kein Interesse haben. Von Schimpfworten, in denen der menschliche Zorn sich zu äußern pflegt, finden wir dort keine Spur. Tolstoi vermeidet selbst den offenen Hohn, seine Waffe ist einzig und allein feine Ironie und dann einige, auf den ersten Blick harmlose Epitheta, wie „*schlecht*", „*unsittlich*", „*verdorben*" usw. Das Wort „*Frechheit*" wird ein einziges Mal, in bezug auf Nietzsche, gebraucht. Man sollte meinen, auf diese Weise könne man nichts ausrichten, besonders in unserer Zeit, in der das Wort „*unsittlich*" schon längst seine frühere Schärfe verloren zu haben scheint, und das ihm entgegengesetzte Wort „*tugendhaft*", das Tolstoi zur Bezeichnung der ihm geistig Nahestehenden zu gebrauchen nicht gescheut hat, fast ein Synonym des Komischen geworden ist. Und dennoch: was vermag ein Genie zu vollbringen! „Was ist Kunst?“ ist das Muster eines polemischen Werkes. Mit größerer Kraft auszusprechen, was Tolstoi aussprach, ist nicht möglich, selbst ohne den Rahmen der christlich milden Abwehr, dem sich Tolstoi freiwillig einordnete. Ich bin vollständig davon überzeugt, daß die große Mehrheit der Leser, besonders der russischen, mögen sie den Idealen des Grafen noch so fernstehen, mögen sie noch so wenig geneigt sein, auf ihre Privilegien zu verzichten, dieses Werk mit wahrem Vergnügen gelesen und sogar gefunden haben, daß er „*im Grunde*“ vollständig recht habe. Es ist wahr, auch in diesem Falle, wie in allen bisherigen, wurde die Sache des „*Guten*“ nicht im geringsten gefördert, im Gegenteil, vielleicht sogar verschlechtert. Denn unter den zahlreichen Lesern der Tolstoiliteratur, die sich an der künstlerischen Begabung des großen Meisters erfreuen, gibt es auch solche, die wirklich von ihm etwas lernen und sich bessern wollen. Auf das Gewissen dieser Menschen prasseln Tolstois Worte wie Blei nieder, ihr schon an und für sich wenig frohes Leben wird durch die harten Vorwürfe des unerbittlichen Richters völlig vergiftet. „*Ja, wir essen, wir trinken, wir kleiden uns, und wir nehmen alles den Bauern weg, denen wir keinen Gegenwert geben*“, wiederholen sie die Worte ihres Lehrmeisters, können aber natürlich nichts tun. Sie gehen in die Dörfer, wohin sie Tolstoi ruft, und kehren von dort mit einem neuen Vorrat an Gewissensbissen zurück, da sie dort nach dem in Jassnaja Poljana ausgearbeiteten Programm nichts oder so gut wie nichts tun konnten. Es wurde von ihnen verlangt, sie sollten mit den Bauern und nach Art der Bauern leben; sie konnten das selbstverständlich nicht ausführen und kehrten in die Stadt zurück, krank, erschöpft, zerquält und mit dem drückenden Bewußtsein der Schwere ihrer Schuld. Diejenigen freilich, die durch den von Tolstoi gefundenen Hebel des Archimedes umgeworfen werden sollten, genießen Tolstois Werke ohne jede Seelenbedrängnis. Im Gegenteil: sie lesen mit immer neuem Vergnügen seine Veröffentlichungen als Muster erbaulicher Literatur, wie sie früher das Evangelium und die Propheten lasen. Ich kannte einen sehr, sehr reichen Fabrikbesitzer, der mit seinem Gelde Wucher trieb und sich doch „*Tolstoianer*“ nannte. Dieser Fall steht nicht vereinzelt da. Er ist typisch für das Verhältnis des Publikums zur Predigt. Doch wozu viele Worte? Tolstoi predigt ja nicht in eigenem Namen. Er wiederholt nur in moderner Sprache das, was vor tausend Jahren die Propheten und Apostel lehrten. Wenn aber die europäischen Völker, die die Bibel viele Jahrhunderte durch als ihr heiliges Buch betrachteten, dennoch ihre Gebote mißachteten — wie konnte Tolstoi im Ernst hoffen, daß sein Wort mehr ausrichten würde als das Wort seiner Meister. Sein Versprechen, daß „*es bald sein wird*“, sowie sein ganzes Predigerpathos galt offenbar nicht dem wirklichen Kampf mit dem Bösen und der Lüge, sondern den eigenen, ganz persönlichen Aufgaben. Was er wollte bezog sich nicht auf etwas außer ihm Liegendes — nicht anderen wollte er helfen, sondern für sich selbst die Bestätigung, die Befriedigung finden, die er in seinem künstlerischen Schaffen nicht gefunden hatte. Auf sein Werk „Krieg und

Frieden", das das Gepräge vollständiger Abgeschlossenheit und Versöhnung trug, folgte „Anna Karenina"; auf dieses Buch, welches die Schöpfung eines nicht zermürbten und in sich befriedigten Geistes schien, folgte die Moralpredigt. Ist sie nun der Abschluß? Wer kann das voraussagen? Wird nicht Graf Tolstoi vielleicht die Kraft und den Mut finden, das, was er jetzt anbetet, zu verbrennen und ein neues Wort verkünden? Jetzt negiert er seine frühere künstlerische Tätigkeit, der er sich früher mit soviel Aufrichtigkeit und Leidenschaft gewidmet hatte. Man braucht sie nicht, sie hat keine Wirkung gehabt. Wird aber das Predigen, an dessen Wirkung er jetzt glaubt, mehr tun? Was betrachtet denn Tolstoi als Kriterium der menschlichen Tätigkeit überhaupt? Er lehnt jetzt jede Kunst, sowohl seine eigene wie die anderer, deswegen ab, weil die Massen sie nicht brauchen. Bringt aber seine Predigt auch keine Besserung in die Lage der Massen, sollte er sie nicht folgerichtig dann auch ablehnen?

Doch scheint Tolstoi — jetzt wenigstens — in bezug auf das Predigen den Maßstab nicht anzuwenden, den er an jede andere

Art Literatur anzulegen pflegt. Die Predigt sei, unabhängig von ihren Resultaten, etwas Gutes. Es sei möglich, auch die Kunst im selben Sinne wertvoll zu gestalten. Dazu sei nur nötig, daß sie sich dieselben Aufgaben stellt wie die Predigt. Ein Künstler, der diesen Ehrennamen beanspruchen will, müsse seine Schöpfungen zwei Bedingungen unterwerfen — erstens: so zu schreiben, daß jeder ohne Ausnahme ihn verstehen könne, und zweitens: nicht davon zu reden, was ihn interessiere, sondern von Dingen, die in den Menschen gute Gefühle erweckten. Von diesem Gesichtspunkt aus verurteilt Tolstoi die ganze moderne Kunst, angefangen von seinen eigenen Werken bis zu Shakespeare, Dante, Goethe hinauf, gar nicht zu reden von den weniger Bedeutenden, besonders den Neuesten, zu deren Verurteilung er in seinem knappen Register fromm-beschimpfender Worte nicht genug scharfe Ausdrücke findet. Eine Ausnahme macht er nur für einzelne Werke ganz weniger Autoren. Es ist interessant, in dieser sehr knappen Liste würdiger Meister auch den Namen Dostojewskis zu finden, desselben Dostojewski, den auch Nietzsche seinen Meister nennt. Im Grunde genommen erfüllt Dostojewski die Grundbedingung, die Tolstoi an die Dichter stellt, nicht. Der Bauer kann ihn nicht verstehen, denn er ist für ihn genau so „*gelehrt*“ wie Shakespeare. Tolstoi scheint aber damit zu rechnen, daß Dostojewski mehr als irgendein anderer Autor die zweite Bedingung erfüllt: das Gute zu lehren. In dieser Beziehung hat Tolstoi vollständig recht. In keinem seiner Werke (ausgenommen vielleicht die von Tolstoi besonders warm empfohlenen „Memoiren aus einem Totenhause“) vergißt Dostojewski das Gute zu lehren. Wie kam es dann, daß dieser Dichter die Zuneigung Friedrich Nietzsches gewonnen hatte, für den das Gute ungefähr dasselbe ist, wie für Goethes Gretchen der Teufel? Verstehen, wie Nietzsche und Tolstoi zu dieser gleichen Einschätzung Dostojewskis kamen, hieße den Schlüssel zum Verständnis dieser zwei äußerlich einander entgegengesetzten Philosophen finden. Wir wollen daher versuchen, das bezeichnendste und bekannteste Werk Dostojewskis „Schuld und Sühne“ einer Betrachtung zu unterziehen.

VI

Die Grundidee des Werkes „Schuld und Sühne“ ist schon im Titel fast vollständig ausgesprochen. Sie besteht darin, daß die „*Regel*“ nicht verletzt werden darf, selbst dann nicht, wenn der Mensch ihre Notwendigkeit absolut nicht einsieht.
Raskolnikow, ein junger Student, entschließt sich, eine Greisin, von der man sagen kann, daß sie kaum noch lebt, zu ermorden, um zu den Mitteln, deren er zu der Ausgestaltung seines weiteren Lebens bedarf, zu gelangen. Raskolnikow ist ein begabter Mensch, er hat Talente, er ist voller Leben und erfüllt von dem Drang, eine seinen Kräften entsprechende Betätigung zu finden. Dieses sein Streben findet auch Dostojewski sympathisch, der nicht die Meinung Tolstois teilt, daß jede intellektuelle Arbeit unsittlich sei. Im Gegenteil, wäre Raskolnikow zufällig auf gesetzlichem Wege zu den für seine Pläne not-

wendigen Mitteln gelangt, Dostojewski hätte alle seine Pläne gebilligt. Doch auf erlaubten Wegen zu diesen Mitteln zu gelangen, war für den Studenten unmöglich. Er mußte wählen: entweder auf seine Zukunft verzichten und sein Leben in niedriger, für ihn sinnloser Arbeit vergeuden, im rauhen Kampf um das Stück Brot, oder sich den Weg zu einem echten, auch nach Meinung Dostojewskis „*echten*“ Leben — um den Preis seines Verbrechens — bahnen. Die erste Hälfte des Romans handelt vom inneren Kampf Raskolnikows gegen die in ihm lebende Vorstellung, daß der Mord unerlaubt sei. Sagte ihm einerseits eine innere Stimme: „*Du darfst nicht töten!*“, so drängten sich auf der anderen Seite tausend Beweise an ihn heran, daß er dieser Stimme nicht zu gehorchen brauche, daß er töten dürfe. Im Auffinden solcher Beweise ist Raskolnikow (d. h. Dostojewski) unerschöpflich. Das wird auch die „*Psychologie des Verbrechers*“ genannt, dem das Werk seinen Ruhm zu verdanken hat. Hauptthema ist übrigens nur eines: unzählige Male wird — straflos — gemordet. Es handelt sich darum, meint Raskolnikow, daß das Gebot: „*Du sollst nicht töten!*“ nur für kleine und schwache Menschen verpflichtend sei. Große und starke Charaktere lassen sich von diesem formalen Hindernis nicht abschrecken, sie gehen über dieses Gebot hinweg, sobald es sich den gesteckten Zielen hindernd in den Weg stellt, wie z. B. Napoleon. In diesem Sinne schrieb Raskolnikow auch einen Artikel für eine Zeitschrift, und ungefähr dieselben Überlegungen brachten ihn zu dem Entschluß, den Mord zu begehen. Es ist wohl kaum notwendig zu betonen, daß Raskolnikow eine Phantasiegestalt des Dichters ist, denn in solcher Verfassung einen Mord zu begehen, ist in Wirklichkeit eine Sache der Unmöglichkeit. Dostojewski würde das wohl auch selbst kaum geleugnet haben. Darin eben liegt das Interesse des ganzen Werkes. Dostojewski interessierte sich hier keinesfalls für einen wirklichen Mörder und für jene Mittel, deren er sich bediente, um das Gebot: „*Du sollst nicht töten!*“ zu umgehen. Daher auch die Wahl des Opfers seines Mordes: eine halbtote Greisin, die jeden Tag ihre Seele aushauchen könnte. Eben das brauchte Dostojewski. Er war bestrebt, für seinen Helden eine solche Situation zu schaffen, in welcher das Verbrechen nur eine einzige formale Seite aufweist. Hätte Dostojewski, ohne den Roman zu sehr zu verwirren, es so machen können, daß Raskolnikow den verhängnisvollen Axtschlag gegen die Alte erst dann führte, als diese bereits eines natürlichen Todes gestorben war, er hätte es getan und hätte trotzdem Raskolnikow denselben Weg gehen, sich von Gewissensbissen quälen, sich dem Gerichte ausliefern, ihn in die Katorga [8]) wandern lassen usw. Für Dostojewski war die Frage: Wer hat recht, wer ist besser: jene, die (wie er selbst) sich an die Regel, deren Sinn sie nicht einsehen, binden, oder jene, die aus verschiedenen Erwägungen die Regel zu durchbrechen wagen? Zur Antwort dient der zweite Teil von „Schuld und Sühne", in dem Raskolnikow demütig wird, nicht deswegen, weil er Mitleid mit seinem Opfer verspürte (das Opfer, die beiden Opfer, spielen im Roman gar keine Rolle und haben für Dostojewski wie auch für Raskolnikow nur die äußere Bedeutung jenes Striches, den der Mensch nicht überschreiten darf), sondern weil er begriffen hat, daß die Regel nicht durchbrochen wer-

den dürfe. Um Raskolnikow zu dieser Überzeugung zu bringen, erfindet Dostojewski für ihn die gräßlichsten Qualen.
Ein grausames Talent — so wurde Dostojewski von einem Kritiker genannt. Wie kam er aber zu dieser Grausamkeit? Ist denn Dostojewski anders geschaffen als alle anderen Menschen? Es wiederholt sich an ihm dasselbe wie an Tolstoi, nur in anderer Form. Raskolnikow (dieser, ich wiederhole es, phantastische, in Wirklichkeit nie mögliche Mörder) muß gezwungen werden, sich der Regel unterzuordnen, um aus dieser Unterordnung eine Tugend zu machen. Wie Tolstoi ist auch Dostojewski bereit, seinem Nächsten die andere Backe hinzuhalten, aber er wird sein Recht auf Tugend nicht nur nicht aufgeben, sondern es eher noch seinem Nächsten nehmen. Und er ist im Kampf um dieses Recht unerbittlich. Je mehr Grausamkeit er zeigen kann, je schärfer er sein Opfer strafen kann, um so größer ist sein Triumph. Doch selbst das genügt ihm nicht. Er begnügt sich nicht damit, sein Opfer zu quälen, er entreißt ihm auch noch Geständnisse, er läßt es sich im Unrecht, schuldig, verbrecherisch fühlen.

Einige Worte sollen hier den ganzen Dostojewski zeigen: „*Es war ein seltsamer Anblick, wie in diesem kleinen Zimmer ein Mörder und eine Hure zum Lesen des Ewigen Buches zusammenkamen.*“ Der Mörder ist Raskolnikow, die Hure Sonja. Warum hat es Dostojewski, der das Evangelium nicht aus der Hand legte, nötig, den verhungerten Studenten und Sonja, die durch ihre Schmach eine Familie ernährte, mit so furchtbaren Worten zu brandmarken? Hat er es aus dem Evangelium herausgelesen, hat er so das Evangelium gelesen? Nein; ihm lag an etwas anderem! Er brauchte besondere Rechte und Vorrechte für sich, er, der unterirdische Mensch, der bei der Begegnung mit einem Offizier unwillkürlich auswich, der sich vergeblich abmühte, Napoleon an Größe zu überragen. Er rechnete sich seine Bereitschaft, die Regel nicht zu durchbrechen, seine Sittlichkeit, die er sich in langen schlaflosen Nächten im Kampf um die ihm nicht gegebene Kraft erworben hatte, als Verdienst an. Das Resultat: „*Psychologie*“, sogar zwei Psychologien: einerseits der erste Teil von „Schuld und Sühne“, in dem Raskolnikow zugleich mit seinem Schöpfer seine Unfähigkeit zum Mord als Schwäche auffaßt, andererseits der zweite Teil, in dem Dostojewski, nun schon allein, ohne Raskolnikow, in der Bereitwilligkeit, sittlich zu bleiben, für sich einen neuen Heiligenschein, eine Quelle von Ruhm und Stolz findet.

Und nun, als die Befürchtungen seiner Schwäche besiegt sind, feiert Dostojewski den Triumph des Gebots über Raskolnikow als seinen eigenen Sieg. Im selben Maße, wie Raskolnikow gedemütigt, entehrt, vernichtet wird, wird es in Dostojewskis Seele lichter. Zum Schluß, als Raskolnikow aller Rechte bereits, nicht nur juristisch, sondern auch moralisch beraubt, das Geschehene bereut, schenkt ihm Dostojewski den Frieden der Seele, jedoch unter der Bedingung, daß der reuige „*Mörder*", der auf irdisches Glück nicht mehr hoffen darf, den Rest seiner Tage in Gesellschaft der „*Hure*" Sonja, die das Unglück ihrer Jugend ebenfalls durch gute Taten sühnt, in Sibirien verbringt. In dieser Weise wird das „*grausame Talent*" verständlich. Und so wird auch verständlich, warum sowohl Nietzsche wie Tolstoi sich vor ihm beugten. Die „*Souterrain*"-Betrachtungen des ersten Teils von „Schuld und Sühne“ waren Nietzsche keinesfalls fremd. Seit er hoffnungslos erkrankt war und Welt und Menschen auch nur aus seinem „Souterrain“-Dasein betrachten konnte, gewöhnte er sich daran, die wirkliche Kraft durch die Gedanken an sie zu ersetzen. Er verzieh Dostojewski gern den zweiten Teil: die Sühne für den ersten Teil, das Verbrechen. Umgekehrt bei Tolstoi: er verzieh den ersten Teil wegen des zweiten. Denn diejenige „*Psychologie*“, die das Verpflichtende der Regel zu zerstören droht, behagte Tolstoi sicherlich nicht. Das ist „*Verdorbenheit*“, „*Unzucht*“, das sind „*schmutzige Ideen*“, von der „*müßigen Kulturmasse*“ erdacht (alles Worte Tolstois, die, zusammengenommen, kaum von Demut zeugen, doch, auch einzeln betrachtet, kein Bild der „*Milde*“ des berühmten Dichters geben) — alles dies ist keinesfalls zu loben. Doch Raskolnikow war bestraft, ihm war das Geständnis einer Schuld abgerungen, ihm wurde Gnade nur unter der Bedingung eines Lebens im „*Guten*“ erteilt, das mußte nun doch genügen, um sich das Anrecht auf den Titel eines Lehrmeisters des Volkes zu verdienen.

Hier will ich mir eine kleine Abweichung erlauben, die vielleicht in Anbetracht der Aufgabe dieses Buches nicht ganz überflüssig ist. Ich will die Weltanschauung Shakespeares, desselben Shakespeare, den Graf Tolstoi ablehnt, mit der Weltanschauung Dostojewskis vergleichen, nicht etwa im vollen Ausmaße, sondern nur in ihrer Auffassung vom Bösen und vom Verbrechen. Bei Dostojewski gibt es einen Raskolnikow, bei Shakespeare einen Macbeth. Der Stoff ist der gleiche. Und beide Dichter sind Christen. Nur hat Shakespeare diesen Umstand nie hervorgehoben, Dostojewski aber aus ihm sein literarisches Credo gemacht.

Beim Vergleich von „Macbeth“ mit „Schuld und Sühne“ überrascht vor allem das Verhalten der Autoren zu ihren Opfern. Bei Dostojewski spielen die beiden ermordeten Frauen gar keine Rolle. Er hätte sie, was wir betonen wollen, ebenso gerne leben oder auferstehen lassen, wenn er es gekonnt hätte — so sehr ist ihm die Tatsache ihres Todes gleichgültig. Sie sind nur deswegen in den Roman eingeführt worden, weil ja irgendein Objekt für Raskolnikow notwendig war. Vom Standpunkt Dostojewskis aus liegt der Sinn und die Bedeutung des Verbrechens nicht im Bösen, das er seinen Opfern, sondern darin, was er seiner eigenen Seele zugefügt hat. In dieser Hinsicht denkt und fühlt der Held von „Schuld und Sühne" genau so wie der Dichter. Dostojewski spricht fast nie von der ermordeten Greisin und dem Mädchen, obwohl er über vieles, was keine Beziehung zum Roman hat, spricht und oft ermüdend redselig wird. Raskolnikow seinerseits gedenkt der Toten auch fast gar nicht, obwohl seine Phantasie ihm ununterbrochen die verschiedensten Schrecken ausmalt. Ganz anders bei Shakespeare. Macbeth redet und denkt tatsächlich nur von seiner Seele. Das Entsetzliche all seiner Handlungen führt er ganz und gar auf die persönliche Verantwortung zurück. Er *„hat seine Seele für ewige Zeiten zugrunde gerichtet"*, er *„kann nicht beten"*, er *„kann nicht Amen sagen, wenn die anderen ‚Gott, sei uns gnädig' beten"*: dieser qualvolle Seelenzustand verbirgt vor ihm die ganze Welt, alle anderen Menschen. Er hat sich nun so tief ins Blut getaucht, daß es sich nicht mehr lohnt zurückzukehren. Er fühlt sich abgeschnitten von aller Welt und sieht in allen Menschen, den Lebenden wie den Toten, nur Feinde, die seine Seele vernichten wollen. Doch Shakespeare sieht Macbeth mit eigenen Augen. Er vergißt keinen Augenblick, daß es sich nicht allein um die Seele und ihre Vernichtung handelt, wenn es um Böses und um ein Verbrechen geht. Ihn beschäftigt im Gegenteil das Unglück, das Macbeth den ihn Umgebenden bringt, ebensosehr wie die Psychologie der verbrecherischen Seele. In folgenden Worten schildert Rosse die Lage Schottlands:

Ach, armes Land!
Beinah entsetzt, sich selbst zu kennen. Nennt es
Nicht unsre Mutter, sondern unser Grab...
Wo niemand lächeln kann, als wer nichts weiß...
Wo Ach und Weh und luftzerreißend Schrein
Bewirkt wird, nicht bemerkt... wo wildes Leid
Als Alltagswallung gilt... beim Sterbeläuten
Kaum einer fragt, für wen... wo brave Männer
Ableben vor dem Strauß auf ihrem Hut
Und tot, noch eh sie krank sind.

(Macbeth, IV. Szene, S. 156.
Hrsg. v. Fr. Gundolf, Berlin, 1921.)

Shakespeare schildert weiter die furchtbare Szene, in der die Familie Macduffs hingeschlachtet wird. Welchen Eindruck macht auf den Leser Macduffs stummes Entsetzen, als er den Tod seiner Kinder und seiner Frau erfährt. Wer erinnert sich nicht der Worte Malcolms, die er an Macduff richtet:

Gütiger Gott!
Nein, Mensch! zieh nicht den Hut in deine
Stirn!

(Ebenda, S. 157.)

Und dann der Ausruf Macduffs über Macbeth:

Er hat keine Kinder!

(Ebenda.)

Nichts derartiges finden wir bei Dostojewski. Das Verbrechen interessiert ihn nur, konnte ihn nur von einer Seite interessieren: sofern es für die Seele des Verbrechers Bedeutung hat. Er ging an seinen Raskolnikow von der entgegengesetzten Seite heran, wie Shakespeare an Macbeth. Ihn beschäftigte die Frage, wieso können, wieso wagen andere Menschen das zu tun, was er, Dostojewski, nicht tun kann, nicht zu tun wagt. Deshalb hat er auch einen solchen Mörder gewählt, der studiert, Artikel schreibt, nicht weiß, was und ob er morgen überhaupt zu essen haben wird. Mit einem solchen, das wußte er, würde die Psychologie in dem von ihm gewünschten Sinne fertig werden. Mit anderen Worten, der Mord würde diesen Menschen sicher zermalmen und erdrücken — denn wie hätte er damit fertig werden sollen! Dostojewski kam es auf die Schlußfolgerung an, daß in der Unterordnung unter die Regel der höchste Sinn des Lebens enthalten sei. Dostojewski ordnet sich der Regel unter, also ist der Sinn des Lebens auf seiner Seite. Bei Shakespeare entdecken wir keine Spur von solchen Stimmungen. Für ihn ist Verbrechen nur deswegen Verbrechen, weil es den anderen „*Böses schafft*", dem Duncan, Macduff, dessen Kindern, ganz Schottland. Für ihn gibt es und kann es keine Frage geben, ob es gut sei, ein Mörder zu werden und ob er nicht seiner eigenen seelischen Größe ein Mehr zufügt, wenn er jemand ermordet. Ja, noch mehr; selbst wenn Shakespeare sich überzeugt haben würde, daß der Mord etwas oder sehr viel zur Größe seiner Seele beitragen könnte, würde er doch nicht getötet haben. Hätte ihm seine Überlegung klargemacht, daß es ein Gebot, „*Du sollst nicht töten!*“, nicht gäbe, oder daß dieses Gebot nur für kleine, minderwertige Menschen gilt, während für große die andere Regel da sei: „*Töte!*“, er würde doch nicht getötet haben. Denn, außer den Überlegungen, außer den Vorteilen für seine eigene Seele hat er noch das Verständnis für das Glück und Unglück anderer Menschen, Macduffs Kinder, des Königs Duncan usw. Würde sich vor ihm das „*Töte!*“ als ebensolch drohender Imperativ errichtet haben, wie vor Macbeth und Raskolnikow das „*Töte nicht!*“, er würde dennoch nicht getötet haben! Dieses shakespearesche Verhalten zum Verbrechen ist Dostojewski offenbar völlig fremd. Für ihn bestand die ganze Frage nur darin, welches der Gebote: „*Töte!*“ oder „*Töte nicht!*“ bessere Waffen führt. Aber auch in dieser Frage war er kein unparteiischer Richter. Er wendet sein ganzes Riesentalent nur daran, das Prestige des „*Töte nicht!*“ zu erhalten, hauptsächlich deswegen, weil ein Napoleon zu sein ihm doch nicht gegeben war. Deswegen würgt er seinen Raskolnikow, deswegen entläßt er ihn nur unter der Bedingung, daß dieser seine

„Schuld“ bekenne. Im Verhalten Shakespeares zu seinem Macbeth sehen wir davon keine Spur. Es ist kaum nötig zu sagen, daß Shakespeare, wo es sich um die Schilderung der Gewissensbisse des Verbrechers handelt, über viel mehr Farben verfügt als Dostojewski: in dem ganz kurzen „Macbeth“ sind die Stimmungen und Qualen des Helden vollständiger und krasser geschildert als in dem langen Roman „Schuld und Sühne“. Erinnern wir uns etwa folgender Worte des unglücklichen Mörders:

Stets rief es: „Schlaf nicht mehr!“ durchs ganze Haus.
„Glamis erschlug den Schlaf, und drum soll Cawdor
Nicht schlafen mehr, Macbeth nicht schlafen mehr!“

(Ebenda, S. 125.)

Von diesem, wie ähnlichen Ausrufen Macbeths weht wahrhaftiges, mittelalterliches Grauen vor der Gewißheit des Jüngsten Gerichts. Shakespeare verstand es, die schrecklichsten tragischen Stimmungen ohne die kleinste Anstrengung, ohne künstliche Mittel, ohne die Seele des Lesers durch ewige

Wiederholungen qualvoller Bilder zu peinigen, wiederzugeben. Und doch: welcher Unterschied zwischen Shakespeare und Dostojewski, selbst hier in der Wiedergabe der Mörderpsychologie. Shakespeare sucht nicht Macbeths Seele zu *„vernichten“*, er sucht nicht durch Schönrednerei einen bereits vernichteten und erdrückten Menschen noch mehr zu erdrücken; im Gegenteil, er ist ganz auf der Seite Macbeths, und bedingungslos, ohne jede Einschränkung und Forderung, ohne die Dostojewski und alle anderen Verehrer des *„Guten“* ihre Verbrecher nie freilassen. Shakespeare fürchtet keinen Augenblick, daß er durch ein solches Verhalten den Mörder oder den Mord stützt. Noch weniger denkt er daran, daß seine moralische Größe Schaden leidet, wenn er Macbeth nicht für ganz vogelfrei erklärt, wenn er den Verbrecher wagen läßt, an sich, an seine Rettung und nicht an Buße zu denken. Shakespeares Macbeth gibt in der weiteren Entwicklung der Tragödie nicht nur nicht nach, nicht nur, daß er sein schuldiges Haupt vor der Tugend des Autors nicht neigt, im Gegenteil, er wird vom Augenblick an, da er begreift oder von der furchtbaren Vorstellung erfaßt wird, daß der innere Richter ihm keinen *„einzigen Schlag"* schenken wird, immer grausamer. Diese Grausamkeit ruft aber in Shakespeare keine Feindseligkeit gegen den Ungehorsamen hervor. Sie erscheint dem Dichter eine natürliche, gerechte Reaktion gegen die maßlosen Ansprüche des *„kategorischen Imperativs"*, der sich anmaßt, den Menschen wegen *„eines Schlages"* der ewigen Verdammnis auszuliefern. Für Shakespeare hört Macbeth auch nach dem verhängnisvollen Ereignis nicht auf, Mensch, Nächster zu sein, und obwohl Schottland durch den vertierten König in ein dunkles Grab verwandelt wurde, obwohl tausende von Opfern den Himmel um Gerechtigkeit anflehten, hält Shakespeare es weder für notwendig noch für möglich, Macbeth selbst zu zwingen, die Strafe, die ihn getroffen, als gerechtfertigt anzuerkennen. Je schonungsloser Macbeth von phantastischen Gespenstern verfolgt wird, um so energischer wehrt er sich und, solange seine physischen Kräfte reichen, beugt er sich nicht. Braucht noch gesagt zu werden, um wieviel mehr Shakespeare psychologisch recht hat als Dostojewski? Denn: mag die Vergangenheit eines

Menschen noch so schrecklich, mag seine Reue noch so groß sein, in der Tiefe seiner Seele wird er nie zugeben, daß ihn Menschen und Gott mit Recht geächtet haben. Gewiß, angesichts unüberwindbarer innerer und äußerer Hindernisse gibt schließlich jeder nach. Doch wird nie jemand anerkennen und einsehen wollen, daß eine ewige Verdammnis gerecht sei, daß er aller Rechte verlustig, daß er der Gnade und Ungnade anderer Menschen ausgeliefert sei, die ihm unter gewissen Bedingungen Gnade schenken können. Macbeths gigantischer Kampf gegen lebende und tote Feinde ist eine unvergleichliche Illustration dazu. Nicht jeder ist so kühn wie Macbeth, nicht jeder entschließt sich, bis zum Ende nach seinem eigenen Kopf und auf eigene Verantwortung hin zu handeln und zu reden. Der gewöhnliche Durchschnittsmensch gibt unter solchen Umständen nach: er erkennt, daß die Hetzjagd des kategorischen Imperativs gesetzlich ist, daß er wirklich die ewige Verdammnis verdient, aber — es ist Heuchelei, Lüge, durch die er gerade jenem Schicksal auszuweichen sucht, das er angeblich als ihm angemessen erkannte. In der Wahl des Themas zeigten sich die charakteristischen Züge beider Dichter. Shakespeare interessierte sich für den Unbeugsamen, wirklich furchtbaren Verbrecher, Dostojewski wählte einen nachgiebigen, harmlosen Menschen, den er Mörder werden läßt. Shakespeare bemühte sich, den Menschen freizusprechen, Dostojewski ihn anzuklagen. Wer von ihnen ist der echte Christ? Und wie sehr steht „Schuld und Sühne" in seiner Grundidee (ich spreche nicht erst von der Ausführung) „Macbeth" nach! Zwischen diesen zwei Kunstwerken besteht, von dem Grade der Begabung ihrer Schöpfer abgesehen, ein wesentlicher Unterschied schon in der gestellten Aufgabe. Bei Dostojewski steht die Predigt im Vordergrunde, bei Shakespeare eine Frage philosophischen Charakters. Dostojewski will den Lesern beibringen, daß man im Dienste des Guten oder Bösen stehen könne, daß er selbst im Dienste des Guten stehe und daher der Achtung im hohen Grade würdig sei, während die anderen im Dienste des Bösen ständen und der Achtung unwürdig seien. Für Shakespeare steht die Frage der persönlichen Würde nicht an erster Stelle. Er sieht nur die schreckliche Erscheinung vor sich:

das Verbrechen. Schrecklich in zweierlei Hinsicht. Wegen des Unglücks, das es über Menschen bringt, und wegen der Verdammnis, der es den Verbrecher ausliefert.
Er bemüht sich zu verstehen, sich zu erklären, was das bedeute: ob unsere Vorstellungen über das Wesen der Verbrecherseele zutreffend sind. Er denkt nicht daran, hochmütig gegen seinen Verbrecher zu sein, ihm zu verzeihen, um sich die eigene moralische Höhe zu beweisen. Er sucht Macbeths Recht zu ergründen und raubt ihm daher nicht die Kraft für den Kampf. Wenn man „Schuld und Sühne" zu Ende gelesen hat, steht man unter dem quälenden Eindruck, die Predigt eines „Gerechten" gegen den sündenbeladenen Zöllner gehört zu haben. Hat man „Macbeth" gelesen, in dem man den Dichter gar nicht sieht, gewinnt man die Überzeugung, daß es keine Kraft gibt, die einen Menschen zu vernichten imstande wäre oder auch wollte. Um mit dem Evangelium zu reden: *„Es ist nicht der Wille Eures himmlischen Vaters, daß auch nur Eines von den Kleinen zugrunde gehe."*
Es gehört nicht in den Rahmen dieser Schrift, noch weiter bei Shakespeare und Dosto-

jewski zu verweilen. Aber auch das Gesagte scheint mir genügend gezeigt zu haben, welch grundsätzlicher Unterschied zwischen Philosophie und Predigt besteht und wer die Predigt, wer die Philosophie nötig hat.

VII

Man sagt von der Wandlung in Tolstois Schaffen, er sei von der künstlerischen Betätigung zur Philosophie übergegangen. Man bedauert es sehr, da man der Meinung ist, daß Tolstoi — als Künstler genial — sich als Philosoph und Denker schlecht bewährte. Als Beweis, und zwar als offenbar zwingender Beweis, wird sein Nachwort zu „Krieg und Frieden" angeführt. Es sei unklar, verworren. Tolstoi komme darin über allgemeine Phrasen nicht hinweg und hafte ständig an einem Fleck. Es stimmt wohl, das Nachwort ist schlecht geschrieben. Nun aber „Krieg und Frieden"? Ist „Krieg und Frieden" nicht ein echt philosophisches Werk, von einem Dichter geschaffen? Ist nicht das Nachwort nur ein schlecht gemachter Plan zu einem wundervollen Bau? Wie ist es möglich, daß der Architekt, der soviel

Kunst bei der Errichtung seines Baues zeigte, sich nicht imstande erwies, einen Plan dafür zu zeichnen! Die Sache liegt offenbar nicht am Architekten, sondern an der Aufgabe selbst. Das Nachwort ist schlecht, nicht weil Tolstoi Zirkel und Lineal schecht handhabte, sondern weil Zirkel und Lineal zur Lösung dieser Aufgabe ungeeignete Instrumente sind. Im Augenblick, da Tolstoi sich selbst des Rechtes begeben hat, Farben zu gebrauchen, lieferte er sich der unproduktiven Arbeit aus, denn die ganze Philosophie von „Krieg und Frieden" läßt sich in die Worte fassen: Die Summe der in unserer Sprache vorhandenen abstrakten Begriffe reicht nicht hin, um das menschliche Leben wiederzugeben. Es ist klar, daß Tolstois Versuch „Krieg und Frieden" durch Erläuterungen zu ergänzen und zu klären, scheitern mußte. Mit dem ersten Teil seines Epiloges war alles abgeschlossen, was Tolstoi zu sagen hatte: in den vier Bänden dieses Romans war seine ganze Philosophie in solcher Klarheit und Rundheit niedergelegt, daß ein Darüber-hinaus nicht mehr möglich war. Fürst Andrej, Pierre, Natascha, der alte Bolkonsky, Komtesse Marie, die Rostoffs, Berg,

Dolochow, Karatajew, Kutusow und all die anderen, — sagen sie uns nicht, was und wie Tolstoi das Leben gesehen hat? Pierres Leben als Kriegsgefangener, die greise Hellsichtigkeit Kutusows, der tragische Tod des Fürsten Andrej, die Freuden und die Kümmernisse Nataschas, die Resignation Karatajews, die Widerstandsfähigkeit der russischen Soldaten, die anspruchslose, stille Heldenhaftigkeit unbekannter Offiziere, die Massenflucht der Bewohner aus den Städten, umfaßt all dies mit solcher Vollkommenheit und Plastik Wiedergegebene nicht alle Fragen über Willensfreiheit, Gott, Sittlichkeit, historisches Gesetz? Es umfaßt es nicht nur, sondern noch viel mehr: man kann darüber auch gar nicht anders als in Form eines dichterischen Werkes sprechen. Jeder andere Versuch scheitert unweigerlich, — das Nachwort ist uns ein Beispiel dafür —, besonders wo es sich um einen Dichter handelt, also um einen Menschen, welcher weiß, wieviel zu sagen ist und der fühlt, wie wenig in geraden Linien gesagt werden kann. Deswegen versucht er immer und immer wieder das einmal Gesagte zu wiederholen, ohne natürlich etwas klarer zu machen, und bringt uns so zur Überzeugung, daß er kein Philosoph sei. Der Irrtum liegt natürlich bei uns. Tolstoi ist in „Krieg und Frieden" ein Philosoph im besten und vornehmsten Sinne des Wortes, denn er spricht darin vom Leben und schildert das Leben in seinen rätselhaftesten und geheimnisvollsten Seiten. Wenn ihm das Nachwort nicht gelungen ist, so darum, weil er das Unmögliche zu erreichen suchte. Ein beliebiger Kritiker würde ein besseres Schlußwort zu „Krieg und Frieden" gefunden haben, denn der Kritiker, der nicht so wie der Dichter die ganze Weite der Aufgabe gefühlt hätte, hätte sich im Rahmen der gewöhnlichen Vorstellungen gehalten, hätte eine gewisse, sehr relative, logische Abgeschlossenheit erreicht, die den Leser befriedigt haben würde. Der Kritiker wäre aber keineswegs ein besserer, sondern ein schlechterer Philosoph als Tolstoi, da er nicht den Drang besitzt, seinen vollen Eindruck vom Leben wiederzugeben, sondern nur vorzüglich Zirkel und Lineal zu handhaben vermag, mit seiner Arbeit zufrieden ist und dadurch und in dieser Weise auch den Leser zufriedenstellt. Von Graf Tolstoi zu sagen, er sei kein Philosoph, hieße der Philosophie einen ihrer bedeutendsten Vertreter nehmen. Im Gegenteil, die Philosophie muß mit Tolstoi als mit einer wesentlichen Größe rechnen, wenn auch seine Werke nicht die Form von Traktaten haben und sich nicht an eine der bestehenden Schulen anlehnen. Wie bereits gezeigt wurde, ist seine ganze schöpferische Tätigkeit durch den Drang hervorgerufen, das Leben verstehen zu wollen, und das ist ja der eigentliche Impuls, dem die Philosophie entspringt. Freilich, er berührt gewisse theoretische Fragen, denen wir gewöhnt sind bei Kathederphilosophen zu begegnen, gar nicht. Er spricht nicht über Raum und Zeit, über Monismus und Dualismus, über die Erkenntnistheorie. Doch nicht das verleiht einem schließlich das Recht, sich Philosoph zu nennen. All diese Fragen müßten zu einer selbständigen Disziplin abgesondert werden, die nur als Grundlage der Philosophie zu dienen hat. Die eigentliche Philosophie muß dort beginnen, wo es sich um den Platz und die Bedeutung des Menschen in der Welt handelt, um seine Rechte und seine Rolle im All, also wo es sich um die Fragen handelt, denen eben „Krieg und Frieden“ gewidmet ist.

„Krieg und Frieden“ ist ein wahrhaft philosophisches Werk. In ihm befragt Tolstoi die Natur für jeden einzelnen Menschen; in ihm herrscht noch homerische oder shakespearische „*Naivität*“, das heißt, in ihm fehlt der Wunsch, die Menschen für das „*gut*“ und „*bös*“ zu lohnen und zu strafen, in ihm lebt das Bewußtsein, daß die Verantwortung für das menschliche Leben im Höheren außerhalb uns selbst zu suchen ist. Nur in bezug auf Napoleon ist der allgemeine Ton, der das Werk beherrscht, nicht durchgehalten. Napoleon ist für Tolstoi von Anfang bis zum Schluß ein Feind, ein moralisch belasteter Feind. Nicht etwa wegen des Unheils, das er Rußland und Europa zugefügt hat: das wird ihm verziehen. Was Tolstoi an ihm empört, ist seine Anmaßung, die Selbstsicherheit, mit der er 15 Jahre lang Geschichte machte. „*Meine menschliche Würde sagt mir, daß jeder von uns durchaus nicht weniger, vielleicht aber mehr Mensch ist als ein Napoleon.*“ Also kann es ihm nicht gegeben sein, die Schicksale der Völker zu bestimmen. Er ist nur „*das allernichtigste Werkzeug in den Händen des Schicksals*“. — Tolstoi konnte sich schon mit Sonja ihres leeren Lebens wegen nicht aussöhnen: in jener Periode bedrückten ihn schale Menschen, die weder für sich noch für andere etwas bedeuteten, durch die Sinnlosigkeit ihrer Existenz. Später aber wollte er niemand mehr beschuldigen und hielt dies auch nicht mehr für notwendig. Als Natascha zu Pierre sagt, daß sie nichts anderes wünsche, als alles (nämlich den Tod des Fürsten Andrej) noch einmal zu erleben „*und sonst nichts*", unterbricht Pierre sie mit Leidenschaft: „*Es ist nicht wahr, es ist nicht wahr! Es ist nicht meine Schuld, daß ich lebe und leben will, und auch nicht die Ihre.*" So löste damals Tolstoi quälende Gewissensfragen, das ewige „*Ich bin schuld*", das den besten seiner Helden den Weg zum Leben versperrte. „*Ich lebe und will leben*", war die Antwort, die selbst solch schwierige Situationen löste wie jene, daß Natascha die Braut von Pierres Freund war, jenes Freundes, der erst vor einigen Monaten in ihren Armen gestorben war. Und jeder, der lebte, mochte sein Leben noch so unsittlich, gemein, roh sein, rief in Tolstoi keinen Widerwillen hervor. Berg, Drubezkoi, Fürst Wassilij gegenüber bewahrte er ein gutmütiges, heiteres Lächeln. Dem Bösewicht Dolochow und dem eingefleischten Leibeigenenbesitzer, dem alten Bolkonski, zollte er Achtung; Ellen betrachtete er als „*superbe animal*“, und fast ebenso ihren ihr so sehr ähnlichen Bruder Anatole. Alles, was lebt, lebt auf eigene Art und besitzt das Recht auf Leben. Die einen sind besser, die anderen schlechter, die einen sind klein, die anderen bedeutend, aber sie brandmarken, sie von Gott ausschließen darf man nicht. Kämpfen soll man nur gegen Napoleon und seinesgleichen, die uns die menschliche Würde nehmen wollen, und gegen Sonja und ihresgleichen, die mit ihren zwecklosen Tugenden sich in ein volles und reiches Leben störend einmischen. Mit welcher Liebe schildert Tolstoi seinen Nicolai Rostoff! Ich kenne keinen anderen Roman, in dem ein so hoffnungslos mittelmäßiger Mensch in so poetischen Farben geschildert worden wäre. Selbst eine solche Tatsache, wie die, daß Nicolai Rostoff einen Bauern so ins Gesicht schlägt, daß der Stein seines Ringes zerspringt, vermag Tolstoi von Rostoff nicht abzubringen. Wenn dieser Nicolai jetzt aber Tolstoi vor die Augen gekommen wäre, wie wäre er von ihm abgefertigt worden! Gar nicht zu reden vom Fürsten Andrej und Pierre! Nicht nur, daß diese selbst nicht arbeiteten, sie erlaubten sich auch Klügeleien und hielten sich für wertvollere Menschen! Gewiß, Tolstoi mußte sich von seinen früheren Werken lossagen, besonders von „Krieg und Frieden". Es fragt sich nur, ob das möglich ist, ob es genügt, seine frühere Philosophie, sein früheres Leben als schlecht zu erkennen, um ein für allemal damit zu brechen. Ein ganzes Leben kann nicht durch einige Bücher umgestoßen werden. Tolstoi wird sich nie von seiner Vergangenheit, die in seinen zwei großen Romanen so glanzvoll verkörpert ist, lösen. Sie wird immer gegen ihn zeugen, und zwar in vernichtender Weise. Mag er noch so viel von der „*sittlichen Erleuchtung*" predigen, er wird immer seine eigene Stimme hören, die vor dreißig Jahren so aufrichtig und leidenschaftlich rief: „*Es ist nicht meine Schuld, daß ich lebe und leben will, und daß Sie jetzt, nachdem Sie all das Gute, das Sie so beredt in ‚Krieg und Frieden' schilderten, genossen haben, etwas anderes, vielleicht ebenfalls Gutes und für Sie Notwendiges suchen, was aber mir fremd und unverständ-*

lich ist. Sonja, die ‚taube Blüte‘, — haben Sie sie vergessen?“
Mit anderen Worten: hätte man Tolstoi vor dreißig Jahren seine eigenen letzten Werke gezeigt, er hätte sich von ihnen ebenso losgesagt, wie er sich jetzt von „Krieg und Frieden“ lossagt, wiewohl er auch in jener Zeit nur das eine gewollt hatte: sein Leben auf das „*Gute*“ zu richten. Verzicht gegen Verzicht. Welcher ist anzunehmen? — Und am allerdeutlichsten hätte er „Was ist Kunst?“ widerrufen.
Wir sagten schon, daß in diesem Buche die Fragen der Kunst nur eine Nebenrolle spielen. Das ist schon aus dem Anfang zu ersehen.
Tolstoi erzählt, wie er einmal bei der Probe einer schlechten Oper zugegen war. Das nimmt er zum Anlaß, um auszurechnen, was ein solch albernes Unternehmen gekostet haben möge; es stellt sich heraus: sehr viel. Weiter erzählt er, daß der Kapellmeister die Chorsänger und Statisten roh beschimpft habe, daß die Choristinnen in unanständiger Weise dekolletiert waren und die Tänzerinnen wollüstige Bewegungen machten. Die großen Ausgaben für die Aufführung

schlechter Kunstwerke und das rohe Verhalten der älteren zu den jüngeren, rechtlosen Mitarbeitern stellt Tolstoi als Regel auf und benützt es als ersten und schwersten Anklagepunkt gegen die Kunst überhaupt. Was sollen darauf diejenigen antworten, die Dramen und Symphonien schaffen? „*Es wäre noch gut, wenn die Künstler ihre Sache selbst schaffen würden. Sie brauchen aber die Hilfe der Arbeiter nicht nur für ihre Kunst, sondern auch für den größten Teil ihres luxuriösen Daseins, und sie bekommen diese Hilfe entweder in der Form von Bezahlung durch reiche Leute, oder als Subsidien von der Regierung, die Millionen für Theater, Konservatorien und Akademien ausgibt. Für dieses Geld aber muß das Volk aufkommen, das nie zum Genuß der von der Kunst gewährten ästhetischen Freuden gelangt.*“ Das ist der Ausgangspunkt Tolstois: die Kunst verschlingt riesige Summen; für sie muß das Volk aufkommen, während es der Genüsse, die die Kunst gewährt, nicht teilhaftig wird. Überdies werden noch allerlei Dummheiten und Schund der Kunst zugerechnet, wie etwa die Oper, bei deren Probe Tolstoi zugegen war; im Namen der Kunst beleidigen Menschen die menschliche Würde anderer. Es entsteht die Frage: Ist die Kunst wirklich eine so wichtige Sache, daß ihretwegen solche Opfer gebracht werden müssen? Ist es nicht besser, auf die Kunst überhaupt zu verzichten und die angewandten Kräfte und Mittel für etwas anderes zu brauchen, etwa für Volksbildung, um die man sich so wenig kümmert? So stellt Tolstoi die Frage. Wie er sie beantworten wird, daran hat kaum jemand von seinen Lesern gezweifelt. Das Volk zahlt soviel für die Kunst und genießt sie doch nicht. Ist daran zu zweifeln, daß eine solche Lage der Dinge grob, empörend, ungerecht ist? Die reichen Leute, die alles haben, gehen zu den Armen und nehmen ihnen für ihre Theater, Konzerte, Ausstellungen die Mittel, die das Volk nicht nur für seine Bildung, sondern für seine nackte Existenz braucht. Haben denn während der Hungerzeit die Theatervorstellungen in den großen Städten ausgesetzt, haben die Reichen auf ihre ästhetischen Freuden verzichtet, um ihren unglücklichen Mitmenschen zu helfen? An der Berechtigung einer solchen Frage kann ja kein Zweifel bestehen. Interessant ist aber ein anderer Umstand. Solche Meinungen, wie sie Graf Tolstoi äußert, sind in der russischen Literatur nichts Neues. In den sechziger Jahren dachten und fühlten alle so, die sich damals „*denkende Realisten*“[9]) nannten. Dobroljuboff hat in all seinen Veröffentlichungen nur davon gesprochen, daß man alles vergessen, alles beseitigen müsse, um alle Kraft der Gesellschaft und des Staates für die Hebung des in Elend und Unwissenheit verkommenden Volkes zu konzentrieren. Daß man die Ketten der Leibeigenschaft zerbrechen, daß man den Bauern auch all die Güter, die wir selbst genießen, geben müsse. Tolstoi hat die glückliche Hochstimmung jener Sturmzeit gewiß noch in Erinnerung. Nach dem großen Akt der Bauernbefreiung schien es den besten Menschen in Rußland, daß es für uns nichts Unmögliches mehr gebe, daß es auf dem Wege sozialer Reformen und literarischer Predigt in kürzester Zeit möglich sein werde, jene entwürdigende Ungleichheit zu beseitigen, die bei uns in der alten Zeit herrschte. Diese Hoffnungen wurden freilich nicht direkt ausgesprochen, im Gegenteil, viele verbargen sie demonstrativ unter rauhen Bezeichnungen, wie Positivismus, Egoismus usw. Man sprach von Fröschen, die seziert werden müßten, und von dem Glück der Persönlichkeit, aber hinter all dem sah das unbefangene Auge klar die große und vornehme Aufgabe der Jugend: sie hoffte, das eigene Volk zu retten und mit Hilfe Rußlands sogar die ganze Menschheit. Dem früh verstorbenen Dobroljuboff folgte Pissarjeff. In ihm fanden die Ideen seiner Vorgänger die prägnanteste Verkörperung. Er glaubte an die Rettung seines Volkes noch mehr als die anderen. Er wählte aber für seine Ideen noch rauhere Worte, die den Sinn seiner Bestrebungen noch mehr verbargen. Ihm folgend, gefiel sich die Jugend jener Zeit in nihilistischen Schlagworten, hegte aber zugleich die Hoffnung auf eine nahe bessere Zeit und träumte von der bevorstehenden Erfüllung großer Aufgaben. Und zu dieser Zeit eben tauchte die Frage von der Bedeutung der Kunst in der Form auf, wie sie jetzt von Tolstoi vertreten wird. Was bringt die Kunst? — fragte man sich, rettet sie das Volk vor Unbilden, nährt sie es, macht sie es gesund, bringt sie es moralisch vorwärts, verhütet sie die Trunksucht? Die Antwort lautete verneinend. Nein, die Kunst gibt ästhetische Befriedigung nur den Reichen, die ohnehin satt und in behaglicher Wärme leben. Wenn dem aber so ist, wozu dann diese Umstände mit ihr? Das Resultat solcher Überlegungen war der berühmte Angriff Pissarjews[9]) auf Puschkin, in dem er Puschkins Poesie als wertlose, überflüssige Spielerei eines müßigen Menschen bezeichnete. Nekrassoff: das sei derjenige, der so schreibt, wie man schreiben solle. Bei ihm fänden wir das Gedicht: „*Wenn ich nachts durch die dunkle Straße gehe*“: hier liege ein Appell an die Gerechtigkeit, an das Mitleid, an die Menschlichkeit. „Eugen Onegin“ und „Mozart und Salieri“ aber, sowie ähnliche Sachen, das sei l'art pour l'art, unbrauchbar für das Volk und stehe den großen Zielen, die sich die junge Generation steckte, fremd, ja feindlich gegenüber. Selbst die ersten Werke Tolstois lobte Pissarjeff nur deswegen, weil er sie für die Verwirklichung sozialer Aufgaben für nützlich hielt. In dieser Art wurde die Frage nach dem Wesen der Kunst in den sechziger Jahren von den jungen Führern der neuen Generation gestellt und gelöst. Es ist kaum nötig zu sagen, wie sehr ihre Auffassungen und ihre Predigt für den russischen Kulturhistoriker als erfreulicher Ausdruck des erwachenden Denkens zu schätzen ist. Ihre jugendliche Ehrlichkeit, äußerlich rauh und innerlich verschämt, die Leidenschaftlichkeit ihrer Begeisterung für schöne Utopien, ihr kindlicher, naiver Glaube an die Allmacht des gedruckten Wortes fesselt auch jetzt noch jeden, auch wenn er selbst längst aus dem Bereich ihrer „*Überzeugungen*“ und ihrer „*Prinzipien*“ hinausgewachsen ist. Wie seltsam ist es nun jetzt, in Tolstois letztem Werk dieselben Erörterungen zu finden, die uns so lebhaft an unsere entfernte Jugend erinnern, als wir, unserem Lehrer Pissarjew folgend, der Meinung waren, daß wir vor allem die Frage zu lösen hätten, welche Kunst der Gesellschaft am nützlichsten sei, um dann den oder jenen Künstler oder Dichter anzuerkennen oder abzulehnen; als wir über Puschkin mit der ganzen puritanischen Energie, streng in moralischen Prinzipien erzogener Menschen herfielen, weil er in seinen Versen die Füßchen und die Händchen hübscher Mädchen besang, in seinem „Faust“ über die Ewigkeit grübelte, den für niemand notwendigen „Boris Godunoff“

schrieb, dem Müßiggänger Eugen Onegin soviel Aufmerksamkeit schenkte und über die sentimentale Tatjana Tränen vergoß, anstatt die Menschen zu ernsten Taten aufzurufen. Selbst sein Duell machten wir ihm zum Vorwurf und ärgerten uns sogar über das ihm errichtete Denkmal. Wofür? fragten wir, genau wie jetzt Tolstoi. Ist er denn, wir sagten nicht wie Tolstoi, ein Heiliger, denn dieses Wort verpönten wir, obwohl wir es meinten — ist er denn ein nützlicher Kämpfer für die Gesellschaft? Wir forderten, daß Nekrassow für seine Liebe zum Volke, d. h. zu den Enterbten und Leidenden, ein Denkmal gesetzt werde, Nekrassow, dessen Verse

Führe mich zu denen, die sterben
Für die große Sache der Liebe!

wir mit Begeisterung sangen.

Wie merkwürdig war es doch jetzt bei Tolstoi, dieses von jener Zeit her uns wohlbekannte Verhalten zur Kunst und zu ihren Vertretern zu finden. Tolstoi ist freilich kühner als wir. Wir wagten uns zum Beispiel an Shakespeare und Goethe nicht heran. Eigentlich verstanden wir sehr gut, daß, von unserem Standpunkte gesehen, diese Dichter nichts wert seien, denn bei ihnen findet man nicht den unmittelbaren Appell zur Liebe zum hilfsbedürftigen Volke, der Nekrassows Poesie durchzog. Selbst Pissarjew wagte es nicht, diese Dichter anzutasten, und wir zogen es vor, sie schweigend hinzunehmen, ja, wir gestatteten es uns, sie sogar zu lesen, in der unklaren Hoffnung, dermaleinst mit ihnen fertig zu werden. Wäre aber in jener Zeit Tolstois Buch „Was ist Kunst?" erschienen, und hätte es nicht soviel tugendhafte Worte enthalten (solche Worte beleidigten damals unsere Schamhaftigkeit, wir wollten das Gute nur deswegen, weil es uns „*sehr vorteilhaft*" war), dann wäre es für uns eine wahre Offenbarung gewesen. Wir brauchten eben einen Anhaltspunkt für das Recht, jede Kunst abzulehnen, sowohl Raffael wie Beethoven, sowohl Shakespeare wie Dante, weil alle diese sich nicht für berufen hielten, „*die Leiden des in seiner Geduld bewunderungswürdigen Volkes*" zu besingen, wie Nekrassow sich ausdrückte, oder weil sie, wie Tolstoi meint: „*nicht das religiöse Bewußtsein des wahrhaften Christentums, das Bewußtsein der Brüderlichkeit aller Mitmenschen*" besäßen. Wie traf uns

Tolstoi damals mit seiner Anna Karenina, mit seinem Lewin, der im Augenblick, als er aufhörte, an Rußlands und der Menschheit Rettung zu denken, sich *„wie ein Pflug in die Scholle eingrub"!* Wir konnten Tolstoi nicht verzeihen, daß er die Bahn des öffentlichen Anklägers, jene Bahn, für die er von Pissarjew gelobt wurde, verließ und in seinen Romanen Fragen aufrollte, die mit der Verbesserung der Lage des Volkes nichts zu tun hatten. „Krieg und Frieden", „Anna Karenina" waren für uns charakteristische Werke des l'art pour l'art, die schön und fesselnd waren, uns aber um so mehr reizten. Wir bedauerten nur, daß Pissarjew nicht mehr da sei, und daß niemand Tolstoi die nötige Rüge erteilen konnte. Jetzt erfüllt Tolstoi selbst diejenige Aufgabe, deretwegen wir uns einen neuen Pissarjew wünschten. Er teilt seine Romane nun selbst der schlechten Kunst zu und träumt davon, eine Kunst zu schaffen, die nur dem Volke und dessen Bedürfnissen dienen werde. Wie kommt es, daß Tolstoi zu jenen Idealen zurückgekehrt ist, die er in seiner Jugend verlassen hatte? Pissarjew, der gegen das l'art pour l'art kämpfte und Puschkin vernichtete, ist uns verständlich. Dem Siebenundzwanzigjährigen war es gestattet zu glauben, daß die übertriebene Begeisterung der Menschen für Ästhetik ein Hindernis zur Verwirklichung großer Ideale sei, und daß man mit einigen Schriften im Nu die wirtschaftlichen und andere gesellschaftliche Fragen ihrer Lösung zuführen könne. Pissarjew glaubte, daß jeder seiner Artikel in diesem Sinne ein Ereignis sei, und ihn mußte das Predigen begeistern. Graf Tolstoi aber weiß sehr gut, daß seine Bücher nichts zu ändern vermögen. Er sagt selbst: „*Ich hege wenig Hoffnung, daß meine Beweise für die Verdorbenheit der Kunst und des Geschmacks in unserer Gesellschaft, die ich erbringe, akzeptiert oder auch nur ernst diskutiert werden könnten.*" Es ist natürlich nicht Bescheidenheit, die aus diesen Worten spricht. Er weiß in der Tat sehr gut, daß sein „*Kaukasischer Gefangener*" oder „*Gott sieht die Wahrheit, aber spricht sie nicht gleich aus*" (von allem, was er schrieb, betrachtete er diese zwei Erzählungen als gute Kunst) für die Leser nicht die Bedeutung haben, die seine großen Romane hatten, oder auch nur der „Tod des Iwan Iljitsch". Wozu und für wen also schreibt er? Warum schrieb er nicht statt des Werkes „Was ist Kunst?“ noch zwei, drei Erzählungen für das Volk, nach den Regeln, die er selbst für begabte Dichter ausgearbeitet hatte? Offenbar, weil er selbst verschiedene Fragen aufrollen wollte, nicht in dem Glauben, durch ihre Lösung dem Bauer nützlich zu sein, sondern weil er über sie nachdenken mußte. Sein Rezept für das dichterische Schaffen scheint nicht für ihn selbst zu gelten, sondern für die anderen ...

In Nietzsches „Also sprach Zarathustra“ gibt es eine hoch bedeutsame Stelle. Nach seiner Unterhaltung mit den Krüppeln wendet sich Zarathustra mit einer Predigt an seine Jünger. Einer der Krüppel, ein Bucklichter, lauschte gespannt auf die neuen Worte und fragte dann den Meister: *„Aber warum redet Zarathustra anders zu uns, als zu seinen Jüngern?“*

Zarathustra antwortete: „Was ist da zum Verwundern! Mit Bucklichten darf man schon bucklicht reden!“

„Gut,“ sagte der Bucklichte; „und mit Schülern darf man schon aus der Schule schwätzen.

Aber warum redet Zarathustra anders zu seinen Schülern — als zu sich selber?" (Also s. Z. Von der Erlösung.) Solche Worte wird man von Tolstoi nie hören. Er erlaubt dem Leser nicht über das, was ihm als Lehre kundgetan wird, hinauszugehen. Er erlaubt uns nicht, an ihn selbst heranzukommen, sondern nur an seine „*Schule*". Auch Nietzsche trägt eine „*Maske*" und setzt sie sogar zu oft auf. Aber er bewahrt nicht so sorgfältig das Heiligtum seines Schaffens vor fremden Blicken, wie Tolstoi es tut, obwohl er eigentlich mehr Grund als Tolstoi hätte, sich zu verbergen, und obwohl er manchmal die Meinung aussprach, daß die ganze Aufgabe eines Dichters darin bestehe, sich selbst und das Leben zu verschönern. Ohne Zweifel spricht nicht nur Nietzsche, sondern auch Tolstoi mit seinen Schülern aus der Schule, teilt ihnen nur die „*Schlüsse*" mit und verbirgt vor ihnen jene unruhige und schwere Seelenarbeit, die er nur als „*Sache des Lehrers*" betrachtet. Daher diese auf den ersten Blick echt pissarjewsche, d. h. jugendliche Sicherheit, daß, wenn die Menschen nur wollten, das l'art pour l'art-Schaffen von einem anderen, von einem besseren Kunstschaffen abgelöst würde. Graf Tolstoi weiß, was hinter diesem „*wenn die Menschen nur wollten*" sich birgt. Aus diesen Worten spricht nicht der pissarjewsche, junge Glaube, sondern die Enttäuschung eines alten Mannes, der lange und zähe gekämpft hat, der sich entschlossen hat, den ungleichen Kampf aufzugeben. Er hat diese Worte nicht für sich, sondern für seine Jünger geprägt, für andere, um die Möglichkeit zu haben, die qualvollen Zweifel los zu sein und von dem ihm sehr überdrüssig gewordenen Tun, dem Philosophieren, zu einer einfacheren, leichteren und tröstlicheren Beschäftigung überzugehen: zum Predigen.

Tolstoi schließt damit, womit Pissarjew begonnen hatte. Wenn wir uns diese rätselhafte Erscheinung vergegenwärtigen, dann wird es uns klar, warum Tolstoi in seinen Artikeln über uns und unsere Kunst donnernd herfällt. Wie alle vor ihm, hat auch er den Schleier von der Wahrheit nicht lüften können und will nun vergessen, um jeden Preis vergessen — das verhängnisvolle Rätsel des Lebens. Er schrieb „Krieg und Frieden" und war vorübergehend als Sieger aus den Zweifeln des Unglaubens hervorgegangen. Alle Schrecknisse des Jahres 1812 erschienen ihm als abgeschlossenes, sinnvolles Bild. Die Wanderung der Menschen von Ost nach West und von West nach Ost, mit dem sie begleitenden Massenmord, das Leben der verschiedenen Einzelpersonen, von Karatajew und Anatol bis Kutusow und Fürst Andrej — alles erschien ihm als harmonisches Ganzes, in allem sah er die führende Hand der Vorsehung, die sich um den schwachen und unwissenden Menschen kümmert. „Krieg und Frieden" ist das höchste Ideal seelischen Gleichgewichts, das von einem Menschen je erreicht wurde.

Bjelinski schreibt in einem seiner Privatbriefe: *„Wäre ich auch imstande, die höchste Stufe der Entwicklung zu erreichen, ich würde Sie auch dort bitten, mir Rechenschaft über alle Opfer der Lebensbedingungen und der Geschichte zu geben, über alle Opfer der Zufälle, des Aberglaubens, der Inquisition Philipps II. usw, usw., sonst würde ich mich von der höchsten Stufe der Entwicklungsleiter kopfvoran hinunterstürzen. Ich will das Glück auch umsonst nicht haben, solange ich nicht beruhigt bin über* *jeden meiner Brüder im Blute.*“ Diese wenigen einfachen Worte enthalten das Wesen einer philosophischen Aufgabe, diese Worte drücken auch das Programm von „Krieg und Frieden“ aus: Tolstoi forderte vom Schicksal Rechenschaft für jeden seiner Brüder im Blute. Und ihm wurde, wie es ihm schien, volle Befriedigung. In allen Ereignissen erblickte er den Arm des Schöpfers, er demütigte sich und seine Seele fand Ruhe. Er wollte niemand lehren, weil er annahm, daß jeder vom Leben lerne und jeder das Seine bekäme. In folgenden Worten schildert er an Pierre diese Stimmung: „*In Pierre zeigte sich ein neuer Zug, der ihm die Zuneigung der Menschen eintrug: das war die jedem Menschen zugestandene Anerkennung, auf seine Art zu denken, zu fühlen und die Dinge zu sehen; das Erkennen der Unmöglichkeit, einen Menschen mit Worten von seiner Überzeugung abzubringen. Diese gesetzmäßige Eigenart jedes Menschen, die Pierre früher reizte und ärgerte, diente ihm jetzt als Grundstein seines Mitleids und Interesses für die Menschen. Die Unterschiede, oft Widersprüche zwischen den Überzeugungen und dem Leben anderer*

Menschen und seinem eigenen, freuten jetzt Pierre und nötigten ihm ein ironisches, mildes Lächeln ab." Doch, wie schon gezeigt wurde, behielt Tolstoi nicht lange sein Gleichgewicht und verlor somit die Möglichkeit, sich auf der philosophischen Höhe von „Krieg und Frieden" zu erhalten. Wie bei Dostojewski entwickelte sich auch in ihm ein Zug der Unduldsamkeit; das Bewußtsein der Gegensätzlichkeit seiner Interessen nicht nur zu den Interessen eines Napoleon oder einer Sonja, sondern vieler, sehr vieler anderer Menschen, und er klammerte sich an die Armen der Moskauer Nachtasyle und an das Volk, um in ihrem Namen das „*Gute*" gegen das „*Böse*" zu verteidigen. Deswegen sieht er in der Gesellschaft, in den Menschen seines Kreises nichts Gutes. Er braucht dieses Gute nicht, er braucht etwas anderes, damit er es habe, um die in seinem Herzen aufgehäufte Erbitterung gegen die geheimnisvolle und spröde Unlösbarkeit der qualvollen Lebensfragen loszuwerden. Trotzdem er sich immer auf das Evangelium beruft, ist in seiner Lehre sehr wenig Christliches. Wollten wir seine Werke mit der Heiligen Schrift vergleichen, so könnten wir nur an das Alte

Testament, an die Propheten denken, an die er durch den Charakter seines Predigens und die Geradheit seiner Forderungen erinnert. Er will die Menschen nicht überzeugen, er will sie einschüchtern. „*Tut, was ich euch sage, sonst werdet ihr unsittliche, lasterhafte, verdorbene Wesen!*“ Solcher Art Worte suchte ich in Tolstois Buch zu unterstreichen: ganze Seiten wurden voll von Bleistiftstrichen. Tolstoi will offenbar vor allem unsere Gesellschaft verletzen, beleidigen, um in dieser Weise irgend jemand zu haben, an dem er seinen Schmerz auslassen könnte. Diesen Zweck erreicht sein Buch vollkommen. Er will uns das nehmen, was wir am meisten brauchen, und er will uns zwingen, das anzunehmen, was wir absolut nicht brauchen. Das Mittel ist ganz einfach: das, was wir brauchen, ist das Böse, und die, die nicht darauf verzichten wollen, sind unglückliche, schlechte Menschen; das aber, was wir nicht brauchen, ist das Gute, und die es nicht annehmen, lehnen das Gute ab. Das Gute aber ist Gott. Hier seine eigenen Worte aus dem Buch „Was ist Kunst?“ „*Das Gute ist das ewige, höchste Ziel unseres Lebens. Mögen wir das Gute auch noch so verschieden deu-*

ten, so ist unser Leben doch nichts anderes, als das Streben nach dem Guten, d. h. nach Gott.“ Das Gute ist Gott! das bedeutet: außerhalb des Guten gibt es kein Ziel für den Menschen.

Würde Graf Tolstoi unter „*gut*“ jetzt wie einst die Summe dessen verstehen, was der Mensch erlebt — eine solche Definition hätte mehr als einen nur polemischen Wert. Aber auch dann wäre sie unrichtig und könnte keinesfalls akzeptiert werden. Wir wissen aus der Bibel, daß Gott den Menschen nach seinem Ebenbild geschaffen hat, das Evangelium bezeichnet Gott als unseren himmlischen Vater. Aber nirgends wird in diesen Büchern gesagt, daß das Gute Gott sei. Tolstoi geht jedoch noch viel weiter. Er behauptet: „*Das religiöse Bewußtsein unserer Zeit ist in seiner allgemeinen Bedeutung nichts, als das Bewußtsein dessen, daß unser Wohl, das materielle wie das geistige, das allgemeine wie das individuelle, das ewige oder vergängliche im brüderlichen Zusammenleben der Menschen, in der Liebe aller zueinander begründet sei.*“ Das Ziel dieser Definition ist auch ein rein polemisches, weil sie Tolstoi das Recht gibt, all die zu brandmarken, die es wagen, zu denken, daß außer brüderlichem Zusammenleben das Leben noch andere Güter birgt; noch mehr aber diejenigen, die in der gegenseitigen Liebe nicht das Ziel, sondern nur die Konsequenz des engeren Zusammenlebens der Menschen sehen können. Tolstoi braucht aber seine Definition, um aus ihr das Recht für sich herzuleiten, von den Menschen Liebe gegen die Nächsten als Erfüllung einer Pflicht zu fordern. Das liegt im Aufbau des ganzen Buches, sie gibt ihm Anlaß, sich zu empören, zu zürnen, zu predigen. Ganz unabhängig davon, ob es den Armen und dem Volke, in dessen Namen er spricht, irgendwie nützen kann. Wie die von Raskolnikow gemordeten Frauen Dostojewski den Vorwand geben, seinen Helden zu würgen, so tritt bei Tolstoi das ausgebeutete Volk nicht zu dem Zwecke auf, damit ihm geholfen würde, sondern um Tolstoi seine Anklagen und seine Predigten zu ermöglichen. Tolstoi weiß, daß er den Armen und Entrechteten nicht helfen kann, und daß sein Predigen in dieser Hinsicht ein in der Wüste verhallender Schrei ist. Wenn er trotzdem redet, so nur, weil er sich an eine kleine

Schicht aufhorchender Intellektueller wendet, die ebensowenig ausrichten können, deren Gewissen aber nach dem Lesen der Tolstoischen Schriften ein zwecklos trübes Lied anstimmt. Diese Intellektuellen lesen Shakespeare und Dante, hören Beethoven und Wagner, sehen sich die Bilder berühmter Maler an. Sie brauchen das alles — und wie sehr brauchen sie es! Aber Tolstoi will es nicht zugeben. Geht zu den Nächsten und liebet sie! Das ist — eure Pflicht. Das muß euer höchstes Wohl sein. Jene Kunstwerke aber, die ihr schätzt, sind nicht nur nicht gut, sondern direkt schlecht und unsittlich. Ihretwegen wird das Volk geplündert und aus ihnen spricht nichts von brüderlicher Liebe. Also müssen sie beseitigt werden.

Das ist der Grundgedanke des Werkes „Was ist Kunst?" Und dies sind, wie mir scheint, die wirklichen Motive der tolstoischen Predigt vom „*Guten*". Ich will auf all die Einzelerwägungen, in die Tolstoi seinen Grundsatz rahmt, nicht eingehen. Das ist nur von äußerem literarischen Interesse. Uns beschäftigt nicht, was Tolstoi zu seinen Jüngern spricht, sondern was er zu sich selbst redet; für uns sind nicht die formalen *„Begründungen“* seines *„Recht-Habens“* wichtig; wichtig ist für uns die Quelle, der seine Predigt, sein verbissener Haß gegen die Kulturklassen, gegen die Kunst, gegen die Wissenschaft entsprungen ist. Ich wiederhole: nicht der Glaube und die Christlichkeit brachten Tolstoi zu seiner verneinenden Haltung; über den Glauben finden wir bei ihm kein einziges Wort. Gott wird absichtlich durch *„Gut“* ersetzt, und das *„Gut“* durch brüderliche Liebe unter den Menschen. Solcher Glaube schließt eigentlich den vollständigen Atheismus, den vollständigen Unglauben nicht aus und führt unbedingt zum Streben nach Vernichtung, nach Erdrosselung der anderen Menschen im Namen eines Prinzips, das als verpflichtend anerkannt wird, obwohl es an sich sowohl seinem Verteidiger wie dem Menschen überhaupt in größerem oder kleinerem Maße fremd und unnötig ist. Tolstoi hat jene Liebe und jenes Mitleid, von denen er so viel spricht, gar nicht und kann sie, wie wir aus den vielen Zitaten ersehen, gar nicht haben. Nicht etwa, weil er ein weniger *„guter Mensch“* wäre als all die, die im Leben und in Büchern lieben und Mitleid empfinden, nicht etwa, weil er ein „*harter, herzloser, stählerner*“ Mensch ist, wie die Anhänger Dickens und Turgenjeffs meinen: Tolstoi besitzt unzweifelhaft nicht weniger Liebe zu den Menschen als Dickens und Turgenjeff und ist fähig, auf das Leiden der Nächsten zu reagieren. Der Unterschied ist nur, daß dieses „*Reagieren*“ für ihn nicht ein Abschluß, wie für andere, sondern ein Anfang ist. Der Unterschied ist, daß es ihm nicht genügt, auf den Anblick der Not zu reagieren und dem Armen ein Almosen zu geben, wenn er auch vom Angenehmen des Gebens spricht und das Milde-sein zum Prinzip erhebt. Aber er weiß zu gut, wie wenig das Geben helfen kann, er sucht Größeres, und da er es nicht findet, widmet er sich dem Predigen und vernichtet um dessentwillen Anna Karenina, Wronsky, Kosnyschoff, die ganze Intelligenz, die Kunst, die Wissenschaft...

VIII

Hier nähern wir uns der Philosophie von Tolstois Antipoden — Nietzsche. Wie beim Grafen Tolstoi, war auch bei ihm der Ausgangspunkt seiner seelischen Wandlung die Erkenntnis jenes großen Ereignisses, daß „*Gott gestorben*" sei, wie er sich später selbst ausdrückt, oder wie es bei Tolstoi heißt: „*Gott ist das Gute*", wobei er versichert, darin läge das Wesen des Christentums und das religiöse Bewußtsein unserer Zeit. „*Gott ist das Gute*" und „*Gott ist gestorben*", daß diese Sätze gleichwertig sind, und daß Tolstoi und Nietzsche vom selben Ausgangspunkte ausgingen, dafür zeugen uns folgende Worte Nietzsches: „*Das beste Mittel, jeden Tag gut zu beginnen, ist: beim Erwachen daran zu denken, ob man nicht wenigstens einem Menschen an diesem Tage eine Freude machen könne. Wenn dies als ein Ersatz für die religiöse Gewöhnung des*

Gebetes gelten dürfte, so hätten die Mitmenschen einen Vorteil bei dieser Änderung." (Nietzsches Werke. Leipzig, Alfr. Kröner Verlag. 1906. Bd. II, 385.) Und noch: „*Es ist nicht genug Liebe und Güte in der Welt, um noch davon an eingebildete Wesen wegschenken zu dürfen.*" (II, 133.) Dem russischen Leser, der soviel von der Grausamkeit des Antichristen und Immoralisten Nietzsche gehört hat, dürften die angeführten Worte merkwürdig klingen. Und doch ist in ihnen die Erklärung für all seine späteren Stimmungen enthalten. Diese beiden Aphorismen sind aus „Menschliches Allzumenschliches" genommen, jenem Werke, in dem sich Nietzsche zuerst von der Schopenhauerschen Metaphysik lossagt. Jetzt ist für ihn die Metaphysik, die den Inhalt seines ersten Werkes, „Die Geburt der Tragödie", — dieses typischen Musters einer talentvollen Gelehrtenplauderei in pessimistischem Stil — bestimmt hat, nur eine Wissenschaft, „*welche von den Grundirrtümern des Menschen handelt, doch so, als wären es Grundwahrheiten*". (II, 36.) Bei ihr sucht er nicht mehr nach Aufklärung. Er flüchtet vor seiner eigenen Theorie, die die Tragödie ästhetisch deutet, flüchtet gerade jetzt, wo er sie am notwendigsten zu haben scheint, da die Tragödie, die sich bisher nur in den Seelen des Prometheus, des Ödipus und der anderen Helden der sophokleischen und äschyleischen Dramen abspielte, nun in seiner eigenen Seele lebt. Er versteht schon, daß ein großes Unglück nicht damit gerechtfertigt werden kann, daß man es schön und erhaben zu erzählen imstande ist. Die Kunst, die das menschliche Leid schön gestaltet, braucht er nicht mehr. Er sucht nach einer anderen Zuflucht, wo er Rettung vor den Schrecken, die ihn verfolgen, zu finden hofft. Er eilt zum „*Guten*“, von dem er gewöhnt ist anzunehmen, daß es allmächtig sei, daß es alles ersetzen könne, daß es Gott sei, höher als Gott, daß die Menschheit nur gewinnen würde, wenn sie statt auf Gott ihre ganze Liebe auf den Nächsten übertrüge. Wie der Leser sieht: ein ganz und gar tolstoischer Gedanke. Der Unterschied ist nur der, daß Nietzsche in jener Epoche noch keinen Schicksalsprüfungen erlegen war und von ganzem Herzen an die Rettung durch die Liebe glaubte, und daß sein ganzes Schicksal davon abhing, was ihm dieser Glaube einzubringen vermochte. Wie der Leser weiß, zwang ihn seine furchtbare Krankheit nicht nur auf die Arbeit, sondern auch auf jede Gesellschaft zu verzichten. Stets allein, von qualvollen Anfällen verfolgt, konnte er nur nachdenken und seine Gedanken in kurzen Aphorismen schriftlich festhalten. Unter solchen außerordentlichen Umständen war die „*Macht des Guten*" einer ernsten Prüfung unterworfen. Kann es, wie etwa die Philosophen meinen, dem Menschen sein ganzes Leben ersetzen? Als Antwort darauf ist Nietzsches ganze Philosophie zu betrachten. Die Kathederphilosophen, unter ihnen auch A. Riehl, haben zwar erkannt, daß Nietzsches Bücher keine gewöhnlichen Bücher, sondern Erlebtes, erlebte Bücher sind, aber sie nehmen Nietzsches Werk die ganze Bedeutung und jedes Interesse, wenn sie sagen, daß sie nur die Erlebnisse eines Denkers, nur Gedanken als Erlebnisse enthielten. Nietzsche selbst kannte die Quellen seines Schaffens besser. Er spricht von dem grundlegenden, für ihn wichtigsten Problem — dem Problem der Moral, das für ihn eine persönliche Frage, an die sich sein Schicksal gebunden hatte, ist. Offenbar handelte es sich bei ihm nicht um Gedanken als Erlebnisse, wenn er auch Philosoph war, d. h. ein Mensch, der sich über seine Gedanken und Gefühle Rechenschaft gibt. Seine Erlebnisse sind nicht mit abstrakten, außerhalb der Interessen anderer Menschen liegenden Fragen verbunden; sie sind an das gebunden, woraus sich unser ganzes Leben zusammenzusetzen pflegt. Er litt an einer qualvollen Krankheit, war zum unfreiwilligen Nichtstun und zur Einsamkeit verurteilt: sind dies und alles, was damit im Zusammenhang steht, die Erlebnisse des Denkers? Was bedeutet dann das Leben? Das, was mit Nietzsche geschehen war, geschieht vor unseren Augen auf Schritt und Tritt mit Tausenden von Menschen. Vielleicht reagieren alle diese auf ihr Unglück genau so wie Nietzsche, nur daß sie schweigen. Sie können oder wagen es nicht, ihre Stimme gegen Prinzipien zu erheben, die von Menschen aufgestellt sind, die ihre Leiden nicht kennen. Ja, selbst Nietzsche war am Anfang durch die Hoffnungslosigkeit und das Erniedrigende seiner Lage so betroffen, daß er nichts anderes zu sagen wußte, als daß *„der Kranke kein Recht, Pessimist zu sein, habe“*. Wer Ohren hat zu hören, der höre! Was bedeutet dieses: „*er hat kein Recht*“? Wer hat den Kranken dieses Recht genommen? Bis zu welchem Grad kann Demut und Selbsterniedrigung noch weiter gehen? Man hat einem Menschen alles genommen, man hat einen Menschen zu ununterbrochener Folter verurteilt, und er hat nicht einmal das Recht zu klagen, zu fluchen, zu protestieren gegen die blinde Macht, die ihm, weiß Gott wofür, eine solche Strafe auferlegt hat?!

Dies Bewußtsein seiner Rechtlosigkeit verläßt Nietzsche bis ans Ende seines Lebens nicht. Professor Lichtenberger schließt die Schilderung der literarischen Tätigkeit Nietzsches mit der folgenden naiven Bemerkung: „*... und als die Geistesumnachtung kam und seinem bewußten Leben ein Ende bereitete, sang er ein Siegeslied. Ist das nicht ein herrliches Schicksal?*“ Als Gegenstück dazu können wir die bereits angeführten Worte von Professor Riehl setzen, der ebenfalls, um den Leser zu trösten, erzählt, daß Nietzsche wie Rousseau, in seiner Persönlichkeit wie in seinem Schicksal, das Beispiel eines tragischen Genies darstellt. Es ist längst an der Zeit, solch allgemeine Redensarten zu lassen, in denen in solch unerlaubter Kraßheit sich der Egoismus der Menschen zeigt, die stets bereit sind, sich am Feuer des Prometheus zu wärmen und ihn platonisch um sein herrliches Schicksal zu beneiden, während der Geier ihm an der Leber frißt. Ob das Schicksal Nietzsches schön war, muß man ihn selber befragen. Folgendes erzählte er uns damals von der „Tragödie des Genies“: „*Er* (der Psychologe) *hört mit einem unbewegten Gesicht zu, wie dort verehrt, bewundert, geliebt, verklärt wird, wo er gesehen hat, — oder er verbirgt noch sein Verstummen, indem er irgendeiner Vordergrund-Meinung ausdrücklich zustimmt. Vielleicht geht die Paradoxie seiner Lage soweit ins Schauerliche, daß die Menge, die Gebildeten, die Schwärmer gerade dort, wo er das große Mitleiden neben der großen Verachtung gelernt hat, ihrerseits die große Verehrung lernen, — die Verehrung für ‚große Männer‘ und Wundertiere, um derentwillen man das Vaterland, die Erde, die Würde der Menschheit, sich selber segnet und in Ehren hält, auf welche man die Jugend hinweist, hinerzieht... Und wer weiß, ob sich nicht bisher in allen großen Fällen eben das*

Gleiche begab: daß die Menge einen Gott anbetete, — und daß der ,Gott' nur ein armes Opfertier war!" (VII, 256.)
So versteht der „*Psychologe*" das Leben der großen Menschen, das einem Professor Lichtenberger so beneidenswert erscheint. Nietzsche fährt dann weiter fort: „*Diese großen Dichter zum Beispiel, diese Byron, Musset, Poe, Leopardi, Kleist, Gogol (ich wage es nicht, größere Namen zu nennen, aber ich meine sie), — so wie sie nun einmal sind, vielleicht sein müssen: Menschen der Augenblicke, begeistert, sinnlich, kindsköpfisch, im Mißtrauen und Vertrauen leichtfertig und plötzlich; mit Seelen, an denen gewöhnlich irgendein Bruch verhehlt werden soll; oft mit ihren Werken Rache nehmend für eine innere Besudelung, oft mit ihren Aufflügen Vergessenheit suchend vor einem allzutreuen Gedächtnis, oft in den Schlamm verirrt und beinahe verliebt, bis sie den Irrlichtern um die Sümpfe herum gleich werden und sich zu Sternen verstellen — das Volk nennt sie dann wohl Idealisten —, oft mit einem langen Ekel kämpfend, mit einem wiederkehrenden Gespenst von Unglauben, der kalt macht und sie zwingt, nach Gloria*

zu schmachten und den ,Glauben an sich' aus den Händen berauschter Schmeichler zu fressen: — welche Marter sind diese großen Künstler und überhaupt die höheren Menschen für den, der sie einmal erraten hat!" (VII, 256—7.)

In diesem Auszug sind nur die Namen Byron, Musset, Gogol usw. genannt. Die bedeutenderen Dichter scheint Nietzsche nicht nennen zu wollen. Aber an einer anderen Stelle finden wir eine ebensolche, wenn nicht noch schrecklichere Vermutung in bezug auf Shakespeare. Der Leser erinnert sich vielleicht an jene Szene aus Julius Cäsar, in der der Dichter in das Zelt der streitenden Heerführer stürzt, um sie zu versöhnen. Nietzsche sagt dazu: *„Vor der ganzen Gestalt und Tugend des Brutus warf Shakespeare sich auf den Boden und fühlte sich unwürdig und ferne: — das Zeugnis dafür hat er in seine Tragödie hineingeschrieben. Zweimal hat er in ihr einen Poeten vorgeführt und zweimal eine solche ungeduldige und allerletzte Verachtung über ihn geschüttet, daß es wie ein Schrei klingt — wie der Schrei der Selbstverachtung. Brutus, selbst Brutus verliert die Geduld, als der Poet auftritt,* *eingebildet, pathetisch, zudringlich, wie Poeten zu sein pflegen, als ein Wesen, welches von Möglichkeiten der Größe, auch der sittlichen Größe, zu strotzen scheint und es doch in der Philosophie der Tat und des Lebens selten selbst bis zur gemeinen Rechtschaffenheit bringt. ‚Kennt er die Zeit, so kenn' ich seine Launen — fort mit dem Schellenhanswurst!' ruft Brutus. Man übersetze sich dies zurück in die Seele des Poeten, der es dichtete."* (V, 129.)

Solche Motive für das Schaffen findet Nietzsche bei den großen Dichtern. Uns interessiert jetzt nicht, wieweit seine Vermutungen richtig sind. Viel wichtiger ist für uns festzustellen, was ihn zu diesen Vermutungen brachte. Eine direkte Antwort darauf finden wir bei ihm nicht. Als einer der Jünger Zarathustras diesen einmal um die Erklärung seiner Worte bat, bekam er folgende Antwort:

„Ich gehöre nicht zu denen, welche man nach ihrem Warum fragen darf.
Ist denn mein Erleben von gestern?" (VI, 186.)

Das ist einer der Vorzüge von Nietzsches Philosophie. Die meisten *„darum"*, die den vom Schriftsteller aufgestellten Sätzen zu folgen pflegen, sind Argumente ex post facto. Die Überzeugung ist längst fertig, man muß nur die Menschen zwingen, sie aufzunehmen: und alle Beweise werden gutgeheißen, wenn sie nur zum Ziele führen, d. h. wenn sie Urteile als gesetzmäßig und zulässig vom Standpunkte der Logik aus betrachten. Auch Nietzsche versucht manchmal seine Meinungen zu „*begründen*", indem er sich auf die Geschichte, auf Philologie usw. beruft; dann verlieren aber seine Betrachtungen ebensosehr an Bedeutung und Interesse, wieviel sie an äußerer Gestaltung gewinnen. Seine „*Erkenntnis*" ist einer inneren Erfahrung entsprossen, jener furchtbaren Erfahrung, die zu der Überzeugung führt, daß der Kranke kein Recht hat, Pessimist zu sein, daß die großen Dichter für ihre „*innere Besudelung*" Rache nehmen, daß dort, wo man einen Gott ehrt, sich in Wirklichkeit „*ein armes Opfertier*" befindet. Solche und ähnliche „*darum*", als Antwort auf neugierige „*warum*" werden in direkter Form nie gegeben, können nie gegeben werden. Sie treten nur auf in der eigenartigen Scharfsichtigkeit in bezug auf die Psychologie an-

derer Menschen. Und wenn Nietzsche behauptet, daß Brutus' Worte an den Dichter auf Shakespeares Seele übertragen werden müßten, so müssen wir sicher sein eigenes Eindringen in die Geheimnisse der großen Menschen als ungewollte Geständnisse hinnehmen und in ihnen jene Erlebnisse entdecken, von denen er seinen Jüngern nicht erzählen wollte, angeblich, weil sie zu fern wären und sein Gedächtnis nicht mehr gut sei. „*Wenn ich etwas vor allen Psychologen voraus habe, so ist es Das, daß mein Blick geschärfter ist für jene schwierigste und verfänglichste Art des Rückschlusses, in der die meisten Fehler gemacht werden — des Rückschlusses vom Werk auf den Urheber, von der Tat auf den Täter, vom Ideal auf den, der es nötig hat, von jeder Denk- und Wertungsweise auf das dahinter kommandierende Bedürfnis.*" (VIII, 194.)
Es ist wahr, was er von sich hier sagt. Er lernte dort zu unterscheiden, wo andere nichts sahen. Woher aber kam er, der hinter „*sieben Einsamkeiten*" lebte, zu einer so eigenartigen Scharfsichtigkeit? Der Grund scheint folgender zu sein: er findet bei den anderen, was er bei sich gesehen hat.

„*Jeder tiefe Denker*“, sagt Nietzsche, „*fürchtet mehr das Verstanden-werden als das Mißverstanden-werden. Am letzteren leidet vielleicht seine Eitelkeit, am ersteren aber sein Herz, sein Mitgefühl, welches immer spricht: ‚Ach, warum wollt ihr es auch so schwer haben wie ich?*‘“ (VII, 268.)
Danach kann der Leser sich einigermaßen vorstellen, was folgende Worte Nietzsches bedeuten: „*Und was mein langes Siechtum angeht, verdanke ich ihm nicht unsäglich viel mehr als meiner Gesundheit? Ich verdanke ihm eine höhere Gesundheit, eine solche, welche stärker wird von allem, was sie nicht umbringt! — Ich verdanke ihm auch meine Philosophie. . . . Erst der große Schmerz ist der letzte Befreier des Geistes, als der Lehrmeister des großen Verdachts, der aus jedem U ein X macht, ein echtes rechtes X, das heißt den vorletzten Buchstaben vor dem letzten. . . . Erst der große Schmerz, jener lange, langsame Schmerz, in dem wir gleichsam wie mit grünem Holze verbrannt werden, der sich Zeit nimmt —, zwingt uns Philosophen in unsere letzte Tiefe zu steigen und alles Vertrauen, alles Gutmütige, Verschleiernde, Milde, Mittlere,*

wohin wir vielleicht vordem unsere Menschlichkeit gesetzt haben, von uns zu tun." (VIII, 206.)

Diese freiwilligen und unfreiwilligen Geständnisse zeigen uns, unter welchem Druck Nietzsche zu seinem „*gut*" gelangt war, und was er von der Moral erwartet, wenn er behauptet, daß ihr Problem sein eigenes, persönliches Problem, daß sein Schicksal mit diesem verbunden ist. Die Moral hatte sicher schon öfters mit Menschen zu tun, die sich in Nietzsches Lager befanden, und vielleicht können viele mit Nietzsche sagen: „*Ich zweifle, ob ein solcher Schmerz ‚verbessert'; aber ich weiß, daß er uns vertieft.*" (V, 8—9.)

Vor Nietzsche wagte niemand so offen an eigenen, an solchen eigenen Erfahrungen allgemein anerkannte souveräne Rechte des Guten nachzuprüfen. Wenn Nietzsche sagt: „*der Kranke hat kein Recht, Pessimist zu sein*", so waren die anderen vor ihm der Meinung, der kranke (unglückliche) Mensch habe kein Recht, die Moral dafür verantwortlich zu machen, wenn sie nicht seine Hoffnung erfüllte, da sie glaubten, daß die Schuld nicht an ihr, sondern an ihm läge.

Das wird später klarer werden, wenn wir ausführlicher die Ursachen kennenlernen, die Nietzsche gezwungen haben, seinen Jugendidealen abzuschwören. Vorderhand wollen wir nur wieder einmal einen sehr wichtigen Umstand hervorheben. Nietzsche war und blieb bis ans Ende seines Lebens ein sittlicher Mensch in vollem — und ganz alltäglichem — Sinne dieses Wortes. Er brachte es nie über sich selbst, ein Kind zu beleidigen, war keusch wie ein junges Mädchen und erfüllte alles, was man mit Pflicht oder Schuldigkeit zu bezeichnen pflegt, vielleicht noch mit etwas übertriebenem Eifer. Wir brachten schon zwei seiner Aphorismen: „*Man wird am besten für seine Tugenden bestraft*" (VII, 103) und: „*Wer hat nicht für seinen guten Ruf schon einmal sich selbst geopfert?*" (VII, 97.) Für uns sind diese Worte ein unschätzbares Zeugnis, wichtiger als die wichtigsten biographischen Werke, in denen aufrichtige und gewissenhafte Menschen sich abmühen, uns Nietzsche als den schablonenhaften, großen Menschen darzustellen, d. h. als solchen, wie ein großer Mensch sein sollte, nach den traditionellen Vorstellungen vom Wesen des Genies. Für uns, die wir uns bemühen, den einen gemeinsamen Punkt zwischen dem deutschen Antichristen und dem russischen Christen zu finden, ist es interessant, uns an das entsprechende Geständnis bei Graf Tolstoi zu erinnern. Tolstoi hat nie für seine Tugenden zu zahlen gehabt. Wohl aber für seine Laster, und schwer. Hier seine eigenen Worte: „*In meinem, ausschließlich im weltlichen Sinne, glücklichen Leben verursachten die Lehren der Welt soviel Leiden, daß sie einen Märtyrer aus Christus hätten machen können. Alle, selbst die schwersten Augenblicke meines Lebens, beginnend mit den Zechgelagen und dem wüsten Studentenleben, bis zu den Duellen und dem Krieg, bis zu den Krankheiten und den unnatürlichen Lebensbedingungen, in denen ich auch jetzt noch lebe: all das gehört zum Martyrium, das im Namen der Welt getragen wird.*“ Davon abgesehen, wie Tolstoi seine Vergangenheit jetzt einschätzt, scheint er doch einst viel und gerne gesündigt zu haben, und er kann keine Epoche seines Lebens nennen, die ganz der Tugend geweiht gewesen wäre (die letzten Jahre natürlich nicht mitgerechnet). Den Schluß, den er aus seinem sündhaften Leben zieht, ist aber dem Nietzsches gerade entgegengesetzt: „*Versuche jeder aufrichtige Mensch sich sein ganzes früheres Leben in Erinnerung zu bringen, und er wird sehen, daß er nie dadurch gelitten hat, wenn er die Lehren Christi befolgte.*" Die Frage ist nur, ob Tolstoi Richter sein kann über die Bedeutung der Tugend für den Menschen, wo er doch selbst soviel gesündigt hat? Zweifellos ist der in diesem Sinne unsittliche Nietzsche, wie ihn Tolstoi bezeichnet, viel kompetenter: in seinem Leben gab es weder Trinkgelage noch Ausschweifungen, weder Duelle noch alles andere, was das Leben Tolstois ausfüllte. Er diente dem Guten. Und das Gute spielte ihm einen bösen Streich. Solange er jung, kräftig, gesund war, solange er ohne den Trost des Guten auskommen konnte, d. h., solange er über all das verfügte, was den Menschen erfreut und wovon die Menschen leben, brachte auch ihm das Gute seine Gaben dar. Als ihm aber alles genommen wurde, als er allein blieb, verließ ihn auch das Gute wie ein treuloser Freund. Er war noch nicht ganz dreißig Jahre alt, als jene furchtbare Metamorphose in sein Leben trat, die man Krankheit nennt. Wie der murrende Muselman in Puschkins Gedicht schlief er als Jüngling ein und erwachte als gebrochener Greis mit dem furchtbaren Bewußtsein, daß sein Leben für ihn vorbei wäre und nie wieder zurückkehren könne. Der Tod aber kam nicht, es hieß nach der düsteren Weise des faustischen Liedes leben: *„Entbehren sollst du, sollst entbehren!“* Mit welchem Flehen wendet er sich dem Guten zu, dem einzigen Gott, zu dem er noch beten kann! Einen anderen Gott hatte er nicht, an einen anderen Gott war für ihn nicht zu denken, aus demselben Grunde, aus dem er nicht wagte, Pessimist zu sein: denn dieser Gott wäre, psychologisch gesprochen, ein eigens erfundener Gott zur Erleichterung und zum Trost, wie der Pessimismus bei den Kranken, nicht das Resultat objektiven Schauens, sondern nur eines verunglückten persönlichen Schicksals sein kann...

IX

Hat Nietzsche wirklich Gott gesucht? Seine leidenschaftliche Polemik gegen das Christentum zeugt schon zur Genüge davon. Diese Polemik klingt in unserer Zeit für den „*gebildeten*“ Menschen wie ein Anachronismus. (Das weiß Tolstoi besser als jeder andere.) Dabei ist sie bei Nietzsche nicht, wie bei anderen Autoren, — etwa bei Voltaire, beim jungen Heine — durch nebensächliche, beispielsweise politische Motive hervorgerufen. Ganz im Gegenteil: waren die Feinde der Staatsreligionen gewöhnlich durch ihre demokratischen Neigungen beeinflußt, so fiel dieses Moment bei Nietzsche weg. Ja noch mehr: er macht dem Christentum die Verbreitung der Idee von der Gleichheit aller Menschen zum größten Vorwurf; er spricht oft und viel davon und scheinbar mit Leidenschaft, obwohl er sich sonst gegen gesellschaftliche Fragen eigentlich bis zur

Naivität gleichgültig verhält. Das Christentum interessierte ihn eben als Religion, als Lehre, die alle seine Zweifel lösen, ihn von dem Widerwillen gegen das Leben befreien sollte, dem Widerwillen, von dem er immer mehr erfaßt wurde, trotzdem er die feste Überzeugung aussprach: *„Der Kranke hat kein Recht, Pessimist zu sein.“* In der neuesten Geschichte war Nietzsche der erste, vielleicht der einzige Philosoph, der dem Christentum als Religion feindlich gegenüberstand und, was noch wichtiger ist, einer derjenigen, die in einer Zeit den Trost des Evangeliums ablehnten, in der sie seiner am allernotwendigsten bedurften. Bis jetzt wurde gesagt, der Mensch sei *„verpflichtet“* zu glauben, religiös zu sein. In bezug auf Nietzsche muß der Satz umgekehrt lauten. Man muß sagen: *„der Mensch hat das Recht zu glauben, religiös zu sein.“* Die Geschichte von Nietzsches Atheismus ist die Geschichte seines Suchens nach diesem Recht. Wenn er es nicht gefunden hat, so ist es offenbar nicht seine *„Schuld“*. Von *„bösem Willen“*, den man Ungläubigen so gern zuschreibt, und den Tolstoi den heutigen Intellektuellen so oft vorwirft, kann hier natürlich keine

Rede sein. Im Gegenteil — Nietzsche hat seine ganze Seelenkraft daran gesetzt, einen Glauben zu finden. Wenn er ihn nicht fand, spricht es nur dafür, daß die Umstände derartige waren, daß gerade er ihn nicht finden konnte. Tolstois psychologische Auffassung, die als einzig mögliche Ursache des Unglaubens das Nicht-auf-sich-nehmen-wollen der vom Christentum auferlegten Pflichten sieht, kann auf Nietzsche offenbar nicht angewendet werden. Ihm, sowie Menschen in seiner Lage überhaupt, kann das Christentum keine Pflichten auferlegen: für unglückliche Kranke und vom Schicksal Benachteiligte gibt es nur Rechte. Das wußte Nietzsche allzugut. Zu allen Zeiten, selbst in den heidnischen, meint er, hätten die Menschen ihrem Gott alles geopfert, was ihnen am teuersten war: was bliebe uns noch, das wir Gott hätten opfern können? Die Antwort, die er gefunden hat, lautet: „*Mußte man nicht endlich einmal alles Tröstliche, Heilige, Heilende, alle Hoffnung, allen Glauben an verborgene Harmonie, an zukünftige Seligkeiten und Gerechtigkeiten opfern? Mußte man nicht Gott selber opfern und, aus Grausamkeit gegen sich, den Stein, die Dummheit, die Schwere, das*

Schicksal, das Nichts anbeten? Für das Nichts Gott opfern — dieses paradoxe Mysterium der letzten Grausamkeit blieb dem Geschlechte, welches jetzt eben heraufkommt, aufgespart: wir Alle kennen schon etwas davon." (VII, 79.) So war Nietzsches Atheismus: nicht die vernachlässigte Pflicht, sondern das verlorengegangene Recht. „*Die Freigeisterei unserer Herren Naturforscher und Physiologen ist in meinen Augen ein Spaß, — ihnen fehlt die Leidenschaft in diesen Dingen, das Leiden an ihnen*" (VIII, 223) sagt er in einem seiner letzten Werke, im Antichrist. Die übliche Gleichgültigkeit der Gebildeten gegen die Religion kannte Nietzsche sehr gut und wußte sie richtig zu werten: er gedachte seiner eigenen Jugend, als Schopenhauer und Wagner ihm alles andere ersetzt hatten, und als er unter dem Kanonengedröhn, das die furchtbare Tragödie der siebziger Jahre begleitete, in einem stillen Winkel der Alpen so gelehrt und artig über die Geburt der Tragödie geschrieben hatte. Hier sind die Erinnerungen an jene Zeit. Wie gewöhnlich spricht er nicht von sich, sondern von anderen, von den Deutschen überhaupt, von den Gelehrten. Aber wir wissen schon, aus welcher Quelle er schöpft: „*Unter Denen, welche zum Beispiel jetzt in Deutschland abseits von der Religion leben, finde ich Menschen von vielerlei Art und Abkunft der ‚Freidenkerei', vor allem aber eine Mehrzahl solcher, denen Arbeitsamkeit, von Geschlecht zu Geschlecht, die religiösen Instinkte aufgelöst hat: so daß sie gar nicht mehr wissen, wozu Religionen nütze sind und nur mit einer Art stumpfen Erstaunens ihr Vorhandensein in der Welt gleichsam registrieren. Sie fühlen sich schon reichlich in Anspruch genommen, diese braven Leute, sei es von ihren Geschäften, sei es von ihren Vergnügungen, gar nicht zu reden vom ‚Vaterlande' und den Zeitungen und den ‚Pflichten der Familie': es scheint, daß sie gar keine Zeit für die Religion übrig haben, zumal es ihnen unklar bleibt, ob es sich dabei um ein neues Geschäft oder ein neues Vergnügen handelt, — denn unmöglich, sagen sie sich, geht man in die Kirche rein, um sich die gute Laune zu verderben.*" Und ferner: „*Man macht sich selten von seiten frommer oder auch nur kirchlicher Menschen eine Vorstellung davon, wieviel guter Wille, man könnte sagen willkürlicher*

Wille jetzt dazu gehört, daß ein deutscher Gelehrter das Problem der Religion ernst nimmt; von seinem ganzen Handwerk her neigt er zu einer überlegenen, beinahe gütigen Heiterkeit gegen die Religion, zu der sich bisweilen eine leichte Geringschätzung mischt, gerichtet gegen die ‚Unsauberkeit' des Geistes, welche er überall dort voraussetzt, wo man sich noch zur Kirche bekennt." Das bezieht sich auf Nietzsches eigene Vergangenheit, da er hier von anderen redet, von den Deutschen überhaupt, von den Gelehrten. Der Schluß, den er aus seinen neuen Erfahrungen gezogen hat, wird uns aus folgendem klar. Er sagt: *„Jede Zeit hat ihre eigene göttliche Art von Naivität, um deren Erfindung sie andere Zeitalter beneiden dürfen: — und wieviel Naivität, verehrungswürdige, kindliche und unbegrenzt tölpelhafte Naivität liegt in diesem Überlegenheits-Glauben des Gelehrten, im guten Gewissen seiner Toleranz, in der ahnungslosen, schlichten Sicherheit, mit der sein Instinkt den religiösen Menschen als einen minderwertigen und niedrigeren Typus behandelt, über den er selbst hinaus-, hinweg-, hinaufgewachsen ist, — er, der kleine anmaßliche*

Zwerg und Pöbelmann, der fleißig-flinke Kopf- und Handarbeiter der ‚Ideen', der ‚modernen Ideen'!" (VII, 81—83.)
Solche und ähnliche Gedanken finden wir in Fülle in Nietzsches Schriften. Sein Denken, das einst so sehr von theoretischem Pessimismus, von philologischen Forschungen, von Kunst ausgefüllt war, daß es gar keine Zeit hatte, sich mit den Fragen der Religion zu befassen, und das sich daher das unter den Gelehrten übliche, gutmütig verächtliche Verhalten den Fragen von Gott gegenüber angewöhnt hatte, konzentrierte sich jetzt ganz und gar darauf, was früher kaum der Aufmerksamkeit wert erschien. Es gibt keinen Gott. Gott ist gestorben: diese Botschaft, die er einst so ruhig aus dritter Hand hingenommen hatte, weckte in ihm jetzt mystisches Entsetzen. In folgenden Worten spricht er nun davon: *„Habt ihr nicht von jenem tollen Menschen gehört, der am hellen Vormittage eine Laterne anzündete, auf den Markt lief und unaufhörlich schrie: ‚Ich suche Gott! Ich suche Gott!' — Da dort gerade viele von Denen zusammenstanden, welche nicht an Gott glaubten, so erregte er ein großes Gelächter. Ist er*

denn verlorengegangen? sagte der eine. Hat er sich verlaufen wie ein Kind? sagte der andere. Oder hält er sich versteckt? Fürchtet er sich vor uns? Ist er zu Schiff gegangen? ausgewandert? so schrien und lachten sie durcheinander. Der tolle Mensch sprang mitten unter sie und durchbohrte sie mit seinen Blicken? ‚Wohin ist Gott?' rief er, ‚ich will es euch sagen! Wir haben ihn getötet — ihr und ich! Wir alle sind seine Mörder! Aber wie haben wir dies gemacht? Wie vermochten wir das Meer auszutrinken? Wer gab uns den Schwamm, um den ganzen Horizont wegzuwischen? Was taten wir, als wir diese Erde von ihrer Sonne losketteten? Wohin bewegt sie sich nun? Wohin bewegen wir uns? Fort von allen Sonnen? Stürzen wir nicht fortwährend? Und rückwärts, seitwärts, vorwärts, nach allen Seiten? Gibt es noch ein Oben und ein Unten? Irren wir nicht wie durch ein unendliches Nichts? Haucht uns nicht der leere Raum an? Ist es nicht kälter geworden? Kommt nicht immerfort die Nacht und mehr Nacht? Müssen nicht Laternen am Vormittage angezündet werden? Hören wir noch nichts von dem Lärm der Totengräber, welche Gott begraben? Riechen wir noch nichts von der göttlichen Verwesung? — auch Götter verwesen! Gott ist tot! Gott bleibt tot! Und wir haben ihn getötet! Wie trösten wir uns, die Mörder aller Mörder? Das Heiligste und Mächtigste, was die Welt bisher besaß, es ist unter unseren Messern verblutet, wer wischt dies Blut von uns ab? Mit welchem Wasser könnten wir uns reinigen? Welche Sühnfeiern, welche heilige Spiele werden wir erfinden müssen? Ist nicht die Größe dieser Tat zu groß für uns? Müssen wir nicht selber zu Göttern werden, um nur ihrer würdig zu erscheinen? Es gab nie eine größere Tat — und wer nur immer nach uns geboren wird, gehört um dieser Tat willen in eine höhere Geschichte als alle Geschichte bisher war!' — Hier schwieg der tolle Mensch und sah wieder seine Zuhörer an: auch sie schwiegen und blickten befremdet auf ihn. Endlich warf er seine Laterne auf den Boden, daß sie in Stücke sprang und erlosch. ,Ich komme zu früh,' sagte er dann, ,ich bin noch nicht an der Zeit. Dies ungeheure Ereignis ist noch unterwegs und wandert — es ist noch nicht bis zu den Ohren der Menschen gedrungen.

Blitz und Donner brauchen Zeit, das Licht der Gestirne braucht Zeit, Taten brauchen Zeit, auch nachdem sie getan sind, um gesehen und gehört zu werden. Diese Tat ist ihnen immer noch ferner als die fernsten Gestirne — und doch haben sie dieselbe getan!'" (V, 163—4.)
In solcher Weise spricht Nietzsche vom Wesen seines Atheismus. Ihm schienen alle seine Vergleiche ungenügend, um anderen den Eindruck der schrecklichen inneren Verwüstung mitzuteilen, den er empfand, als er sah und hörte, daß Gott ermordet sei — er, der einst behauptet hatte, daß die Menschen viel zu wenig Liebe besäßen, um sie noch an phantastische Wesen zu vergeuden. Er besaß offenbar mehr als genug Liebe, und er wußte sehr gut, was ein Gott für ihn hätte sein können, wenn es ihm nur gegeben gewesen wäre, an ihn zu glauben; es ist offenkundig, daß kein fremder Einfluß notwendig war, um Nietzsche dem Glauben zuzuführen. Und dennoch gewann er diesen Glauben nicht und gab alle seine Hoffnungen auf heimliche Harmonie und zukünftige Seligkeit und Gerechtigkeit auf. Das „*religiöse Bewußtsein unserer Zeit*", das

Tolstoi für alle verpflichtend machen wollte, versagte seinen Dienst dort, wo man es wie eine Verkündigung aufgenommen hätte. Es scheint also, daß es nicht am menschlichen Wollen liegt, zu glauben oder nicht zu glauben, und damit wird die Grundanschauung Tolstois, der Mensch brauche nur zu wollen, um sich eine moralische Stütze im Leben zu schaffen, aus einem Axiom zu einer durch nichts bewiesenen Behauptung oder Theorie. Damit ist aber auch klargelegt, daß die ganze Aufgabe, die Tolstoi übernommen hatte, von ihm nicht erfüllt worden war, daß er sich der Pflicht entzogen hat, die Menschen einer Religion zuzuführen und sich statt dessen das Recht nahm, sie für ihren Unglauben zu geißeln. Ich möchte noch einmal wiederholen, was ich bereits früher gesagt habe: es geschah so, nicht weil Tolstoi nicht begriff, was man von ihm erwartete, sondern weil er weder für sich noch für andere diese Riesenaufgabe erfüllen konnte. Wo Nietzsche der Glauben fehlt, fehlt er auch Tolstoi. Doch Nietzsche verbirgt es nicht (er verbirgt etwas anderes), Tolstoi aber bringt es über sich, seinen Schülern nichts von der Leere seines

Herzens zu erzählen, über der sich sein in literarischer Hinsicht so glänzender Predigtbau erhebt. Wer hat recht: Nietzsche oder Tolstoi? Was ist würdiger: seine Zweifel zu verbergen und sich an die Menschen mit einer „*Lehre*" zu wenden, in der Hoffnung, daß diese ihnen genügen werde, und daß sie nie auf die Fragen stoßen würden, die den Lehrer bedrängt hatten, oder — alles offen auszusprechen? Und wie, wenn diese Fragen an die Schüler von selbst herantreten würden? Die Schüler dürfen natürlich nicht von dem sprechen, was der Meister verschweigt: Welche merkwürdige Gesellschaft gewissenhafter Heuchler mit klaren Reden und unklaren Köpfen da entstehen muß! Und muß sich eine solche, wenn auch gut gemeinte, ehrliche Lüge bis ins siebente Glied rächen? Hat jemand Märtyrer eines Scheinglaubens nötig? Es gab eine Zeit, in der man Menschen mit Feuer und Schwert einer Religion, ja selbst dem Christentum, zuführte. Jetzt ist es anders. Wir wissen, daß schon die moralische Autorität in dieser Hinsicht ein unerlaubtes Mittel ist. Wir wollen, daß so geglaubt wird, wie einst die ersten Christen geglaubt hatten, als die Menschen durch die Folter gezwungen wurden, Christo zu entsagen, als sich Wissenschaft, Kunst, offizielle Autorität, kurz, alles der neuen Lehre entgegenstellte. Nur einen solchen Glauben schätzen wir. Und wenn Nietzsche, der sich in solcher Lage befand, trotzdem den Glauben nicht finden konnte, kann es für uns doch kein Anlaß zu geißelnden Predigten werden. Im Gegenteil, hier müssen wir schweigen und horchen, um begreifen zu lernen, warum der einst so leichte und zugängliche — jedenfalls mögliche Weg zum Glauben jetzt versperrt ist für die, die ihn am nötigsten haben und ihn so leidenschaftlich suchen. Donnern und geißeln wird hier nur der, der in sich selbst die Zweifel ersticken will. Aber ist das notwendig? Nicht für Tolstoi — er weiß selbst, was er braucht —, sondern für seine Leser, für jene hunderte und tausende „*Nietzsches*", die dessen Schicksal erleidend, nicht den Mut in sich finden, eine eigene Sprache zu reden, und äußerlich ergeben, doch mit Entsetzen in der Seele, ihnen fremde und unverständliche, gepredigte Worte wiederholen. Das nennt man Resignation, und man macht diese den Menschen zur Pflicht

— im Namen verschiedener Dinge, die mit schönen Worten benannt werden. Ist es aber gerecht? Letzten Endes hat jene Forderung eigentlich nur einen Grund: den Unglücklichen, den Pechvögeln den Mund zu stopfen, damit die anderen für kürzere oder längere Zeit ruhiger leben können. Abgesehen von der darin enthaltenen Ungerechtigkeit ist es auch eine Unmöglichkeit.

Tolstois Versuch, das Gebiet des Erlaubten in der Kunst durch die Einführung der Begriffe einer schlechten und einer guten Kunst zu begrenzen, kann natürlich zu nichts führen. Die Menschen sprachen immer und werden immer davon sprechen, was ihre Seele erfüllt und keine Poetik, weder die aristotelische noch die tolstoische werden die in ihnen aufsteigenden Leiden unterdrücken können. Doch uns beschäftigt hier nicht diese rein praktische Frage. Viel ernster und wichtiger erscheint uns der Umstand, daß Tolstoi seiner eigenen Aufgabe selbst den Rücken zuwendete, daß er selber vor der von ihm gestellten Frage die Augen schloß. Er weiß, was das heißt, einen Glauben suchen und ihn nicht finden können. Sein Lewin, ein junger, gesunder Mensch, glücklicher Familienvater, war dem Selbstmord nahe, weil er keinen Gott finden konnte. Ist Tolstoi berechtigt, von uns zu verlangen, daß wir, ohne seiner Offenheit und Aufrichtigkeit zu mißtrauen, seine Behauptung hinnehmen müßten, das „*Gute*“ und die „*brüderliche Liebe*“ sei Gott. Müßte er sich nicht sagen, daß seine Entrüstung, die er über die Ungläubigen ausschüttet, und das Rezept der physischen Arbeit, welches er als sein Allheilmittel empfiehlt, von uns nur als geschickte, vielleicht auch ungeschickte Mittel angesehen werden, seine eigenen Zweifel zu umgehen.

X

Übrigens kann dieses Mittel auch nicht einmal den Anspruch auf Neuigkeit erheben. Es ist längst bekannt, daß die Arbeit — nicht nur die körperliche, sondern auch jede andere — vom Denken ablenkt. Ebenso fest steht es, daß man durch Entrüstung jeder Art seelische Zweifel vorübergehend unterdrücken kann. Nicht nur über Nietzsche in unserer Zeit, sondern auch schon jahrzehntelang hat man sich über Heine wegen seiner „*Gottlosigkeit*" entrüstet. Es wäre noch begreiflich, wenn man sich gegen seine Jugendgedichte gewandt hätte, in denen man noch den Leichtsinn eines Menschen erblikken konnte, der nicht wußte, wozu eigentlich Religionen da sind. Die Leute aber — besonders die Deutschen — wollen Heine gerade seine späteren Werke, seine „Matratzengruft", nicht verzeihen. Es dürfte jedem klar sein, daß bei einem Paralytiker, der an sein Bett gefesselt ist und keine Hoffnung auf Genesung hat, von keinem *„bösen Willen“* zum Unglauben die Rede sein kann. Einem solchen Menschen ist der Glaube nötiger als das Leben; die üblichen *„Versuchungen“*, die sonst die Menschen dem Atheismus zuführen, existieren für ihn nicht. Wenn in Heine bis zu den letzten Augenblicken seines Lebens ein ununterbrochenes Auf und Ab in bezug auf den Glauben vor sich geht, wenn in ihm die Resignation immer wieder durch Protest abgelöst wird, die Rührung durch Hohn, so ist das für uns kein Anlaß zur Entrüstung, besonders dann nicht, wenn wir fest und überzeugt glauben, im Besitze der Wahrheit zu sein. Im Gegenteil: vom echt religiösen, höheren Standpunkte aus gesehen, ist Heines Verfassung für uns besonders lehrreich und gerade dann, wenn er seine blasphemischen Sarkasmen ausspricht. Sein Nachwort zum Romanzero, das die deutschen Literarhistoriker so empört, ist uns wegen seiner aufrichtigen Offenheit besonders wertvoll, da diese, wo es sich um Gott handelt, die erste und dringendste Pflicht des Menschen ist. Heine sagt: *„Wenn man nun einen Gott begehrt,* *der zu helfen vermag — und das ist doch die Hauptsache —, so muß man auch seine Persönlichkeit, seine Außerweltlichkeit und seine heiligen Attribute, die Allgüte, die Allweisheit, die Allgerechtigkeit usw. annehmen."* Von dem so laut vertretenen Standpunkte Tolstois aus sind solche Worte — ja selbst Gedanken — unerlaubt. Sie enthalten gerade dasjenige, was verschwiegen werden sollte. Heine aber spricht davon noch am Vorabend seines Todes in Versen und in Prosa. Über das zukünftige Leben nachdenkend, schreibt er:

Auf Wolken sitzend, Psalmen singend
Wär auch nicht just mein Zeitvertreib.

Oder hier einige Worte, die in der beständigen Qual seiner Krankheit, als der Tod seine letzte Hoffnung war, entstanden sind:

O Gott, verkürze meine Qual,
Damit man mich bald begrabe;
Du weißt ja, daß ich kein Talent
Zum Märtyrertume habe.
Ob deiner Inkonsequenz, o Gott,
Erlaube, daß ich staune,
Du schufest den fröhlichsten Dichter, und raubst
Ihm jetzt seine gute Laune.

Der Schmerz verdumpft den heiteren Sinn,
Und macht mich melancholisch.
Nimmt nicht der traurige Spaß ein End',
So werd' ich am Ende katholisch.
Ich heule dir dann die Ohren voll,
Wie andere gute Christen —
O miserere! Verloren geht
Der beste der Humoristen.

Ich führe diese kleinen Auszüge aus Heines letzter Schaffensperiode nur deswegen an, um den Charakter des religiösen Bewußtseins unserer Zeit zu illustrieren. Tolstoi bezeichnet dieses Bewußtsein, wie es sich einem Prediger geziemt, als etwas Absolutes, was nach Wunsch akzeptiert oder abgelehnt werden kann. Wie wir aber aus den Geständnissen Heines und Nietzsches ersehen, hat es mit dem Willen nichts zu tun. Zarathustra sagt zu seinen Schülern: „*Ihr hattet euch noch nicht gesucht: da fandet ihr mich. So tun alle Gläubigen; darum ist es so wenig mit allem Glauben.*
Nun heiße ich euch, mich verlieren und euch finden; und erst, wenn ihr mich alle verleugnet habt, will ich euch wiederkehren.“ (VI, 115.)

Für Nietzsche ist die Verleugnung das einzige, unvermeidliche Mittel, den Lehrer und die Lehre wiederzufinden. Und diese Verleugnung ist die Quelle der neuen Poesie, der neuen Kunst. Ihr ist „Die Göttliche Komödie" entsprungen, die Tolstoi in seinen kurzen Index der erlaubten Bücher aufzunehmen nicht für möglich hielt. Als Dante die Hälfte seines Lebensweges erreicht hatte, verirrte er sich in einem dunklen Walde und suchte aus ihm herauszukommen. Er hatte jenes furchtbare Tor mit der Inschrift, die jeden, der sie in Dantes Sprache las, schaudern machte, durchschritten. Das Ergebnis, zu dem er gekommen war, ist allen bekannt: „*lasciate ogni speranza voi ch'entrate*". Dasselbe wie von Dante kann man von Shakespeare sagen. Auch sein bestes Schaffen (der zweiten Periode) entsprang dem Bedürfnis, die alten Lehren abzuschütteln, um sie dann aus eigener Kraft wieder zu erwerben. In den vorhin gebrachten Worten Zarathustras ist ein Entwicklungsstadium formuliert, das für den modernen Menschen unvermeidlich geworden ist. Uns ist es nicht gegeben zu finden, ohne gesucht zu haben. Von uns wird m e h r g e f o r d e r t. Wir müssen uns lossagen, wie sich seinerzeit Tolstoi losgesagt hat. Wir müssen den ganzen Schrecken begreifen, von dem Nietzsche mit den Worten eines Wahnsinnigen spricht, der hinter Heines Humor verborgen ist, den Dante hinter jenem Tor empfand, aus der Shakespeares Dramen und die Romane und Predigten Tolstois geboren wurden. In früheren, alten Zeiten wußten von solchen verhängnisvollen Rätseln des Lebens nur sehr wenige, die anderen erhielten ihren Glauben umsonst. Unsere Zeit ist darin anders. Auch das religiöse Bewußtsein wird auf andere Weise gewonnen. Dort, wo früher das Predigen, Drohen, die moralische Autorität genügt hatte, wird jetzt mehr gefordert. Nicht von allen natürlich; die Mehrheit selbt der „*Gebildeten*" nimmt auch jetzt noch mit einer Art stumpfen Erstaunens das Vorhandensein der Religion hin.

Und deswegen kann auch die Kunst, deren Aufgabe es ist, die höheren Ansprüche des menschlichen Geistes zu befriedigen, nicht allen zugänglich sein. Die einen erfreuen sich an dem *„vergifteten Gewissen"* oder dem „Raubmörder Tschurkin" und finden daran ihre Befriedigung, während andere zu Dante, Goethe, Shakespeare, den griechischen Tragöden gehen, um bei ihnen Antwort auf die sie quälenden Fragen zu finden. Tolstoi sagt, daß *„die Kunst der höheren Klassen sich von der Kunst des ganzen Volkes abgesondert habe, und daß in solcher Weise zwei Arten Kunst entstanden seien: die Volkskunst und die Herrenkunst"*. Das stimmt nicht, — es ist eine rein äußerliche Einteilung nach höchst unwichtigen Merkmalen. Im Bereich der Herrenkunst gibt es vieles, was auch einem beliebigen Bauern zugänglich sein muß, wenn nicht das ihm fremde Milieu und die Sprache wäre, während „Macbeth", „Lear", „Prometheus" sehr vielen Vertretern der Herrenklasse langweilig sind und von ihnen nur deswegen besucht werden, weil die Meinung verbreitet ist, klassische Stücke wirkten erzieherisch und dergleichen mehr. Eigentlich würde der, dem das *„vergiftete Gewissen"* mehr zusagt als Shakespeare, vernünftiger handeln, wenn er seinem Geschmack folgen würde. Für ihn ist die Zeit noch nicht gekommen und es sollte ihm gegönnt werden, sich an dem zu erfreuen, was ihm gefällt. Tolstoi selbst erzählt in seinem

„Tod des Iwan Iljitsch" — jenem Werk, das so geheimnisvoll die angebliche Harmonie seiner religiösen Stimmungen durchbrochen hat —, daß damals[10]), während sein Plan, die Menschheit durch Arbeit und Unterordnung unter Regeln zu retten, vor ihm fertig stand, in seiner Seele die Zweifel nicht minder wüteten als in der Heines und Nietzsches, und daß zu dieser Zeit *„unsere"* Probleme auch seine Probleme waren.

In folgender Weise schildert er die letzten Augenblicke des Iwan Iljitsch: *„Er begriff, daß er verloren wäre, daß es kein Zurück gäbe, daß es zu Ende, vollständig zu Ende sei... Alle drei Tage, während welcher die Zeit für ihn nicht existierte, wand er sich in jenem schwarzen Sack, in den ihn die unsichtbare, unüberwindliche Macht hineingesteckt hatte. Er wand sich darin, wie sich der zum Tode Verurteilte in den Händen des Henkers windet, vollständig dessen bewußt, daß es keine Rettung gäbe, und daß er trotz des anstrengenden Kampfes mit jedem Augenblick jenem immer näher und näher käme, das ihn so entsetzte. Er fühlte, daß seine Qual sowohl darin bestände, daß er in ein schwarzes Loch geschoben würde,* *noch mehr aber darin, daß er sich da nicht werde herauswinden können.*“ In diesen Worten liegt das Grundproblem der Erzählung. Man höre nur gut! Welche Ausdrücke wählt Tolstoi? „*Verloren*“, „*zu Ende, ganz und gar zu Ende*“, „*der schwarze Sack*“ usw. Weht nicht aus ihnen eine Stimmung wie aus Maeterlincks „*L'intruse*“[11])? Allerdings, am Ende der Erzählung finden wir bei Tolstoi etwas wie eine Antwort auf die gestellte Frage. Was Iwan Iljitsch das „*Sichherauswinden*“ so schwer macht, war die Überzeugung, daß sein Leben gut gewesen sei. Diese Rechtfertigung des eigenen Lebens hielt ihn zurück, machte ihm das Sichlosiösen schwer und quälte ihn über alles. Der ganze erste Teil der Erzählung aber zeigt uns, weshalb das Leben des Iwan Iljitsch nicht gut gewesen war. Er hatte zu sehr sich selbst geschont, zu sehr die Annehmlichkeit eines ordentlichen Lebens beobachtet, hatte zu sehr die alltäglichen Güter geschätzt, und erst jetzt, als die Tragödie herannahte, spürte er zum erstenmal, daß er das Beste im Leben verscherzt hatte. Um so schrecklicher! Was hatte er jetzt von seinem Einsehen, wo jede Rechnung mit dem

Leben beendet war? Was hatte er davon, daß am Ende jenes Loches, in das zu versinken er im Begriff war, *„etwas zu leuchten“* begann, und daß er *„plötzlich die richtige Richtung erkannte“*? Welche Antwort gibt es auf diese Frage? *„Sie* (die Angehörigen) *und sich selbst vor dem Leiden zu bewahren!“* Und das ist alles? — Die letzten Worte des Iwan Iljitsch, die er aussprach, als er jemand sagen hörte: *„Es ist zu Ende“*, waren: *„Zu Ende ist der Tod. Er ist nicht mehr.“* Was bedeutete das? *„Daß es keine Angst vor dem Tode mehr gab, weil es keinen Tod gab. Statt des Todes gab es Licht“*. Wie erklärt Tolstoi in seinem Inneren diese schreckliche Tragödie eines schuldlosen Menschen? Seine Antwort ist die Predigt: *„Liebet den Nächsten und arbeitet.“* Aber danach fragt ihn niemand. Danach fragt er sich selbst nicht. Nachdem wir Iwan Iljitsch gelesen haben, interessiert uns die Frage nicht, wie wir uns vor seinem schrecklichen Schicksal bewahren können. Im Gegenteil, mit Bjelinski fordern wir Rechenschaft für jedes Opfer der Geschichte und der Verhältnisse, und haben nicht den Wunsch, die oberste Entwicklungsstufe zu erklimmen, wir sind im Gegenteil bereit, uns mit dem Kopf voran hinunterzustürzen, wenn uns in bezug auf Iwan Iljitsch keine Antwort gegeben wird.

Der „Tod des Iwan Iljitsch" gehört als Kunstwerk zu den wertvollsten Perlen des Tolstoischen Schaffens. Er ist ein Fragezeichen, gezeichnet mit so krasser, schwarzer Farbe, daß er durch alle weiteren bunten Farbenschichten seiner Predigt, durch die Tolstoi uns seine früheren Zweifel vergessen machen wollte, hindurchscheint. Kein Predigen kann ihm helfen. Wir werden weiter fragen, wie bisher Tolstoi selbst gefragt hat, und ob er seine Vergangenheit noch so sehr verleugnen mag, ob er das Wort *„schuldig"* noch so sehr betont, und ob er uns auch noch so sehr damit droht, daß uns die Moral, d. h. in seiner Terminologie, Gott verstoßen würde. Wir wissen, daß dies nicht stimmt, daß es eine Schuld wohl vor der Moral, aber nicht vor Gott gibt, denn die Moral ist von Menschen geschaffen, Gott aber nicht. Hier ein bedeutungsvoller Ausschnitt aus der Unterhaltung zwischen Zarathustra und dem alten Papst, der *„nach* *dem Tode Gottes*" ohne Stellung blieb. Der alte Papst erzählt von dem Tode Gottes in folgenden Worten:

„*Wer ihn als einen Gott der Liebe preist, denkt nicht hoch genug von der Liebe selber. Wollte dieser Gott nicht auch Richter sein? Aber der Liebende liebt jenseits von Lohn und Vergeltung.*

Als er jung war, dieser Gott aus dem Morgenlande, da war er hart und rachsüchtig und erbaute sich eine Hölle zum Ergötzen seiner Lieblinge.

Endlich aber wurde er alt und weich und mürbe und mitleidig, einem Großvater ähnlicher als einem Vater, am ähnlichsten aber einer wackeligen alten Großmutter.

Da saß er, welk, in seinem Ofenwinkel, härmte sich ob seiner schwachen Beine, weltmüde, willensmüde, und erstickte eines Tages an seinem allzugroßen Mitleiden." — —

„*Du, alter Papst,*" sagte hier Zarathustra dazwischen, „*hast du das mit Augen angesehen? Es könnte wohl so abgegangen sein: so, und auch anders. Wenn Götter sterben, sterben sie immer viele Arten Todes.*

Aber wohlan! So oder so, so und so — er ist dahin. Er ging meinen Ohren und Augen

wider den Geschmack, Schlimmeres möchte ich ihm nicht nachsagen.
Ich liebe alles, was hell blickt und redlich redet. Aber er — du weißt es ja, du alter Priester, es war etwas von deiner Art an ihm, von Priesterart — er war vieldeutig.
Er war auch undeutlich. Was hat er uns darob gezürnt, dieser Zornschnauber, daß wir ihn schlecht verstünden! Aber warum sprach er nicht reinlicher?
Und lag es an unseren Ohren, warum gab er uns Ohren, die ihn schlecht hörten? War Schlamm in unseren Ohren, wohlan! Wer legte ihn hinein?
Zu vieles mißriet ihm, diesem Töpfer, der nicht ausgelernt hatte. Daß er aber Rache an seinen Töpfen und Geschöpfen nahm dafür, daß sie ihm schlecht gerieten — das war eine Sünde wider den guten Geschmack.
Es gibt auch in der Frömmigkeit guten Geschmack: der sprach endlich: ‚Fort mit einem solchen Gotte! Lieber keinen Gott, lieber auf eigene Faust Schicksal machen, lieber Narr sein, lieber selber Gott sein.'"
(VI, 378—380.)
Möge der Leser sich durch diese Worte nicht beleidigt fühlen. Hier handelt es sich um

jenen Gott, der mit „*gut*" identisch ist und der für den Prediger als Wand dient, hinter der er sich vor seinen Schülern verbirgt. Hören wir, was der Papst Zarathustra antwortet: „*O Zarathustra, du bist frömmer als du glaubst, mit einem solchen Unglauben! Irgendein Gott in dir bekehrte dich zu deiner Gottlosigkeit.*
Ist es nicht deine Frömmigkeit selber, die dich nicht mehr an einen Gott glauben läßt?"
(Ebenda, 380.)
Damit der Leser noch klarer sehe, wie Nietzsche den Gott verstand, den zu erschlagen er für notwendig hielt, will ich einen seiner letzten Aphorismen bringen, in dem er die sittliche Weltordnung definiert: „*Was bedeutet ‚sittliche Weltordnung'? Daß es, ein für allemal, einen Willen Gottes gibt, was der Mensch zu tun, was er zu lassen habe; daß der Wert eines Volkes, eines einzelnen sich danach bemesse, wie sehr oder wie wenig dem Willen Gottes gehorcht wird.*"
(VIII, 247.)
Das ist diejenige Auffassung, die Tolstoi seinen Jüngern empfiehlt. Tolstoi will, daß seine Jünger ein Gesetz annehmen sollen, von dem sie nicht wissen, wozu es gut sei;

daß die Menschen wie Iwan Iljitsch den alltäglichen Gütern entsagen sollen, die ihnen am teuersten in der Welt sind, ehe das Leben sie lehrt, daß nicht an der Fülle des Angenehmen der Wert des menschlichen Daseins zu messen ist. Er droht ihnen mit der ganzen Summe der durch die traditionelle Moral geschaffenen Strafen, er will sie beschämen, ängstigen, ihnen Entsetzen einflößen, nur um sie zur Einhaltung der Regel zu zwingen, d. h., um sie zu zwingen, das zu tun, was sie im Augenblick nicht brauchen, was ihnen fremd ist, was sie aber später einmal als gut erkennen werden. Tolstoi selbst hat nicht so gelebt. Er hat immer das getan, was ihm im Augenblick notwendig schien. Jetzt braucht er das sittliche Leben und das Predigen notwendig; es schützt ihn vor qualvollen Träumen. Aber andere haben andere Träume, und sie brauchen Tolstois Bevormundung gar nicht. Was gibt ihm also das Recht, seine Moral Gott zu nennen und damit allen, die wirklich Gott suchen, den Weg zu versperren? Schon aus dem Gespräch des Papstes mit Zarathustra sehen wir, wie wenig der Gott, der das Gute ist, Nietzsche zu befriedigen vermochte und wie ihn das

Bild von einem richtenden Gott von den gewohnten religiösen Vorstellungen zurückstieß. Wir können uns darüber nicht wundern: Tolstoi hatte immer die Möglichkeit gehabt, sich zu „*bessern*". Im Alter von über fünfzig Jahren konnte er sich als Bauer verkleiden, pflügen, Wohltätigkeit üben. Was hätte er aber gemacht, wenn er sich plötzlich in Nietzsches Lage befunden hätte, in der eine „*Besserung*", ein Zurück nicht mehr möglich ist, in dem es keine Zukunft, nur eine Vergangenheit gibt? Was hätte ihm in dieser Lage die Formel „*Das Gute ist Gott*" bedeuten können? Tolstoi hatte das an sich selber erfahren: er schrieb den „Tod des Iwan Iljitsch". Wer nicht die Augen schloß, dem starrte diese Frage durch alle schönen und pathetischen Phrasen seiner Predigt entgegen. Doch offen von ihr reden will Tolstoi nicht. So wollen wir Nietzsche hören; er wird uns all das erzählen, was uns Iwan Iljitsch erzählt hätte, wenn er vom Schicksal gezwungen worden wäre, fünfzehn Jahre lang in dem Zustand zu verbleiben, in den er geraten war im Augenblick, da er begriff, daß „*alles verloren*", daß es „*zu Ende, ganz zu Ende*" sei.

XI

An einen Gott, einen solchen Gott, den der Mensch braucht, der das Entsetzliche seiner Hilflosigkeit ganz erkannt hat, an einen Gott, der, wie Heine sagte, „*zu helfen vermag*“, konnte Nietzsche natürlich nicht im entferntesten denken. Das einzige, worüber er sich klar wurde, war, was die Menschen damit eingebüßt haben, daß sie Gott töteten, welches Opfer der Opfer sie gebracht haben, indem sie dem Glauben entsagten. Als ganz und gar moderner Mensch, völlig durchdrungen von der Idee der Evolution, die uns unsere jetzige Welt sehen läßt, als natürlich hervorgegangen aus Nebelflecken, und den Menschen als Kettenglied in dieser Entwicklung betrachtet, als solcher Mensch hätte er es wagen sollen, daran zu denken, daß sein Fall, d. h. das Mißgeschick seines Lebens, irgendwo im All eine Rechtfertigung finden könnte?! Er wußte, daß eine solche Auffassung anthropozentrisch genannt wird und von der naiven Anmaßung eines unendlich kleinen Teilchens, das letzte Ziel des Weltbaues zu sein, zeugt. Wir alle haben uns zu sehr an die Theorie der natürlichen Entwicklung gewöhnt und der moderne Mensch muß seine geistigen Fähigkeiten im höchsten Grade anstrengen, um sich aus ihrer Macht, wenn auch nur teilweise, zu befreien. Es brauchte viele Jahre, ehe Nietzsche sich entschloß, sich von den Vorurteilen des wissenschaftlichen Positivismus frei zu machen, um so mehr, als er nichts hatte, was er den „*positiven*" Wahrheiten hätte entgegensetzen können, um seine neue Wißbegierde genügend zu befriedigen. Er zerbricht den bisherigen Rahmen, er will nicht mehr „*schließen, wo er vermuten konnte*", aber er fühlt, daß „*die Dichter zuviel lügen*", denn „*sie wissen zu wenig*", und gesteht offen zu, daß „*Zarathustra auch ein Dichter ist*". Daher kommt es, daß sich in allen, selbst seinen letzten Werken die verschiedensten Einflüsse nachprüfen lassen: einerseits die natürliche Entwicklung und die rücksichtslose Bekämpfung jeden Versuches, im Menschen mehr als das zufällige Produkt des natürlichen Kräftespieles zu erblicken: der Tribut der ins Blut übergegangenen modernen Philosophie und die Folge der Überzeugung, daß der Kranke ebensowenig das Recht habe zu glauben, wie Pessimist zu sein; andererseits — Verhöhnung des Positivismus, Utilitarismus und aller ihnen verwandten Richtungen und Ausblicke, die durch ihre Kühnheit die kühnsten Träume der Menschheit übersteigen. In der ersten Zeit nach seiner Erkrankung hoffte er noch immer in der reinen Wissenschaft Befriedigung zu finden. Er schrieb: „*Glaubst du, ein solches Leben mit einem solchen Ziele sei zu mühevoll, zu ledig aller Annehmlichkeiten? So hast du noch nicht gelernt, daß kein Honig süßer als der der Erkenntnis ist, und daß die hängenden Wolken der Trübsal dir noch zum Euter dienen müssen, aus dem du die Milch zu deiner Labung melken wirst. Kommt das Alter, so merkst du erst recht, wie du der Stimme der Natur Gehör gegeben, jener Natur, welche die ganze Welt durch Lust beherrscht: dasselbe Leben, welches seine Spitze im Alter hat, hat auch seine Spitze in der Weisheit, in jenem milden Sonnenglanz einer beständigen geistigen*

Freudigkeit; beiden, dem Alter und der Weisheit, begegnest du auf einem Bergrücken des Lebens: so wollte es die Natur. Da ist es Zeit und kein Anlaß zum Zürnen, daß der Nebel des Todes naht. Dem Lichte sei deine letzte Bewegung; ein Jauchzen der Erkenntnis — dein letzter Laut." (II, 267.) Muß erst noch gesagt werden, wie weit entfernt diese Worte von Nietzsches wirklicher Stimmung waren? Daß sie nur eine Maske waren, die verbergen sollte, daß er trotz der übernommenen Pflicht nicht anders konnte als Pessimist sein? Dieses Lob der Weisheit und des Alters bei einem Menschen, der mit dreißig Jahren gezwungen war, weise und alt zu sein — und welcher andere Honig blieb ihm noch zugänglich? —, weckt um so mehr Mißtrauen, je eindringlicher es ist. Nietzsche fürchtete hier den menschlichen Scharfblick nicht. Alle Welt lobt die Weisheit und die Wissenschaft, niemand konnte also bei ihm Unaufrichtigkeit vermuten, der nichts von seinem persönlichen Schicksal wußte. Vielleicht aber hoffte er auch wirklich, daß die „*Erkenntnis*" in ihm die Sehnsucht nach dem verlorenen Leben ersticken und für ihn, wenn nicht eine Lebensquelle, so doch eine Quelle des Vergessens werden würde, die in ihrer Art den Hunger des gequälten Herzens stillen könnte. Es stellte sich aber heraus, daß die Wissenschaft ihm nichts geben konnte. In folgenden Worten erzählt Zarathustra von seiner Erfahrung in dieser Hinsicht: „*Zu weit hinein flog ich in die Zukunft: ein Grauen überfiel mich. Und als ich um mich sah, siehe! da war die Zeit mein einziger Zeitgenosse. Da flog ich rückwärts, heimwärts — und immer eilender: so kam ich zu euch, ihr Gegenwärtigen, und ins Land der Bildung. Zum ersten Male brachte ich ein Auge mit für euch, und gute Begierde: wahrlich, mit Sehnsucht im Herzen kam ich. Aber wie geschah mir? So angst mir auch war — ich mußte lachen. Nie sah mein Auge etwas so Buntgesprenkeltes! Ich lachte und lachte, während der Fuß mir noch zitterte und das Herz dazu: ‚Hier ist ja die Heimat aller Farbentöpfe!' — sagte ich ... Wer von euch Schleier und Überwürfe und Farben und Gebärden abzöge: gerade genug würde er übrigbehalten, um die Vögel damit zu erschrecken. Wahrlich, ich selber bin der erschreckte Vogel, der euch einmal nackt sah und ohne Farbe; und ich flog da-*

von, als das Gerippe mir Liebe zuwinkte. Lieber wollte ich doch noch Tagelöhner sein in der Unterwelt und bei den Schatten des Ehemals! — Feister und voller als ihr sind ja noch die Unterweltlichen ... Fremd sind mir und ein Spott die Gegenwärtigen, zu denen mich jüngst das Herz trieb, und vertrieben bin ich aus Vater- und Mutterländern. So liebe ich allein noch meiner Kinder Land, das unentdeckte, im fernsten Meere: nach ihm heiße ich meine Segel suchen und suchen." (VI, 174—177.)
Derart erfüllten sich Nietzsches Hoffnungen, die er auf die Wissenschaft, auf jenen süßen Honig der Erkenntnis gesetzt hatte, von dem er so schön in „Menschliches, Allzumenschliches" sprach. Und doch war er zu ihr mit den besten Absichten gekommen und hatte nichts so sehr gefürchtet, als in diesen Hoffnungen getäuscht zu werden. Die Wissenschaft erschien ihm nun wie ein Skelett. Er wollte lieber ein Taglöhner im Reich der Schatten sein, als mit Menschen unserer Zeit leben. Man wird sagen, es wäre seine eigene Schuld: warum erwartete er von der Wissenschaft, was sie nicht geben konnte. Wohin soll aber der moderne Mensch gehen? Wo soll er

Rettung suchen? Und wird er nicht von den Gelehrten hören, daß ihre Wissenschaft über allem in der Welt stünde? Und ist es nicht für einen Menschen in Nietzsches Lage natürlich, daß er sich in die Wissenschaft retten wollte, nachdem er die Botschaft vernommen hatte, nachdem er *„gehört und gesehen"*, daß *„Gott gestorben"* sei. Er hatte überall gesucht, wo Menschen suchen können, war überallhin gegangen, wo er ein Asyl zu finden hoffte. Er kam zu den Gelehrten mit den besten Absichten, ohne den Wunsch zu kritisieren, zu prüfen, zu höhnen. Er versicherte sich selbst, daß es keinen süßeren Honig gebe, als den Honig der Erkenntnis. Unter Erkenntnis aber verstand er die Wissenschaft, jene Wissenschaft, die schon vor ihm da war und von der er hoffte, daß sie seinen geistigen Hunger stillen werde. Einige Jahre hindurch verlebte er, indem er sich am Positivismus labte und wartete, daß aus den *„hängenden Wolken der Trübsal"* die ihm so notwendige, stärkende Milch flösse.

Kann man sich da wundern, daß er lachen mußte, so ernst ihm auch zumute war?! Kann man sich wundern, daß er später Mill als die *„beleidigende Klarheit“*, Spencer und Darwin als mittelmäßige Engländer bezeichnete. Er mußte ihnen Begabung, Talent, Scharfsinn zubilligen, doch er schätzte das alles nicht mehr wie in den früheren Zeiten, als er in der Wissenschaft die Weisheit erblickt hatte, d. h. das Beste, was das Leben hat. Das Gegenteil tritt jetzt ein: die Klarheit und Abgeschlossenheit der wissenschaftlichen Systeme beleidigen ihn. Er kann nicht verstehen, wie sich Menschen für logische Systeme, für Erforschung der äußeren Welt interessieren können, ohne dasjenige zu fühlen, woran er so gelitten hatte, und gleichgültig sind gegen das, was ihm Grauen einflößte. Wie Säuglinge kommen ihm jene Gelehrten vor, die bis ins hohe Alter hinein über ihren wissenschaftlichen Arbeiten die Tragödie unseres irdischen Seins nicht sahen, die sich ihm unter so außerordentlichen Umständen offenbart hatte. *„Ausgezogen bin ich aus dem Hause der Gelehrten, und die Tür habe ich noch hinter mir zugeworfen.“* Durch sein Verhalten zur Wissenschaft fühlten sich die Berufsgelehrten aller Schattierungen verletzt, da er in gleicher Weise die Positivisten wie die Materialisten und die

Idealisten abschüttelte. Daher auch jener besondere Ton, mit dem die Katherderprofessoren von Nietzsche reden. Sie würden am liebsten sagen, Nietzsche habe der Wissenschaft entsagt, nicht, weil er aus ihr nichts holen konnte, sondern weil er nicht fähig war, aus ihr etwas zu holen, weil er zu leidenschaftlich, ungeduldig, zerrissen war. Und indem sie seinem publizistischen Talent ihre Achtung bezeugen und seine tragische Lage berücksichtigen, geben sie ihrem Verhalten ihm gegenüber den Charakter wohlwollender Überlegenheit, die keinen Gedanken an die Möglichkeit zuläßt, daß Nietzsches Erlebnisse als Prüfstein für die Ansprüche der Wissenschaft dienen könnten. Nietzsche ist für sie ein glänzender Schriftsteller, aber kein Philosoph. Er ist „*Verfasser von Aphorismen*", und ihm fehlen die synthetischen Fähigkeiten, und er versteht es nicht, seine Einzelbeobachtungen zu einem Ganzen zu verallgemeinern. Gewiß, Nietzsche hat wie jeder Mensch seine Fehler. Doch das, was ihm die Gelehrten zum Vorwurf machen, ist vielleicht sein stärkster Vorzug. Es ist uns am interessantesten, vielleicht am notwendigsten, einen Philosophen zu hören, der zu reden wagt, ohne sich fortwährend nach dem umzusehen, was er schon gesagt hat, aus Angst, nicht jene logische Einheitlichkeit zu erzielen, die von jeder Philosophie als conditio sine qua non beansprucht wird. Die Abgeschlossenheit, die Systematik ist etwas sehr wertvolles, wenn sie sich aus sich selbst ergibt, wenn die Widersprüche der philosophischen Theorie nicht von einer erfahrenen Hand geglättet werden, wie es gewöhnlich geschieht, sondern sich als innerlich unmöglich erweisen. Doch der letzte Fall ist fast undenkbar. Wenigstens bis jetzt gab es keinen Philosophen, der sich nicht der Synthese zuliebe an irgendeine Idee gebunden hätte. Unter solchen Umständen verpflichtet die Theorie, nicht davon zu reden, was man sieht und fühlt, sondern davon, was der einmal ausgesprochenen Überzeugung nicht widerspricht. Ja, noch mehr: der Philosoph, der über eine abgeschlossene Theorie verfügt, hört auf, all das zu sehen und zu fühlen, was nicht in seinen Rahmen hineinpaßt. Nietzsche ist in dieser Hinsicht freier als die anderen, und das hat er zum Teil jener aphoristischen Form zu verdanken, die er sich, vielleicht gegen seinen Willen, angeeignet hat. Er notierte Gedanken und Eindrücke so, wie er sie empfand, ohne sie in ein System zu bringen. Und es ist gewiß für den Leser viel nützlicher, sich zu einer Synthese selbst durchzuarbeiten. Es gehört Arbeit dazu, dafür hat man aber die Gewißheit, daß Nietzsche seine Gedanken nicht künstlich beschnitten und nicht aus Angst, inkonsequent zu sein, zur Unwahrheit gegriffen habe. Wenn die logische Unfehlbarkeit der Theoretiker von der Wahrheit ihrer Lehren zeugen würde, dann freilich würde das Fehlen eines Systems bei Nietzsche einen wichtigen Mangel seiner Philosophie bedeuten. Wir wissen aber, worin das Geheimnis der philosophischen „*Ganzheit*“ besteht. Schon der Umstand, daß wir eine Reihe einander völlig ausschließender Theorien kennen, die mit gleicher Systematik aufgebaut sind, lehrt uns diese Seite der philosophischen Konzeption nicht übermäßig hoch zu bewerten, ja, sie sogar als lästig zu empfinden. Ist ein Philosoph allzu konsequent und überzeugend, empfinden wir dies beinahe als einen Verführungsversuch und werden um so vorsichtiger, je genauer wir wissen, daß er seine Logik nicht umsonst, in jedem Fall nicht aus der Natur der fraglichen Erscheinungen (besonders, wenn es sich um verwickelte und schwere Fragen handelt) bezogen hat. Wir möchten, daß das mögliche Maß der Konsequenz sich von selbst einstelle als Folge davon, daß ein Mensch denkt, sieht und fühlt, wenn es schon nicht möglich erscheint, daß diese Systematik zur Voraussetzung hat, absolut alles zu umfassen, was der philosophischen Forschung zugänglich ist. Die Beseitigung der Widersprüche aber erscheint uns gefährlich und gewagt, da außerhalb des Kreises des Systems unwillkürlich viel liegen gelassen wird, was keinesfalls liegen gelassen werden darf. Daher können die Vorwürfe, die die Professoren gegen Nietzsche erheben, nur in sehr schwachem Maße zutreffen, höchstens sofern er seinen Auffassungen rein äußerliche Begründungen anzuhängen versuchte. Doch, wie wir schon sagten, geschieht es selten bei Nietzsche, und es ist das Beste, diese Versuche zu ignorieren, wie zum Beispiel seine von der Kritik so lebhaft abgelehnten philosophischen Erörterungen der Worte „*bonum*“ und „*malum*“. Uns sind nicht seine Konstruktionen wichtig, sondern jene Gedanken und Gefühle, die er erlebte. Wenn er verschiedene, oft einander widersprechende Stimmungen hatte, und sich nicht fürchtete, sowohl die einen wie die anderen festzuhalten, um so besser für uns. Wir selbst sollten dem Charakter der sich mitteilenden Personen entsprechend das Beständige vom Zufälligen, das Wichtige vom Unwichtigen zu sondern wissen, ohne darauf zu achten, was er hervorheben wollte, was er selbst am höchsten wertete. Denn, um mit Nietzsche zu reden: „*das Beste in dir kennst du nicht.*" — Das wird von anderen eher erkannt. Wir bekommen schließlich und endlich einen einheitlichen Eindruck, doch keinen logischen, sondern einen psychologischen. Wir werden kein abgerundetes System, wohl aber einen ganzen Menschen vor uns haben, was selbstverständlich nicht ein und dasselbe ist.

So hat die Wissenschaft, auf die Nietzsche soviel Hoffnungen gesetzt hatte, die ihm alle Freuden des Lebens, alle Tröstungen der Religion ersetzen sollte, ihm nichts gegeben und ihm nichts geben können. Was er brauchte, war in der Wissenschaft nicht zu finden. Um dem Leser eine Vorstellung von dem seelischen Zustand Nietzsches zu geben, als er von einem Wallfahrtsort zu dem anderen pilgerte, in der vergeblichen Hoffnung, endlich Ruhe zu finden, bringen wir hier eine Stelle aus „Also sprach Zarathustra". Während des Gespräches mit dem Zwerg über die *„ewige Wiederkehr"* drang an Zarathustras Ohr plötzlich das furchtbare Heulen eines Hundes... „*Wohin war jetzt Zwerg? Und Torweg? Und Spinne? Und alles Flüstern? Träumte ich denn? Wachte ich auf? Zwischen wilden Klippen stand ich mit einem Male, allein, öde, im ödesten Mondscheine. Aber da lag ein Mensch! Und da! Der Hund springend, gesträubt, winselnd — jetzt sah er mich kommen — da heulte er wieder, da schrie er: hörte ich je einen Hund so Hilfe schreien? Und wahrlich, was ich sah, desgleichen sah ich nie. Einen jungen Hirten sah ich, sich windend, würgend, zuckend, verzerrten Antlitzes, dem eine schwarze schwere Schlange aus dem Munde hing. Sah ich soviel Ekel und bleiches Grauen auf einem Antlitze? Er hatte wohl geschlafen. Da kroch ihm die Schlange in den Schlund —*

da biß sie sich fest. Meine Hand riß die Schlange und riß: — umsonst! sie riß die Schlange nicht aus dem Schlunde. Da schrie es aus mir: ‚Beiß zu! Beiß zu! Den Kopf ab! Beiß zu!' — so schrie es aus mir, mein Grauen, mein Haß, mein Ekel, mein Erbarmen, all mein Gutes und Schlimmes schrie mit einem Schrei aus mir. — Ihr Kühnen um mich! Ihr Sucher, Versucher, und wer mit euch mit listigen Segeln sich in unerforschte Meere einschiffte! Ihr Rätsel-Frohen! So ratet mir doch das Rätsel! ... Wer ist der Hirt, dem also die Schlange in den Schlund kroch? Wer ist der Mensch, dem also alles Schwerste, Schwärzeste in den Schlund kriechen wird?"

Solche Bilder begleiteten Nietzsche auf seinen Wanderungen. Können, konnten ihn Tolstoische Erzählungen, wie der „Kaukasische Gefangene" und dergleichen oder Betrachtungen über das Gute oder die Wissenschaft beruhigen? Hatte er nicht recht, wenn er sich von all dem abwandte und seinen eigenen Weg ging?

XII

Auch zum Guten, zum Guten im Sinne Tolstois war Nietzsche gepilgert, und das war vielleicht das qualvollste Blatt seiner qualvollen Geschichte. Wie der Leser sich erinnert, wollte Nietzsche sein Dasein mit *„Liebe zu den Nächsten“* ausfüllen, sich so vor den furchtbaren Gesichten verbergen, die ihn heimsuchten. Was dabei herauskam, war etwa folgendes. Das Gute sagte ihm: *„Ihr flüchtet zum Nächsten vor euch selber und möchtet euch daraus eine Tugend machen. Aber ich durchschaue euer ‚Selbstloses‘.“* (VI, 88.)

So redete das Gute zu einem Menschen, dem alle Zufluchtsorte, in denen Menschen Beruhigung zu finden pflegen, verschlossen waren. Nietzsche, der niemand getötet, niemand je gekränkt hatte, der keine Schuld trug, konnte nur, Macbeth wiederholend, dessen schreckliche Worte ausrufen: *„War-*

um konnte ich nicht Amen sagen? Ich hatte die Milde Gottes so nötig!“ Er sagte von sich selbst:

„*Aber der schlimmste Feind, dem du begegnen kannst, wirst du immer dir selber sein; du selber lauerst dir auf in Höhlen und Wäldern.*

Einsamer, du gehst den Weg zu dir selber! Und an dir selber führt dein Weg vorbei, und an deinen sieben Teufeln!

Ketzer wirst du dir selber sein und Hexe und Wahrsager und Narr und Zweifler und Unheiliger und Bösewicht.

Verbrennen mußt du dich wollen in deiner eigenen Flamme: wie wolltest du neu werden, wenn du nicht erst Asche geworden bist!“ (VI, 94.)

Erkennt nicht der Leser im Ton und Charakter dieser Worte den alten Bekannten, den Richter, der nach unseren Vorstellungen nur die Bösen und die Schuldigen verfolgte? Wenn er ihn nicht erkennt, will ich noch einen Auszug bringen, in dem sich alle charakteristischen Züge des „*Kategorischen Imperativs*“ besonders scharf ausgeprägt finden, der bis jetzt nach unseren und Kants Begriffen nur jene hetzte, die die Regel übertraten. Ich bringe diesen Auszug wörtlich, um die Energie und die Leidenschaftlichkeit des Originals wirken zu lassen, die in diesem Fall eine entscheidende Bedeutung haben, da sie von der kategorischen Wucht des Imperativs zeugen:

— *„Will jemand ein wenig in das Geheimnis hinab- und hinuntersehen, wie man auf Erden Ideale fabriziert? Wer hat den Mut dazu?... Wohlan! Hier ist der Blick offen in diese dunkle Werkstätte. Warten Sie noch einen Augenblick, mein Herr Vorwitz und Wagehals: Ihr Auge muß sich erst an dieses falsche, schillernde Licht gewöhnen ... So! Genug! Reden Sie jetzt! Was geht da unten vor? Sprechen Sie aus, was Sie sehen, Mann der gefährlichsten Neugierde — jetzt bin ich der, welcher zuhört.“* —

— *„Ich sehe nichts, ich höre um so mehr. Es ist ein vorsichtiges, tückisches, leises Munkeln und Zusammenflüstern aus allen Ecken und Winkeln. Es scheint mir, daß man lügt; eine zuckrige Milde klebt an jedem Klange. Die Schwäche soll zum Verdienste umgelogen werden, es ist kein Zweifel — es steht damit so, wie Sie es sagten.“*

— Weiter!

— *„Und die Ohnmacht, die nicht vergilt, zur ‚Güte‘; die ängstliche Niedrigkeit zur ‚Demut‘; die Unterwerfung vor denen, die man haßt, zum ‚Gehorsam‘ (nämlich gegen einen, von dem sie sagen, er befehle diese Unterwerfung — sie heißen ihn Gott). Das Unoffensive des Schwachen, die Feigheit selbst, an der er reich ist, sein An-der-Tür-stehen, sein unvermeidliches Warten-Müssen kommt hier zu gutem Namen, als ‚Geduld‘, es heißt wohl auch die Tugend; das Sich-nicht-rächen-können heißt Sich-nicht-rächen-wollen, vielleicht selbst Verzeihung (‚denn sie wissen nicht, was sie tun — wir allein wissen es, was sie tun! —). Auch redet man von der ‚Liebe zu seinen Feinden‘ — und schwitzt dabei!“*

— Weiter!

— *„Sie sind elend, es ist kein Zweifel, alle diese Munkler und Winkel-Falschmünzer, ob sie schon warm beieinanderhocken — aber sie sagen mir, ihr Elend sei eine Auswahl und Auszeichnung Gottes, man prügele die Hunde, die man am liebsten habe; vielleicht sei dies Elend auch eine Vorbereitung, eine Prüfung, eine Schulung, vielleicht sei es noch mehr — etwas, das einst ausge-*

glichen und mit ungeheuren Zinsen in Gold, nein! in Glück ausgezahlt werde. Das heißen sie ,die Seligkeit'."

— Weiter!

— *„Jetzt geben sie mir zu verstehen, daß sie nicht nur besser seien als die Mächtigen, die Herren der Erde, deren Speichel sie lecken müssen (nicht aus Furcht, ganz und gar nicht aus Furcht!, sondern weil es Gott gebietet, alle Obrigkeit zu ehren) — daß sie nicht nur besser seien, sondern es auch ,besser hätten', jedenfalls einmal besser haben würden. Aber genug! genug! Ich halte es nicht mehr aus. Schlechte Luft! Diese Werkstätte, wo man Ideale fabriziert — mich dünkt, sie stinkt vor lauter Lügen."*
(VII, 329—330.)

Kann man auch nur einen Augenblick im Zweifel sein, wer so spricht? Wo, wenn nicht in Shakespeares „Macbeth" fühlt man so viel Entsetzen vor sich selbst? Wer hört nicht in diesen Worten die Stimme des Gewissens, die Gewissensbisse? Nur hat sich diesmal das Gewissen an eine ihm durchaus nicht gemäße Sache herangewagt. Statt den Menschen deswegen zu schmähen, über ihn den Bannfluch zu verhängen, ihn von

Gott und Menschen auszuschließen, weil er *„schlecht“* war, verfolgt es ihn dafür, daß er *„gut“* war. Statt ihm zum Vorwurf zu machen, daß er böse, stolz, rachsüchtig, unehrerbietig, müßig sei, macht es ihm zum Vorwurf, daß er demütig, gut, sanft, arbeitsam, ehrerbietig ist! Das Gewissen scheint also den Menschen nicht nur darum zu peitschen, weil er die Regel übertreten hat, sondern auch darum, weil er ihr all die Achtung entgegenbrachte, von der Kant spricht. Und die Wucht der Vorwürfe ist nicht nur nicht schwächer, sondern im Gegenteil stärker. Nietzsches Qual ist schrecklicher als die Macbeths. Und doch ist er frei von jeder *„Sünde“*. Er büßt nur seine Tugend, er zieht die Summe dessen, was ihn sein *„guter Name“* gekostet hat. In dieser Rolle ist das Gewissen bis jetzt noch nie offen hervorgetreten, höchtens im ersten Teil von „Schuld und Sühne“; aber dort rechtfertigt es seine Vergangenheit im zweiten Teil und geht wieder zur Verteidigung der ihr stets sympathischen *„Regel“* über. Bei Nietzsche ist dies nicht der Fall. Bis ans Ende seines Lebens spricht sein Gewissen gegen alles Gute, das in ihm war, und bringt ihn endlich zur Erkenntnis, daß alles *„gut“* — *„böse“* sei, und umgekehrt. Diesen Stimmungen entsprang seine Philosophie, und es ist vollständig unangebracht, sie, wie es die Kathederphilosophen tun, deswegen *„abzulehnen“*, weil Nietzsche nicht *„tief“* genug Kant verstanden hätte. Es handelt sich nicht um Kant. Wir haben eine Tatsache von ganz ungewöhnlicher, gewaltiger Bedeutung vor uns: das G e w i s s e n eines Menschen wandte sich gegen alles, was in ihm *„Gutes“* war. Und nun verlangt diese Tatsache von uns, daß wir die gewohnten Vorstellungen von gut und böse, die bisher die Psychologie der Menschen von Nietzsches Art vor uns verbarg, revidieren. Ich wiederhole: es ist ein Irrtum, zu glauben, daß Nietzsches Erlebnis einzig in seiner Art war, neu, noch nie dagewesen. Im Gegenteil, es kommt vielleicht öfters vor als gewöhnlich angenommen wird. Aber man pflegt darüber zu schweigen. Die, die es haben, wagen sich wegen der ihnen drohenden allgemeinen Verurteilung nicht vor. Nietzsches Verdienst ist nur, daß er es gewagt hat, seine Stimme zu erheben und das laut auszusprechen, was die anderen nur zu sich selbst sprachen; ja, was die anderen kaum einmal wagten, zu sich selbst zu sagen, da sie sich fürchteten, das zu nennen, was in ihrer Seele vorging. Vielleicht wäre auch Nietzsche nicht so kühn gewesen, wenn er sich nicht in der Lage eines Menschen befunden hätte, der nichts mehr zu verlieren hatte, für den es keine Wahl mehr gab. *„Man muß das Verhängnis aus der Nähe gesehen haben, noch besser, man muß es an sich erlebt, man muß an ihm fast zugrunde gegangen sein, um hier keinen Spaß mehr zu verstehen“* (VIII, 223), sagt er, vom theologischen Instinkt sprechend, darüber, was die Moral aus ihm selbst gemacht hat.— Was war das also für eine Gefahr, die Nietzsche fast bis zur Vernichtung bedroht hatte? Wie immer bleibt das Wichtigste und Bedeutendste aus dem Leben eines Dichters für uns Geheimnis. Um das soeben angeführte Zitat zu erklären, können wir uns nur auf andere Stellen seiner Werke berufen; aber auch in ihnen finden wir nur Geständnisse allgemeinen Charakters. Die konkrete Tatsache wird wahrscheinlich nie mit ihrem wirklichen Namen genannt werden. Welche *„innere Besudelung“* steckt hinter Nietzsches Bekenntnissen? Er erzählt, wie sich der Leser erinnert, viel Schreckliches von der Psychologie großer Menschen, aber auch nur mit allgemeinen Worten. So schwer solche Geständnisse sind, selbst wenn sie in indirekter Form gemacht werden, ist es doch noch leichter, sie sich von der Seele zu reißen, als von den wirklichen, eigenen Erlebnissen zu sprechen...

Nietzsche fragt: „*Wo liegen deine größten Gefahren?*" — Und er antwortet: „*Im Mitleiden.*" Neben dieser Frage steht die andere: „*Was ist dir das Menschlichste?*" Die Antwort: „*Jemand Scham ersparen.*" Offenbar haben das Mitleid und die Scham ihn zugrunde gerichtet. Später wurde er jedesmal von mystischem Entsetzen und Ekel erfaßt, wenn er sich erinnerte, was aus ihm das Mitleid und die Scham gemacht haben, diese eifrigen Agenten der Moral, die den inneren Zwang verkörpern.

Dieses Entsetzen findet sein Gegenstück nur in der Verzweiflung der furchtbarsten Verbrecher, die sie bei der Erinnerung an die von ihnen begangenen Verbrechen verspüren. Ich sage „*der schrecklichsten Verbrecher*" und meine damit diejenigen, für die es keine Rettung gibt und geben kann, die das

Bewußtsein haben, ihre Seele für ewige Zeiten zugrunde gerichtet zu haben, die wissen, daß sie, um mit Macbeth zu reden, für immer dem Satan verfallen sind. Denn mit gewöhnlichen Gewissensbissen, wie sie selbst tiefe und starke Naturen empfinden, ist das Erleben Nietzsches noch immer nicht zu vergleichen. Wir kennen Tolstois Bekenntnisse, wir verstehen, aus welchem Empfinden der Selbstverachtung die „Kreutzersonate" entstanden ist. Aber auch das ist noch nicht dasselbe. Graf Tolstoi fand in der Bauernkleidung und in der Feldarbeit nicht nur Beruhigung, sondern auch Freude, wenn auch nur zeitweise. Bei Nietzsche aber sehen wir hinter jeder Zeile eine zerquälte, zermarterte Seele sich winden, die weiß, daß es für sie keine Barmherzigkeit auf Erden gibt und geben kann. Und ihre ganze *„Schuld"* ist, daß das Mitleid und die Scham eine zu große Macht über sie hatten, daß sie in der Moral Gott gesehen und, entgegen den tiefsten Instinkten, an diesen Gott geglaubt hatte. ... Tolstoi sagt uns jetzt: *„Das Gute ist Gott"*. Aber sein vergangenes Leben, seine persönliche Erfahrung waren derart, daß er keine Möglichkeit hatte, das von ihm aufgestellte Prinzip nachzuprüfen. Hatte er auch sein Leben lang das Gute gesucht, so besaß er doch die Fähigkeit, dieses Gute in das Prokrustesbett der eigenen Nöte zu spannen. Je nach Bedarf zog er das Gute bald in die Länge, bald verkürzte er es, so daß er selbst dann nicht wagte, Lewin seinen Segen zu versagen, als dieser das Mitleid und die Scham, die ihn einst so gequält hatten, vergaß und von so bescheidenem und geruhigem Wesen wurde, daß er sich getrost auf den Seiten des „Russki Westnik" hätte zeigen können. Bei Nietzsche war das nicht der Fall. Mit der naiven Sorglosigkeit und dem heißen Glauben eines deutschen Idealisten gab er Seele und Leib seinem Heiligtum hin, und trotzdem verfolgten ihn die Gewissensbisse mit derselben Kraft, die Shakespeare im „Macbeth" schildert. Und zwar nicht deswegen, weil er dem Guten nicht Folge leistete, sondern weil er ehrlich und treu — vor anderen und vor sich selbst — seine *„Pflicht"* tat. Wenn die *„innere Stimme"* der oberste Richter über die Vergangenheit eines Menschen ist, wenn die *„seelischen Qualen der Reue"* als Zeugnis in den Fragen von Gut und Bös gelten können, wie es bisher die Psychologen und Philosophen behauptet haben, wenn das Urteil des „*kategorischen Imperativs*" ohne höhere Instanzen ist — dann wirft die Lebensgeschichte Nietzsches ein neues Licht auf alle unsere Vorstellungen über Moral. All die Seelenstimmungen, durch die bis jetzt die Souveränitätsrechte der Moral gestützt wurden und durch die man unruhige Bekämpfer des „*kategorischen Imperativs*" bedrohen konnte, zeigten sich als unpersönliche, zweideutige Diener, die mit stets demselben Eifer ihre Inquisitorenpflichten erfüllen, ganz unabhängig davon, ob der Befehl vom beleidigten „*Gut*" oder dem mißachteten „*Bös*" erfolgt. Ja, noch auffallender: die Sünden der Vergangenheit rufen in Tolstoi nicht eine Spur jenes Entsetzens wach, wie die Erinnerung Nietzsches an sein sündenfreies Leben. Das vernachlässigte „*Gut*" verzieh Tolstoi, als er seine Vergangenheit bereute und sich gegen sie auflehnte; Nietzsche aber wurde vom „*Bösen*" nicht verschont, obwohl er sich von seiner Sündlosigkeit lossagte, und die Sünde in solchen leidenschaftlichen Hymnen verherrlichte, wie es selbst dem in dieser Hinsicht so verwöhnten „*Gut*" nicht

oft widerfahren war. In allem, was Nietzsche bis zum letzten Augenblick seiner geistigen Betätigung geschrieben hat, fühlen wir eine so tiefe, grenzenlose Verzweiflung, hervorgerufen durch sein Bewußtsein, die Schmach seiner tugendhaften Vergangenheit nicht mehr abstreifen zu können, daß jeden, der ahnt, welches Erleben sich hinter der glänzenden Form des unglücklichen Dichters birgt, ein Grauen überkommt.
Es ist wahr: Nietzsche erzählt nie direkt und offen von seiner Vergangenheit: eine solche Vergangenheit wird nicht erzählt. Im Gegenteil: er bemüht sich aus allen Kräften, sein inneres Erleben zu verbergen, und nichts schmeichelt seiner gequälten Seele mehr, als die Hoffnung, unenträtselt zu bleiben. Als Brandes die Lehre Nietzsches als „*aristokratischen Radikalismus*“ bezeichnete, d. h. auf Nietzsche zwei banale oder banalisierte Worte (der dänische Kritiker hat einen ganzen Sack voll solcher Worte) anwendete, die nicht einmal äußerlich Nietzsches Philosophie kennzeichneten, war dieser entzückt und behauptete, dies wäre das klügste, was er über sich je zu hören bekommen habe. In Wirklichkeit sah Nietzsche in Brandes

Äußerung den Beweis, daß sein Ziel erreicht sei; daß die Menschen zu sehr von seiner Literatur geblendet seien, um noch an ihn selbst zu denken. Das war aber, was er brauchte. Er fürchtete, erkannt zu werden und gab deswegen seinen Bekenntnissen eine solche Form, als stünden sie mit seiner Person in gar keinem Zusammenhang. Brandes, der selbst immer nur das schrieb, was mit seiner Persönlichkeit keinen Zusammenhang hatte, glaubte auch wirklich, daß der „*aristokratische Radikalismus*" alles sei, was wir bei Nietzsche finden können. Wie wenig solche Worte Nietzsche erklären, oder vielmehr, wie weit sie uns von Nietzsche wegführen, mag folgender Aphorismus bezeugen:

„*Es gibt ‚heitere Menschen', welche sich der Heiterkeit bedienen, weil sie um ihretwillen mißverstanden werden: — sie wollen mißverstanden sein. Es gibt ‚wissenschaftliche Menschen', welche sich der Wissenschaft bedienen, weil dieselbe einen heiteren Anschein gibt und weil Wissenschaftlichkeit darauf schließen läßt, daß der Mensch oberflächlich ist: — sie wollen zu einem falschen Schlusse verführen. Es gibt freie,*

freche Geister, welche verbergen und verleugnen möchten, daß sie zerbrochene, stolze, unheilbare Herzen sind (der Zynismus Hamlets — der Fall Galliani); und bisweilen ist die Narrheit selbst die Maske für ein unseliges, allzugewisses Wissen. — Woraus sich ergibt, daß es zur feineren Menschlichkeit gehört, Ehrfurcht ‚vor der Maske' zu haben und nicht an falscher Stelle Psychologie und Neugierde zu treiben." (VII, 259.)
An einer anderen Stelle sagt Nietzsche: „*Schreibt man nicht gerade Bücher, um zu verbergen, was man bei sich birgt?*" (VII, 268.) Doch: verbirgt die „*Maske*" auch vieles, so enthüllt sie auch viel. Die Geschichte Nietzsches zeigt sich doch in Nietzsches Werken, und so oder so, kommt der aufmerksame Leser dahin, sich die Entstehung seiner „*Begründung der Moral*" zu erklären. Es handelt sich hier selbstverständlich nicht um eine logische oder historische Begründung; darin besteht ja die ganze Originalität und das Fesselnde von Nietzsches Philosophie, und darin liegt sein Anspruch auf unsere besondere Aufmerksamkeit. Wäre er an das Moralproblem nur mit den Fühlern des kühlen Verstandes herangegangen, mit anderen

Worten, hätte er sich nur bemüht, für die Moral einen Platz in einem oder dem anderen philosophischen System zu finden, wäre er sicher zu keinen neuen Resultaten gekommen. Er hätte den unvermeidlichen kategorischen Imperativ aufrechterhalten, durch den die Erscheinungen des moralischen Lebens von den Erscheinungen unserer Psychik abgesondert werden und hätte, je nach der Schule, die seinem Geschmack am meisten zusagte, entweder von der unmittelbaren Intuition oder von der natürlichen Entstehung der moralischen Vorstellungen gesprochen. Aus diesem Zauberkreis logischer Gedanken kommt man durch dasselbe logische Denken nicht heraus. Solange man im Gewissen nur den „*Wächter des Guten*" sieht — und alle bisherigen Moralsysteme basierten unbedingt auf dieser Annahme, Kant aber prägte nur den Terminus „*kategorischer Imperativ*" —, solange war Nietzsches Standpunkt eine absolute Unmöglichkeit. Wird nur das „*Gute*" durch Gewissensbisse behütet, so muß es offenbar einer besonderen Kategorie zugewiesen werden, mag auch die „*natürliche*" Entstehung der Moralvorstellungen tausendmal bewiesen worden sein. Die Forschungen der englischen Philosophen und Psychologen dienen als beste Illustration dazu. Wenn die Moral nur die verkleidete Nützlichkeit, nur der Ausdruck der gesellschaftlichen Verhältnisse ist, müssen ihr folgerichtig alle Heiligkeitsattribute genommen und sie muß auf das Niveau rein polizeilicher (ebenfalls höchst nützlicher, sogar notwendiger) Vorschriften, die die Ordnung und Sicherheit behüten, herabgedrückt werden. Doch der Glaube an die Heiligkeit der Moral war so tief eingewurzelt, die Überzeugung, daß ein reines Gewissen das höchste Gut auf Erden, die letzte und festeste Stütze des Menschen ist, hatte sich so verwoben mit der Vorstellungswelt der Menschen, daß die englischen Denker nicht einen Augenblick auf den Gedanken kamen, die erklärte Moral könnte ihr Prestige, welches der unerklärten Moral zukam, verlieren. Sie waren davon überzeugt, daß keine Theorien den Zauber der Heiligkeit der Moral antasten können, und eben deswegen erhoben sie so unbedenklich die Nützlichkeit zum Ahnherrn der Moral. Ihre Forschungen hatten nicht die Aufgabe, den Anspruch der moralischen Menschen auf das

Privileg seliger Ruhe, allgemeiner Achtung usw. irgendwie anzutasten. Das hätte für sie geheißen, sich gegen sich selbst aufzulehnen, und das tut niemand freiwillig. Wurden auch darüber Bücher geschrieben, so nur zu wissenschaftlichen, d. h. harmlosen Zwecken, aus unschuldiger Wißbegierde und mit der Gewißheit, daß ernste Opfer nicht in Betracht kämen. Es handelte sich nur um den Triumph eines nebensächlichen, rein äußeren philosophischen Prinzips, das keinen unmittelbaren Zusammenhang mit dem persönlichen Schicksal des Philosophen hatte. Ob die Moral ein Nachkomme der Nützlichkeit oder ein Kind der Intuition sei — sie blieb nach wie vor in Ehren, und das Resultat der Forschungen konnte keinesfalls den Philosophen jener „*zur Rechten*" zu einem derer „*zur Linken*" machen, konnte ihm keinesfalls Qualen Macbeths verursachen. Selbst formal wird weder von Mill noch von Spencer die Frage erhoben: „*Muß es wirklich so sein, daß wir Ruhe genießen, der Verbrecher aber von Gewissensbissen gequält wird?*" Eine solche Fragestellung würden sie als „*unmoralisch*" betrachtet haben, denn das hieße daran zweifeln, was höher ist — gut oder böse. Darüber aber gab es für sie nicht nur keinen Zweifel, sie wußten nicht einmal, daß hier Zweifel möglich wäre, daß irgend jemand je daran zweifeln könnte. Sie redeten nur darüber, warum das Gute höher ist als das Böse, und auch das nicht, um sich in ihrem Recht zu festigen, sondern aus der Gewohnheit heraus, überall, wo es nur irgendwie anging, das „*darum*“ anzuhängen. Sie waren bei all dem tief überzeugt, daß die heiligen Prärogative der Moral unangetastet bleiben, zu welchen Resultaten sie auch kommen würden, und daß die Macbethschen Erlebnisse immer nur Sache Macbeths bleiben und sie, die Philosophen, keinesfalls berühren könnten. Nietzsche durfte daher mit Recht behaupten, daß er der erste war, der die Frage der Moral berührte. Er sagt:

„*In aller bisherigen ‚Wissenschaft der Moral‘ fehlte, so wunderlich es klingen mag, noch das Problem der Moral selbst: es fehlte der Argwohn dafür, daß es hier etwas Problematisches gäbe. Was die Philosophen ‚Begründung der Moral‘ nannten und von sich forderten, war, im rechten Lichte gesehen, nur eine gelehrte Form des guten*

Glaubens an die herrschende Moral, ein neues Mittel ihres Ausdrucks, also ein Tatbestand selbst innerhalb einer bestimmten Moralität, ja sogar, im letzten Grunde, eine Art Leugnung, daß diese Moral als Problem gefaßt werden dürfe ..." (VII, 114.)

Und — was das Wichtigste ist — das besondere Verhalten Nietzsches zur Moral war nicht das Resultat abstrakter Überlegungen. Die Frage von der Bedeutung der Moral wurde nicht im Kopfe Nietzsches gelöst und nicht auf dem Wege der Vernunftschlüsse, sondern in den geheimsten Tiefen seiner Seele und durch qualvollstes Erleben. Hier, wie fast immer, war ein neues Golgatha notwendig, damit eine neue Wahrheit erstand. Die Bedeutung der Moral verstehen und werten konnte nur derjenige, der sich ihr zum Opfer brachte. Nietzsche befolgte alle ihre Forderungen, ordnete sich ihr vollständig unter, erstickte in sich jeden Protest, machte sie zu seinem Gott. Und wie jeder wahrhaft Gläubige, war er ihr nicht nur in seinem Handeln, sondern auch in seinen Gedanken treu. Er erlaubte sich keine Zweifel an ihrer göttlichen Abstammung. Er hatte in vollem Maße an sich selbst die jetzt von

Tolstoi aufgestellte Formel: „*Das Gute ist Gott*“ geprüft, er hatte in dem Glauben gelebt, daß man außer dem Guten nichts im Leben zu suchen habe. Als furchtbares Echo auf diesen Glauben seiner Jugend klingen die Worte Zarathustras: „*Die verschwiegenen Wahrheiten werden giftig.*“ Nur der, der wie Nietzsche sich ganz und gar einer Wahrheit hingegeben und alle anderen totgeschwiegen hat, hat das Recht von vergifteten Wahrheiten zu sprechen. Für andere Menschen ist die Wahrheit nur eine mehr oder weniger gelungene und scharfsinnige Hypothese. Der Glaube an die souveräne göttliche Moral hat Nietzsches Seele vergiftet, und dieses Gift brannte in ihm bis zum letzten Augenblick seines bewußten Lebens. Seine Philosophie ist nicht das verwegene Spiel eines geschliffenen Geistes, der die Mitmenschen durch höhnische Zweifel an der Heiligkeit ihrer Ideale in ihrer Ruhe stören wollte. Schon der Ton seiner Werke ist so ernst und leidenschaftlich, daß er eine solche Annahme ausschließt. Es ist wahr: er versucht manchmal sich als den Menschen hinzustellen, der mit Heiligem spielt. Das ist aber nur Pose — zur Schau getragene Tapferkeit des Geschmacks, zu der, wie er sagt, Menschen dann ihre Zuflucht nehmen, wenn sie gerne oberflächlich erscheinen wollen, um ihre wirklichen Stimmungen zu verbergen. Es verbirgt sich dahinter: „*seine schaudernde Gewißheit, von der er ganz durchtränkt und gefärbt ist, vermöge seines Leidens mehr zu wissen als die Klügsten und Weisesten wissen können ...*“ (VII, 258.)

Was hat Nietzsche gewußt? Worin bestand sein Geheimnis? Es ist in der Tat schrecklich und man kann es in kurzen Worten wiedergeben: „*Die Qualen Macbeths sind nicht nur für die bestimmt, die dem ‚Bösen‘ dienten, sondern auch für die, die dem ‚Guten‘ ergeben waren.*“ Nietzsche ist der erste gewesen, der es gesagt hat. Und — die Erstlinge werden geopfert. Das hat Zarathustra an sich selbst erfahren.

XIII

Von der Moral kann dasselbe gesagt werden, was Nietzsche über die Religion sagte. Die gewaltige Mehrheit der Menschen ahnt nicht einmal, daß man mit Moral so viele Hoffnungen und Erwartungen verknüpfen kann. Wer nicht durch die Verhältnisse und die Ereignisse seines Lebens an all diese „*letzten*“ Fragen unseres Seins herangerückt wurde, wird nicht einmal verstehen, worum es sich für Nietzsche handelte. Er wird glauben, es handele sich um reine Wißbegierde, und zwar um eine solche, die nie ganz befriedigt werden könne, da man auch bei den größten Bemühungen etwas ganz Bestimmtes nie wissen werde und über mehr oder weniger scharfsinnige Annahmen nicht hinauskäme. Die Leidenschaftlichkeit, mit der sich Nietzsche auf diese und verwandte Fragen stürzte, rief bei vielen nur Verwunderung hervor, denn sie konnten es absolut nicht verstehen, was dieser ganze Lärm sollte.

Wir wissen nichts Sicheres von Gott und der Moral und werden es auch nie erfahren. Wozu sich also aufregen, sich und den anderen das Leben sauer machen? sagen sie. Kein Zweifel, wer so denkt, der braucht sich nicht aufzuregen, und das beste, was er tun kann, ist, abseits von diesen ihm fremden Fragen, von der für ihn überflüssigen und unverständlichen Philosophie zu bleiben. Darin liegt eine Antwort auf die Grundthese Tolstois über die Popularisierung der Wissenschaft und der Kunst. Alle dafür zu interessieren, worüber Menschen wie Tolstoi und Nietzsche nachdenken, ist nicht nur unmöglich, sondern auch unnötig. Noch mehr: es darf die Überzeugung gar nicht vorherrschen, daß die Fähigkeit, sich ausschließlich mit den höheren Fragen der Wissenschaft und Kunst zu befassen, den Menschen Vorzüge verleiht. Durch dieses Vorurteil, das ebenso verbreitet wie falsch ist, sind leider sehr viele Leute herangezüchtet worden, die sich gegen ihren eigenen Wunsch der für sie ganz unnötigen Beschäftigung widmen, langweilige Philosophen und Dichter zu lesen und höchst gleichgültige Dinge darüber zu sagen. Sie zahlen so ihren Tribut an die öffentliche Meinung, die rein „geistige“ Interessen besonders hochschätzt. Der Wert dieses Tributs aber ist sehr verschieden für die Zahlenden und für die, die ihn entgegennehmen. Die Sklaven der Philosophie vergeuden umsonst Zeit und Arbeit, die Gesellschaft aber gewinnt nichts, außer einer Anzahl plappernder Leute. Und, was die Hauptsache ist: diese Leute könnten etwas anderes tun, etwas Nützliches und Gutes, vielleicht etwas besseres als richtige philosophische Studien treiben, schlagen aber eines Vorurteils wegen ihre Zeit mit Unterhaltungen tot, die weder ihnen noch den anderen etwas nützen. Man soll sich also weniger darum kümmern, die Wissenschaft und Kunst „allen“ zugänglich zu machen. Was „*einige*“ brauchen, brauchen nicht „*alle*“. Und, ich wiederhole es, diese „*einigen*“ sind nicht besser, höher als „*alle*“: „alle“ sind vielleicht besser als „*einige*“. Eine solche Frage kann kaum gestellt, geschweige denn gelöst werden. Doch steht es außer allem Zweifel, daß bis jetzt von einer Philosophie und Poesie, die allen gleich nötig wäre, keine Rede sein kann. Nietzsche zu zwingen, wie es Tolstoi fordert, über das

Thema: „*Das Schwarzbrot ist der Großvater des Kuchens*", Märchen für Kinder oder für das Volk zu schreiben, während viele Jahre hindurch seine nächtliche Ruhe von Macbeth-Gesichten geplagt wird, als hätte er selbst „*den Schlaf gemordet*", ist noch viel ungesetzlicher und ungerechter, als Kinder zum Lesen des „Also sprach Zarathustra" zu zwingen. Wenn Nietzsche von Gott, Moral und Wissenschaft spricht, und zwar so spricht, wie er sie verstand und empfand, wie sie aber andere weder verstehen noch empfinden können —, wenn seine Poesie den vielen, die es „nie wagten, Gespenster anzurühren", weil sie von solchen nie heimgesucht wurden, unzugänglich ist und sinnlos erscheint, ist das ein Grund, Nietzsche durch Aufstellung der Forderung, die Poesie allen zugänglich zu machen, zum Schweigen zu zwingen? Im Gegenteil natürlich. Für die Mehrheit, die bis ins Alter ihre jugendliche Naivität bewahrt, ist eine andere Philosophie, eine andere Poesie notwendig; und sie hat auch ihre Dichter und ihre Philosophen. An den Bedürfnissen dieser Mehrheit aber den Wert aller Erzeugnisse des menschlichen Geistes zu messen, wie es Tolstoi will, ist ungerecht, tief ungerecht, da es diejenigen trifft, die den Trost, den die Philosophie und Poesie gewährt, am notwendigsten brauchen. Und dann ist es, ich wiederhole es, auch vergeblich, denn einen Nietzsche wird Tolstois Poetik natürlich nicht zum Schweigen bringen. Nietzsche weiß das selbstverständlich auch: denn die Menschen sind nicht gleich, spricht die Gerechtigkeit. Und was sie will, dürften sie nicht wollen. Allerdings, daraus ist später Nietzsches Predigt vom Übermenschen entstanden, die aristokratische Lehre, die ebensowenig mit den Bedürfnissen seiner Seele innerlich verknüpft war wie das „*Gute*" Tolstois mit dem Erleben des Philosophen aus „Jassnaja Poljana". Beide, Tolstoi und Nietzsche, stellen als Prediger eine Lehre auf, die ihre eigentliche Weltanschauung vor uns nur zu verbergen hat. Wer dem „*Guten*" nach dem Programm Tolstois dienen wollte, wäre dem Schöpfer dieses Programms ebenso fremd wie ein Mensch, der sich dem Übermenschen opferte, Nietzsche fremd gewesen wäre, wenn er auch damit nur die von Zarathustra aufgestellte Forderung erfüllt hätte.

Wir sahen schon, wieweit Tolstoi von den Nachtasylinsassen, von den beleidigten Choristinnen und dem ausgebeuteten Volke, in dessen Namen er von uns Unterwerfung unter das „*Gute*" fordert, entfernt ist. Wir werden weiter sehen, wie fremd Nietzsche dem Ideal des Übermenschen ist, der für ihn die Rolle des „*Guten*" bei Tolstoi spielt, weil auch er durch ihn ebenso imponiert und in seinem Namen die Menschen bedrückt und vernichtet wie Tolstoi durch sein „*Gut*". Wir stoßen bei Nietzsche auf folgende Worte: „*Diese Natur, die dem Stier das Horn, dem Löwen das χασμ' ὀδόντων gab, wozu gab mir die Natur den Fuß? Zum Treten, beim heiligen Anakreon!*" (VII, 478.)

Der Prediger kann nicht darauf verzichten, auch wenn er ein Immoralist ist, der jenseits von „*Gut*" und „*Böse*" steht. Doch ist das alles nur Schein, Äußerlichkeit, nur für andere bestimmt. Um so interessanter ist für uns das wirkliche Erleben Nietzsches, seine wirklichen „*warum*", die trotz all seiner Vorsicht aus seinen Werken durchblicken. „*Die Menschen sind nicht gleich und das, was ich will, dürfen sie nicht wollen*", das steht außer allem Zweifel. Ja, mehr noch: diese „*sie*“ dürfen nicht wagen, das zu erleben, was Nietzsche erlebte. Vielleicht — wer vermöchte das zu sagen — würde Nietzsche selbst, obwohl er sehr gut den Zusammenhang zwischen seiner Philosophie und seinem Unglück kannte, auf seine „*Erkenntnis*“ verzichtet haben, um nicht jene Träume und Rätsel zu sehen, die selbst uns, die wir sie nur aus seiner Wiedergabe kennen, so furchtbar erscheinen. Tausendmal hatte Nietzsche recht, wenn er behauptete, daß dieselben Bücher, die auf die einen stärkend und anregend wirken, den anderen gefährlich und schädlich werden. Seine eigenen Werke und die über seine Lehre verbreiteten Irrtümer sind der beste Beweis dafür. Viele glauben, daß seine Lehre in der Verherrlichung des „*Genusses*“ bestünde, der, als höchstes Ziel unseres Lebens hingestellt, ihn zum Ablehnen des „*Guten*“ geführt hätte. Überall kann man die Meinung hören, Oskar Wilde wäre als die Rechtfertigung, ja als das Ideal Nietzsches zu betrachten. Verschiedene Leute, die sich von den Spielereien Wildes imponieren lassen, betreiben jetzt seine Sache, in der Überzeugung, daß sie die Vorboten des Übermenschen seien, also die Pioniere des menschlichen Fortschritts. Nietzsche ahnte eine solche Entstellung seiner Lehre und sagte: „— *doch ich will Zäune um meine Gedanken haben und auch noch um meine Worte: daß mir nicht in meine Gärten die Schweine und Schwärmer brechen!*“ Aber die „*Schweine*“ dringen überall ein, sie brauchen nicht eigens über Zäune zu steigen. Es kam ihnen zu Ohren, daß irgend jemand, der sehr berühmt ist, sich aus irgendeinem Grunde gegen die Moral auflehnte und nun bilden sie sich ein, dieser zog aus, um für ihre Sache zu kämpfen. Gewiß: ihnen ist Nietzsche und seine Theorie höchst gleichgültig; ob mit ihm oder ohne ihn, sie würden in jedem Fall so leben, wie es ihrer Art paßt. Doch wird es offenbar, daß für eine große Mehrheit der Menschen Nietzsches Bücher überflüssig, sogar schädlich sind, so daß man nur bedauern muß, daß die Zeitschriften und Zeitungen sich so eifrig bemühen, das breite Publikum „*in allgemeinen Zügen*“, d. h. in zugänglicher, oder, was dasselbe ist, völlig entstellender Form mit der Physiognomie dieses Philosophen bekannt zu machen. Fast alles, worüber Nietzsche schrieb, liegt absolut fern von den üblichen Vorstellungen des menschlichen Denkens und vom Erleben der Mehrheit der Menschen; die oberflächliche Bekanntschaft mit seinen Werken kann also außer falschen und unrichtigen Urteilen nichts bringen. Besonders ist das der Fall mit jenem Teil seiner Lehre, die die Frage von Gott und dem Guten behandelt. Für die Mehrheit der Menschen erscheint diese Lehre als ein gewöhnliches Front-machen gegen den Besuch der Kirche und gegen die Erfüllung gewisser unangenehmer Pflichten. Man sollte glauben, daß schon die Leidenschaftlichkeit in Nietzsches Ton die Möglichkeit einer solchen Deutung ausschließen müßte. Denn unsere Zeit hat schon vor Nietzsche selbst einen solchen schwachen Denker wie Tolstois Stiva gelehrt, die religiösen Bräuche und die Moralregeln nicht allzuernst zu nehmen. „*Vous professez d'être un libre-penseur*", sagte Karenin zu ihm, und es ist vielleicht der beste Beweis dafür, welches Unrecht Tolstoi Nietzsche zufügt, indem er ihn für die Sünden der Gesellschaft verantwortlich macht, wenn wir auf die verbreitete

Meinung hinweisen, daß Nietzsche auch nur ein libre-penseur gewesen sei, der für die „*Freiheit des Genusses*“ gekämpft habe. Ein gewöhnlicher libre-penseur würde nicht einen Tag Nietzsches Prüfungen ausgehalten haben, die dieser sein „*Glück*“ nennt. In seiner Lage würden sie den ersten besten Götzen zum Gott erheben, die albernste Regel zur Pflicht machen, um nur irgendwie ihre Existenzberechtigung zu schützen. Und am allerwenigsten würden sie über das „*Gute*“ herfallen, das ja für viele Pechvögel der einzige Halt ist. Und sie würden gewiß nicht das Mitleiden ablehnen, das die Leidenden so dringend brauchen.

Bei Nietzsche geschah das alles ganz anders. Zu scharfblickend und innerlich ehrlich, um sich und andere zu belügen, war er letzten Endes genötigt, mit all den Schrecken seines Daseins von Angesicht zu Angesicht allein zu bleiben. Weder die Wissenschaft noch die Religion noch das Gute vermochten ihm etwas zu geben. Und was wir über Tolstoi sagten, können wir hier nur wiederholen: Nietzsche erhob sich gegen das Gute, nicht, weil er ein harter, kalter, dem Mitleidsgefühl unzugänglicher Mensch war. Das zu glauben, wäre ein Irrtum. Er stand in bezug auf die Humanität Turgenjeff, Dickens und Viktor Hugo nicht nach. Sein Herz kannte das Mitleid — oh, wie sehr! Er sagt: „*Wer wird etwas Großes erreichen, wenn er nicht die Kraft und den Willen in sich fühlt, große Schmerzen zuzufügen? Das Leidenkönnen ist das Wenigste: darin bringen es schwache Frauen und selbst Sklaven oft zur Meisterschaft. Aber nicht an innerer Not und Unsicherheit zu Grunde gehen, wenn man großes Leid zufügt und den Schrei dieses Leides hört, — das ist groß, das gehört zur Größe.*“ (V, 246.)

Wie der Leser sieht, folgte Nietzsche, entgegen der allgemein verbreiteten Meinung, nicht dem unmittelbaren Gefühl der Rachsucht, der Verbitterung oder des kleinlichen Egoismus. All diese Anreize waren ihm ebenso fremd wie Tolstoi. Er verfolgte nur die weitherzige Aufgabe, durch das Wort die Rettung und die Erneuerung des Menschen zu bewirken. Wenn er es aufgab, wenn er darauf verzichtete, die Menschen Liebe und Mitleid zu lehren, so nur deswegen, weil er durch schwere Erfahrung begriffen hatte, daß mit Liebe und Mitleid nicht zu helfen sei, und daß die Aufgabe des Philosophen in etwas anderem bestünde: nicht Liebe und Mitleid für die Nächsten zu propagieren, sondern mit diesen Gefühlen fertig zu werden; auf die Fragen, die sie stellen, Antwort zu finden. „*Wehe allen Liebenden, die nicht noch eine Höhe haben, welche über ihrem Mitleiden ist!*" ruft Zarathustra, und darin liegt die Erklärung dafür, was man bei Nietzsche seine Grausamkeit nennt. Nietzsche wendet sich an Menschen, die so sind, wie er selbst, für die Mitleid keine Tugend mehr ist, kein Ideal, die über dieses Ideal hinaus sind, weil sie es bereits erreicht hatten. Er wendet sich an Menschen, die sich bereits nicht mehr damit zufrieden geben, tugendhaft zu sein, indem sie Mitleid mit dem Nächsten haben. Im Gegenteil: solche Menschen, die in den Fragen von Gut und Böse so naiv sind, ekeln ihn an. „*Wahrlich, ich mag sie nicht, die Barmherzigen, die selig sind in ihrem Mitleiden: zu sehr gebricht es ihnen an Scham. Muß ich mitleidig sein, so will ich's doch nicht heißen; und wenn ich's bin, dann gern aus der Ferne.*" „*Ich sage nicht einmal,*" erklärt er, „*daß die Tugend sich selbst eine*

Belohnung ist.“ Im Gegenteil, er „*erstickt vor Mitleiden*“. Und er kann durch das Bewußtsein seiner Tugend keine Freude empfinden. „*Das aber heißt heute Tugend selber bei allen kleinen Leuten, das Mitleiden: — die haben keine Ehrfurcht vor großem Unglück, vor großer Häßlichkeit, vor großem Mißraten.*“ Nietzsche wußte zu gut, wie wenig mit den Mitteln des Mitleids getan werden kann, selbst wenn es sich nicht bloß in platonischen Seufzern und schönen Phrasen über das Unglück des Nächsten äußert. Deswegen sagt er: „. . . *du warntest als der erste vor dem Mitleiden — nicht alle, nicht keinen, sondern dich und deine Art.*“ Braucht man noch weitere Zitate, um Nietzsches Philosophie vor den üblichen Deutungen zu schützen? Nietzsche suchte dasselbe wie Tolstoi, er wollte etwas finden, was höher war als das Mitleid, und er erstrebte mit seiner Philosophie dasselbe wie Tolstoi, der ja auch im Namen jenes höheren „Etwas“ zum Entsetzen aller moralischen Menschen kaltblütig dem Unglück der Anna Karenina, der Agonie des Iwan Iljitsch usw. zusah, und zugleich mit aufmerksamem, prüfendem Blick in ihren Leiden nach einem Etwas suchte, das ihm die durch das Mitleid geweckten Fragen zu lösen vermocht hätte. Auch Zarathustra bemüht sich vor allem, die Welt zu verstehen, sucht die irdischen Schrecken — *„das große Unglück, die große Häßlichkeit, das große Mißraten“* — mit irgendeinem Sinn zu erfüllen. *„Seid fest!“* sagt er zu seinen Schülern, damit sie das furchtbare Antlitz des Lebens ertragen können, das jeden Mitleidigen vernichtet. Die Liebe, selbst die tiefe und grenzenlose Liebe, zu der die Frau fähig ist, wenn es sich um das Schicksal eines ihr nahen Menschen handelt, ist machtlos gegen das *„große Unglück“*. Nietzsche wußte: *„Welche Marter sind diese großen Künstler und überhaupt die höheren Menschen für den, der sie einmal erraten hat! Es ist so begreiflich, daß sie gerade vom Weibe — welches hellseherisch ist in der Welt des Leidens und leider auch weit über seine Kräfte hinaus hilf- und rettungssüchtig — so leicht jene Ausbrüche unbegrenzten, hingebendsten Mitleids erfahren, welche die Menge, vor allem die verehrende Menge, nicht versteht und mit neugierigen und selbstgefälligen Deutungen überhäuft. Dieses Mitleiden täuscht sich regelmäßig über* *seine Kraft: das Weib möchte glauben, daß Liebe alles vermag, es ist sein eigentümlicher Aberglaube. Ach, der Wissende des Herzens errät, wie arm, hilflos, anmaßlich, fehlgreifend, leicht zerstörend als rettend auch die beste, tiefste Liebe ist.*" (VII, 257.)

Das wirft Licht auf Nietzsches „*Immoralismus*". Wenn die Liebe, selbst die tiefste und beste, nicht rettet, sondern nur das Zugrundegehen beschleunigt; wenn das Mitleiden machtlos, hilflos ist — was bleibt dann dem übrig, der weder lieben noch bemitleiden kann? Wo ist das zu finden, was höher ist als das Mitleiden, höher als die Liebe zum Nächsten. Tolstoi sagt darauf, ein solches „*höher*" brauche angeblich weder er noch andere. Wer will, dem steht es frei zu glauben, daß Tolstoi dies nicht für seine Schüler, sondern zu sich selbst gesagt habe, daß er Nietzsches Zweifel nicht kannte, und daß die Formel „*das Gute — brüderliche Liebe — Gott*" ihn völlig befriedigt habe. Nietzsche aber konnte so nicht denken, denn das hätte geheißen, Gott seiner heiligen Attribute: der Allmacht, der Allwissenheit usw. zu berauben und ein armes, schwaches, menschliches Gefühl zur Gottheit zu erheben, das nur dort zu helfen vermag, wo man auch ohne seine Hilfe auskommen kann, dort aber versagt, wo seine Hilfe am dringendsten ist. Nietzsche war in seinem Unglück genötigt, die Hilfe und die Sorge der Menschen abzulehnen und in die Einsamkeit zu gehen, um dort auf seinen Zarathustra zu warten, der ihm erklären sollte, daß es in der Welt etwas Höheres als Mitleid gebe und geben müsse, daß das „*Gute*“ gut und notwendig sei für „*alle*“, für manche aber überflüssig; daß das Mitleiden „*viele*“ tröste, wenige aber beleidige, besonders dann, wenn es jemandem als Gabe der Moral und als Folge des Suchens nach „*Seligkeit*“ entgegengebracht werde. — Er hatte wohl das Recht gehabt, sich „*jenseits von Gut und Böse*“ zu fühlen, unabhängig davon, wie weit die Vorstellungen von Gut und Bös den Menschen für ihr Zusammenleben notwendig und nützlich sind. Utilitaristische Erwägungen interessierten ihn nicht, und sie können, allgemein gesprochen, in Moralfragen wirklich nur Nebenbedeutung haben, solange die Moral eine besondere, höhere Rolle unter den von Menschen aufgestellten Zielen beansprucht. Ob moralische Regeln nützlich oder schädlich sind, ob sie die Festigkeit des gesellschaftlichen Organismus schützen oder ihn zerstören, alles das gehörte nicht zu Nietzsches Moralphilosophie und konnte nicht zu ihr gehören. Wie Tolstoi trat er an die Moral mit der Hoffnung heran, daß sie allmächtig sei, daß sie ihm Gott ersetzen, und daß ein solcher Ersatz für die Menschheit ein Gewinn sein würde. Wie sollte er sich damit zufriedengeben, daß die Moral einigen Nutzen brächte, indem sie der Gesellschaft ohne die Ausgaben, die mit der Errichtung von Gerichten und Polizei verbunden sind, Ordnung und Sicherheit verbürgt; daß die Moral nichts anderes ist, als Polizei und Gericht, durch ein geschicktes Manöver in die Seelen der Menschen verpflanzt, uns selbst dort noch verpflichtend, wo die juristische Norm ihre Stimme nicht mehr zu erheben wagt. Das alles interessierte Nietzsche ebensowenig wie alle öffentlichen Institutionen, die in der Welt existieren. Er suchte in der Moral göttliche Spuren und fand sie nicht. Sie zeigte sich gerade dort machtlos, wo die Menschen berechtigt gewesen wären, ihre größte Machtentfaltung zu erwarten.

XIV

Und hier war es, wo Nietzsche jener auf den ersten Blick wahnsinnige Gedanke kam, den einst Heine in seinem berühmten Gedicht mit solchem Entsetzen von sich gewiesen hatte, daß Gott nämlich nicht für das Gute und für die Guten, sondern für das Böse und für die Bösen da sei; daß das Leben, die Macht des Lebens nicht in jenen Idealen läge, die er mit der Muttermilch in sich gesogen habe und die ihn ins Verderben gestürzt hätten, sondern in den ihnen entgegengesetzten; daß die Wahrheit nicht bei ihm und nicht für ihn, wie er früher gedacht hatte, sondern im Lager seiner Feinde sei, die er einst, wie Tolstoi jetzt, mit den Worten „*unsittlich*", „*lasterhaft*", „*schlecht*" gebrandmarkt hatte. Wie läßt sich die tragische Situation eines Menschen schildern, der zum schrecklichen Bewußtsein gelangt ist, daß die Sache seines Lebens nicht die Sache der Wahrheit, die Sache Gottes, die Sache des „*Guten*“ in Tolstois Sinne war, sondern des Bösen, Zerstörenden, der Unwahrheit, und dem der letzte Trost, der Glaube an seine sittliche Rechtlichkeit genommen ist. Tolstoi und seine Anhänger würden da kaum noch von einem bösen Willen sprechen. Sie würden einsehen, daß nicht der Mensch sich seine Ideen wählt, sondern daß die Ideen den Menschen erfassen, fatalistisch, gegen seinen Willen, mit unwiderstehlicher, elementarer Gewalt. So war es immer, so wird es immer mit Menschen sein, die sich auf Grund eigener Erfahrungen eine Weltanschauung geschaffen haben. Sie müssen davon sprechen, wozu sie ein innerer Zwang treibt. Nietzsche sagt: „*Wer mit Ungeheuern kämpft, mag zusehen, daß er nicht dabei zum Ungeheuer wird. Und wenn du lange in einen Abgrund blickst, blickt der Abgrund auch in dich hinein.*“ (VII, 105.) Kann man von einem Dichter seiner Art allgemein verständliche, übliche, gewohnt tröstliche Worte hören, wie es Tolstoi verlangt, oder „*Ideale*“ fordern, wie Professor Riehl meint? Nietzsche sucht nach etwas anderem, denn er weiß, daß Worte und Ideale den Menschen vor der Wirklichkeit nicht schützen. Er sagt: *„Amor fati: das sei von nun an meine Liebe! Ich will keinen Krieg gegen das Häßliche führen. Ich will nicht anklagen, ich will nicht einmal die Ankläger anklagen. Wegsehen — sei meine einzige Verneinung!“* (V, 209.)

Noch schärfer ist dieser Gedanke im Tagebuch von 1888 ausgesprochen: *„Meine Formel für die Größe am Menschen ist amor fati; daß man nichts anderes haben will, vorwärts nicht, rückwärts nicht, in alle Ewigkeit nicht. Das Notwendige nicht bloß ertragen, noch weniger verhehlen — aller Idealismus ist Verlogenheit vor dem Notwendigen —, sondern es lieben.“* (El. Förster-Nietzsche. Das Leben Fr. Nietzsches. Bd. II, S. 196.)

Diese Worte erklären Nietzsches Verhältnis zum Bösen. Er will nicht, er kann nicht über die Wirklichkeit klagen. *„Ist nicht jede Klage eine Anklage?“* fragt Zarathustra. Daher seine *„Anbetung“* des Bösen, mit der man die Leute bange macht und die doch in viel größerem Maße von allen Menschen geteilt wird, als man gewöhnlich denkt.

Nietzsche gab nur jenen Stimmungen Ausdruck, die Tolstoi gezwungen haben, sich von den Nachtasylinsassen abzuwenden, um nicht mit dem „*Häßlichen zu kämpfen*", das zu beseitigen er nicht imstande war. Nietzsche wollte aber mehr: er wollte, er mußte diese abstoßende Wirklichkeit lieben, da sie in ihm selbst war, und er sich vor ihr selbst nicht verbergen konnte. Amor fati ist nicht von ihm erdacht, so wenig wie seine ganze Philosophie, zu der er durch den eisernen Willen dieses Fatums gebracht worden war. Wer also Nietzsche leugnen wollte, muß das Leben leugnen, aus dem Nietzsche seine Philosophie geschöpft hat.

Nietzsche sagt: „‚*Du sollst nicht rauben! Du sollst nicht totschlagen!*' — *solche Worte hieß man einst heilig; vor ihnen beugte man Knie und Köpfe und zog die Schuhe aus... Ist in allem Leben selber nicht — Rauben und Totschlagen? Und daß solche Worte heilig hießen, wurde damit die Wahrheit selber nicht totgeschlagen?*" (VI, 295.) Es ist der gleiche „*amor fati*". Das Leben enthält das Böse, also kann man es nicht ableugnen, nicht verfluchen: Ableugnen und Fluchen sind machtlos. Das leidenschaftlichste Wort der Empörung ist nicht imstande, eine Fliege zu töten. Es bleibt nichts übrig, als die Wahl zwischen der Rolle eines moralischen Anklägers, der die ganze Welt, das ganze Leben gegen sich hat, und der Liebe zum Schicksal, zur Notwendigkeit, d. h. zum Leben, wie es in Wirklichkeit ist, wie es immer war und immer bleiben wird. Nietzsche konnte nicht schwanken. Er verläßt die machtlosen Träumereien und schließt sich seinem früheren Feinde, dem Leben an, dessen Rechte er als vollgültig erkennt. Die kraft- und saftlose Tugend, eine Tugend, die auf ihre Lumpen stolz ist, ekelt ihn an, denn er sieht allzugut, mit welch gierigem Neid sie zu der Kraft aufsieht, die von ihr nicht besiegt werden kann und deswegen von ihr immer beschimpft wird. „*Es erscheint uns heute selbst zum Lachen, wenn der Mensch in Anspruch nehmen wollte, Werte zu erfinden, welche den Wert der wirklichen Welt überragen sollten.*“ (V, 279.)

Schon die Gegenüberstellung von Mensch und Welt erscheint sinnlos. Diese zwei Begriffe: „*Mensch*“ und „*Welt*“, aneinander gebunden durch die maßlose Frechheit des kleinen Wörtchens und, scheinen ihm außerhalb jedes Vergleiches. Die Welt ist eine Sache für sich, der Mensch auch. Er gleicht einem zufällig in den Ozean geworfenen Brett. Wie albern, zu träumen, daß der Ozean, oder ein Etwas, noch gewaltiger als der Ozean, sich um das Schicksal eines Brettes kümmern sollte. Es gibt keine solche höhere Gewalt, es gibt keine Verbindung zwischen dem Wogen der Ozeane und den Bedürfnissen dieses Brettes. Und wenn die Natur selbst sich so wenig darum kümmert, ihre Schöpfungen vor Untergang und Vernichtung zu schützen, wenn Tod, Zerstörung, Vernichtung nur gleichgültige Erscheinungen in der Menge anderer gleichgültiger Erscheinungen sind, wenn — was noch mehr ist — die Natur selbst sich des Mordes und der Zerstörung für ihre Zwecke bedient, was gibt uns dann das Recht, das „*Gute*" zum Gesetz zu erheben, d. h. die Gewalt zu leugnen? Der Blitz erschlägt den Menschen, Krankheiten quälen ihn zu Tode, andere Tiere rauben ihm seine Nahrung: all das ist natürlich, all das gehört zur Ordnung der Dinge, all das ist Naturgesetz. Und wie unerbittlich, wie schonungslos ist diese Natur.

Das wußte Nietzsche aus eigener Erfahrung zu gut. Während er kraftlos, erniedrigt, vernichtet, mit wahnsinnigem Entsetzen in seine unbekannte Zukunft blickte, gab es keinen guten Genius, keine Stimme im ganzen All, die sich seiner angenommen hätte. Und diese so systematisch von der Natur geübte Grausamkeit wagen wir plötzlich unnatürlich, ungesetzlich zu nennen, sobald sie im Handeln der Menschen ihren Ausdruck findet. Der Blitz darf töten, der Mensch aber nicht. Die Sommertrockenheit darf die Bewohner eines ganzen Landstriches dem Hunger preisgeben, den Menschen aber, der einem Hungernden ein Stück Brot verweigert, nennen wir gottlos! Darf es einen solchen Gegensatz geben? Beweist es nicht, daß wir, indem wir ein der Natur feindliches Gesetz verehren, auf falschem Wege sind? Und liegt nicht darin das Geheimnis der „*Machtlosigkeit des Guten*", beweist es nicht, daß es der Tugend bestimmt ist, in Lumpen zu gehen, weil sie einer kleinen, nutzlosen Sache dient?
Um die Bedeutung solcher Gedanken für Nietzsche zu verstehen, muß man vor allem nicht vergessen, welche Rolle sie in seinem Schicksal spielten. Wenn er auch beim hei-

ligen Anakreon schwur, daß ihm die Beine gegeben wären, um zu zerstampfen, so war er doch nicht der Stampfende, sondern der Zerstampfte; nicht der Tretende, sondern der Getretene. Er konnte vom „*Bösen*" keine Belohnung für sich erwarten, und während er die Sünde predigte, blieb er derselbe „*uneigennützige*" Theoretiker und Idealist, der er in seiner Jugend war, als er noch die Tugend angebetet hatte. Erst später, am Ende seiner literarischen Tätigkeit, gelang es ihm, aus seinen Anschauungen eine „*aristokratische*" Lehre zu machen und eine Sprache zu führen, daß Professor Lichtenberger ihn um sein Schicksal beneiden konnte. Doch bis zuletzt hat Nietzsches Lehre ihn selber am stärksten getroffen. Nicht umsonst redet er davon, wie unangebracht in gewissen Fällen der psychologische Scharfblick ist, nicht umsonst redet er von Gott als von einem Opfertier. Je leidenschaftlicher, blasphemischer, gottloser seine Angriffe gegen den Begriff „*Gut*" sind, um so deutlicher treten jene inneren Gründe hervor, die ihn zur Abkehr von seinem Idealismus zwangen. Die Stimmungen Nietzsches waren auch dem alternden Turgenjeff bekannt. Wir erinnern nur an sein Prosagedicht „Das Insekt“. Der Idealist fürchtet sich das ganze Leben hindurch, zu Fuß auf das ihn umkreisende Ungeheuer zu setzen, bis es ihn tötet. Turgenjeff wurde von diesen Stimmungen Nietzsches erst im Alter heimgesucht. Seine literarische Tätigkeit war in der Hauptsache der Ausdruck des Idealismus, der ihn viele Jahre lang vor dem Schrecken und dem Ekel, vor dem „Insekt“ geschützt hatte. Nietzsches sämtliche Werke aber, mit Ausnahme des ersten Bandes, sind der Lösung des düstern Lebensrätsels gewidmet: Idealismus oder Wirklichkeit. Nietzsche nennt es *„in die Tiefen des Pessimismus blicken“*. Folgerichtig mußte er den Idealismus verleugnen und das „Insekt“ bejahen, d. h. das wirkliche Leben mit seinen Schrecken, Unglücksfällen, Verbrechen, Lastern. Er war gezwungen, auch die seltenen Inselchen des „*Guten*“ aufzugeben, die sich über den Gewässern des grenzenlosen Meeres des Bösen erheben. Sonst hätten sich vor ihm die Abgründe des Pessimismus, der Verneinung des Nihilismus geöffnet. Das Gesetz des Menschen mußte von der Natur ausgehen, konnte nicht zu den allgemeinen

Weltgesetzen im Gegensatz stehen. Das Böse, oder das, was die Menschen Böse nennen, und was uns bisher wegen seines sinnlosen Gegensatzes gegen alles, was unserem Herzen teuer ist, als das furchtbarste und qualvollste aller Rätsel erschien, hört für Nietzsche auf, „*böse*“ zu sein. Ja noch mehr, er findet das „*Gute*“ im „*Bösen*“ und in „*bösen Menschen*“ — eine große schöpferische Kraft. „*Alles, was den Guten böse heißt, muß zusammenkommen, daß eine Wahrheit geboren werde: oh, meine Brüder, seid ihr auch böse genug zu dieser Wahrheit? Das verwegene Wagen, das lange Mißtrauen, das grausame Nein, der Überdruß, das Schneiden ins Lebendige, wie selten kommt das zusammen! Aus solchem Samen aber wird Wahrheit gezeugt. Neben dem bösen Gewissen wuchs bisher alles Wissen!*“

Reden solcher Art findet man bei Nietzsche in Fülle. Seiner eigenen Natur war das Element des Bösen zu fremd und er selbst fühlte mit Schrecken diesen Mangel, und wie wenig er durch einen tugendhaften Gehorsam dem „*kategorischen Imperativ*“ gegenüber aufgewogen wird. Auf den ersten

Blick eine furchtbare Entdeckung. In Wirklichkeit aber bestätigt sie die von uns bereits angeführten tiefbedeutsamen Worte, die Zarathustra zu seinen Schülern sprach: „*Ihr hattet euch noch nicht gesucht: da fandet ihr mich. So tun alle Gläubigen; darum ist es so wenig mit allem Glauben. — Nun heiße ich euch, mich verlieren und euch finden; und erst, wenn ihr mich alle verleugnet habt, will ich euch wiederkehren.*“

Nietzsche, der jene Ideale, die uns allen die teuersten sind, verleugnet hatte, fand sie nun wieder. Für den Furchtlosen, der Nietzsche durch seinen ganzen Skeptizismus und durch seine Verzweiflung gefolgt ist, bekommen die geheimnisvollsten Worte der evangelischen Botschaft ein besonderes Licht: „*Gott läßt seine Sonne scheinen über Gerechte und Ungerechte.*“ Wen haben die Worte nicht befremdet durch ihren geheimnisvollen Widerspruch zu allem Sehnen unserer menschlichen Seele? Unserem Begreifen nach dürfte es nicht so sein, die Sonne dürfte den Sündhaften, den Bösen nicht scheinen, ihnen — die Finsternis, das Licht aber den Gerechten. Sind auch viele von uns bereit, den Sinn dieser Worte buchstäblich zu nehmen, sind auch viele bereit, die materiellen Güter den Bösen zu lassen, so erachten es doch alle ohne Ausnahme für notwendig, die Bösen der moralischen Verurteilung preiszugeben. Dieses Preisgegeben-werden aber bedeutet für Christenmenschen die größte Strafe, das größte Unglück. Es kann einer ein Pechvogel, ein Kranker, ein Krüppel sein, das ist ein Unglück, mitunter ein großes Unglück. Aber als „*unmoralisch*" erkannt zu werden, ist das Schlimmste, was einem Menschen begegnen kann. Und dennoch halten es alle für möglich und notwendig, eine große Anzahl ihrer Nächsten in die Kategorie der Unmoralischen einzureihen, ohne sich darüber Skrupel zu machen. Rechnen sie es sich doch oft noch als Verdienst an, zur Empörung fähig zu sein. Tolstoi kann keinen einzigen Schritt tun, ohne eine gewaltige Menge seiner Mitmenschen der Unmoral zu bezichtigen. Der Leser erinnert sich noch des Gespräches zwischen Zarathustra und dem Papst. Wir wollen einen weiteren Ausspruch Zarathustras bringen, der zeigen wird, bis zu welch großer moralischen Höhe — gerade im Sinne des

Evangeliums — der Verleugner Nietzsche emporsteigt und wie wenig vertrauenswürdig die üblichen Legenden über diesen Dichter sind. „*So erfindet mir doch die Liebe, welche nicht nur alle Strafe, sondern auch alle Schuld trägt! — So erfindet mir doch die Gerechtigkeit, die jeden freispricht, ausgenommen den Richtenden!*" Die traditionelle, dem mittleren Menschen angepaßte Moral beleidigte Nietzsche durch ihr hochmütiges Verhalten gegen die Menschen, durch ihre Bereitschaft, jeden zu brandmarken, der ihr, wenn auch nur scheinbar, nicht genügende Achtung zollte. Die Moral war gezwungen, fast die ganze Welt, nahezu alle Menschen für böse zu erklären und ging darauf ein, um nur ja nichts von dem Rechte ihrer Vorherrschaft einzubüßen. Nietzsche sucht eine Gerechtigkeit, die nicht die Strafe, d. h. nicht die materielle Züchtigung, sondern die Schuld trägt. Was bergen diese Worte anderes, als einen Kommentar zum Gleichnis vom Pharisäer und Zöllner? Denn jeder, der andere moralisch verurteilt, jeder, der die Schuld auf seinen Nächsten abládt, sagt von sich: „*Ich danke dir, Herr, daß ich nicht bin wie jener Zöllner!*" Hier noch andere Worte, die sich darauf beziehen: *„Genuß und Unschuld nämlich sind die schamhaftesten Dinge: beide wollen nicht gesucht sein. Man soll sie haben, aber man soll eher nach Schuld und Schmerzen suchen!“* Sind das Reden eines Antichristen? Eines Immoralisten? Wer Nietzsche aufmerksam studiert hat, für den kann es keine Zweifel geben, daß seine Angriffe sich nicht gegen das Christentum und das Evangelium richten, sondern gegen überall verbreitete Gemeinplätze aus der christlichen Lehre, die den Sinn und das Licht der Wahrheit vor allen — und auch vor Nietzsche selbst — verschleiern. *„Das Gute ist Gott“*, sagt Tolstoi zu seinen Jüngern, und das ist die Rede aller, die Auffassung der Kulturmasse, die er eben angreift. (Bei Nietzsche der *„gelehrte Pöbel“*: beide Dichter treffen sich manchmal selbst in den Ausdrücken!) Daß alles Leben sich dabei in *„böse“* verwandelt, berührt Tolstoi nicht. Er fragt sich nicht (er will vielmehr nicht, daß seine Jünger es fragen), wie es kommt, daß Gott nicht auf der Erde herrsche, daß Millionen von Menschen gottlos leben. Er ist getröstet, weil er die höchste Stufe moralischer Entwicklung erreicht hat! — Nietzsches Erfahrungen, Nietzsches Leben waren anders, und die Frage der Wertung des Guten nahm für ihn eine andere Form an. Er begriff, daß das Böse ebenso notwendig, ja, noch notwendiger sei als das Gute; daß beides notwendige Bedingungen des menschlichen Daseins und der Entwicklung seien, und daß die Sonne in gleicher Weise über Gute und Böse leuchten müsse.

Das ist der Sinn und die Bedeutung von Nietzsches Formel „*Jenseits von Gut und Böse*". Es kann kein Zweifel sein: Eine große Wahrheit offenbarte sich Nietzsche, eine Wahrheit, welche sich hinter den Worten des Evangeliums barg, die wir zwar anerkannten, aber nie in unsere „*philosophische*" Weltanschauung aufzunehmen wagten. Auch diesmal war ein neues Golgatha nötig, um eine neue Wahrheit zu gebären. Anders scheint das Leben seine Geheimnisse nicht preiszugeben. So spricht Zarathustra davon: „*Vor meinem höchsten Berge stehe ich und vor meiner längsten Wanderung: darum muß ich erst tiefer hinab als ich jemals stieg: — tiefer hinab in den Schmerz als ich jemals stieg, bis hinein in seine schwärzeste Flut! So will es mein Schicksal: Wohlan! Ich bin bereit.“* (VI, 225.) Das ist die Schule, durch die Nietzsche gegangen ist. Und er war nicht nur ein gehorsamer, sondern auch ein dankbarer Schüler: *„Die Zucht des Leidens, des großen Leidens — wißt ihr nicht, daß nur diese Zucht alle Erhöhungen des Menschen bisher geschaffen hat? Jene Spannung im Unglück der Seele, welche ihr die Stärke anzüchtet, ihre Schauer im Anblick des großen Zugrundegehens, ihre Empfindsamkeit und Tapferkeit im Tragen, Ausharren, Ausdeuten, Ausnützen des Unglücks, und was ihr nur je von Tiefe, Geheimnis, Maske, Geist, List, Größe geschenkt worden ist: ist es nicht ihr unter Leiden, unter der Zucht des großen Leidens geschenkt worden? Im Menschen ist Geschöpf und Schöpfer vereint: im Menschen ist Stoff, Bruchstück, Überfluß, Lehm, Kot, Unsinn, Chaos; aber im Menschen ist auch Schöpfer, Bildner, Hammer-Härte, Zuschauer-Göttlichkeit und siebenter Tag: — versteht ihr diesen Gegensatz? Und daß euer Mitleid dem Geschöpf im Menschen gilt, dem, was geformt, gebrochen, geschmiedet, gebrannt, geglüht, ge-*

läutert werden muß — dem, was notwendig leiden muß und leiden soll. Und unser Mitleid — begreift ihr's nicht, wem unser umgekehrtes Mitleid gilt, wenn es sich gegen euer Mitleid wehrt, als gegen die schlimmste aller Verzärtelungen und Schwächen?" (VII, 181.)

Wieviel Kraft, wieviel Leidenschaft, wieviel Pathos liegt in diesen Worten! In dieser Weise hat ja das Schicksal ihn, Nietzsche selbst, geformt. Seine Seele war es ja, in der alles Überflüssige, Sinnlose, Chaotische zerschlagen, zerrissen, gebrannt, geschmolzen, umgeschmiedet war, daß in ihr ein Schöpfer, ein Künstler entstehe, den das göttliche Schauen am siebenten Tage erwartet. Die Menschen werden freilich nicht glauben, sie werden freilich nicht zu glauben wagen, was Nietzsche erzählt. Die Menschen wollen das Böse verachten; was sie am meisten fürchten, ist das Leiden. Anders können sie nicht leben. Vielleicht würde auch Nietzsche — ich wiederhole es — sich zu seiner eigenen Philosophie nicht bekannt haben, wenn er nicht vorher den ihm vom Schicksal bereiteten bitteren Becher geleert hätte. Sein „*Immoralismus*" ist das Resultat eines tieftragischen, grenzenlos unglücklichen Lebens. Damit das Licht dieses Gestirnes den Menschen erreiche, muß er in den dunkeln Abgrund des „*Leidens*“ untertauchen: aus dieser Tiefe erst kann er jenes Gestirn erblicken. Im Lichte des Tages aber sind die fernen Sonnen, selbst die hellsten, für das menschliche Auge unsichtbar.

XV

Hier endet bei Nietzsche die Philosophie und es beginnt die Predigt. Hier beginnt seine Absonderung und Selbstüberhebung, die Einteilung der Menschen in höhere und niedere, in würdige und unwürdige, kurz, es beginnt all das, was wir auch vor Nietzsche beobachten konnten. Die Worte sind freilich andere. Es wird nicht vom „*Guten*“ geredet, statt dessen erscheint der „*Übermensch*“. Doch die Rolle dieses Übermenschen ist nicht neu. Nietzsche spricht und handelt in dessen Namen genau so, wie Dostojewski und Tolstoi im Namen des „*Guten*“. Er muß sich selbst rechtfertigen, er muß die Vergangenheit vergessen, sich retten, die verdammten Probleme, auf die es keine Antwort gibt, loswerden. Und Nietzsche greift zu dem alten, gut bewährten Mittel, das schon so oft kranke und gequälte menschliche Herzen geheilt: er beginnt zu predigen.

Er sagt: „*Ach, ich warf wohl mein Netz in ihre Meere und wollte gute Fische fangen; aber immer zog ich eines alten Gottes Kopf herauf.*“ (VI, 189.)
Diese Worte sind bis zu einem gewissen Grade auch auf ihn selbst anwendbar. Auch sein Übermensch ist nur der Kopf eines alten Götzen, nur anders gefärbt. Nietzsche konnte ebensowenig wie die ihm innerlich so verwandten Tolstoi und Dostojewski das furchtbare Antlitz des Lebens ertragen, sich mit seinem Schicksal aussöhnen. Was ist eigentlich sein Aristokratismus? In die einfache Sprache, etwa die Tolstois, die so sehr den Vorzug der Klarheit hat, übertragen, bedeutet er: ich und noch einige wenige sind sehr große Menschen, alle anderen sind unbedeutende Schachfiguren. Groß sein, das ist die Hauptsache, das Höchste, was das Leben in sich birgt. Und dieses Höchste besitze ich, während die anderen es nicht besitzen, die Hauptsache, daß die anderen es nicht besitzen. Warum tröstet ein solches Bewußtsein, warum ist es eine Erleichterung, zu glauben, daß man Vorzüge hat, die die anderen nicht besitzen, — wer wird dies Geheimnis der menschlichen Psyche enträt-

seln? Die Tatsache aber bleibt bestehen. Diese Tatsache veranlaßte Dostojewski, seinen Raskolnikoff zu peinigen, aus dieser Tatsache heraus griff Tolstoi so schonungslos die ganze Intelligenz an. So quälend, so tief ist das Bedürfnis der Menschen, einen Stützpunkt für sich zu finden, daß sie alles opfern, alles vergessen, um sich ja nur vor den Zweifeln zu retten. Und welche Auslösungsmöglichkeit für die Energie einer im Sturm lebenden Seele ist so wirksam, wie das Predigen, das Zürnen, das Sich-Empören? Tolstoi nannte selbst die Marxisten unsittlich. Die Marxisten, die einer Idee, eines von ihnen erkannten „*Guten*" wegen ihre besten Jahre dem Lesen des „Kapitals", dem Studium statistischer Tabellen und ähnlichen Beschäftigungen, die ihnen bekanntlich nichts Gutes einbringen, opfern. Man kann sie zu widerlegen suchen, man kann sie bedauern, — das alles wohl; aber eines abzustreiten ist nicht gut möglich: daß es sich in ihrem ganzen Kampfe nur um die „*Moral*" handelt, wenn sie sich auch gegen die „*Subjektivisten*" wenden. Marx und die Statistik sind nur eine neue Form, deren Inhalt schon ganz alt ist: die innere Hingabe an eine Idee, die Selbstverleugnung, Selbstaufopferung, die Aufgabe seines eigenen Willens, um eines höheren „*Prinzips*“ willen. Wo kann es noch mehr Moral geben? Doch Graf Tolstoi will und kann niemandem etwas vergeben; alle sind sie „*unsittlich*“! Hat man diese Auffassung nicht, wie soll man dann mit Iwan Iljitsch, mit den Nachtasylleuten, mit den hungernden Dirnen, mit seiner eigenen Machtlosigkeit fertig werden? Hast du niemand, über den du deinen Zorn ergießen kannst, niemand, über den du mit Vorwürfen herfallen kannst, so riskierst du am Ende ganz allein von Angesicht zu Angesicht vor den verfluchten Fragen dazustehen, denen gegenüber die Formel „*Gott ist das Gute*“ ganz wirkungslos bleibt. Das Verführerische dieser Formel besteht ja nur darin, daß sie die Möglichkeit zuläßt, sich abzusondern, Feinde zu finden und zu kämpfen, wenn auch nur gegen die blassen Jünglinge, die Marx lesen, oder gegen die hungernden Raskolnikoffs, die von einem Mord träumen. Nietzches Übermensch hat genau dieselbe Bedeutung. Wo die Philosophie vor der Begrenztheit der menschlichen Kräfte halt machen muß, da beginnt die Predigt. Seine

Leiden, seine Schmach, sein Unglück, alles, was ihm das Leben gebracht hatte, benutzte Nietzsche letzten Endes, um sich daraus ein Recht zu konstruieren, andere zu drücken und zu vernichten. „*Das Leiden macht den Menschen zum Vornehmen: es sondert ihn von den anderen ab*“, sagte er einmal mit jener unabsichtlichen Offenheit, die so oft bei ihm zugleich mit dem systematischen Bestreben, sich hinter einer Maske zu verbergen, überraschend hervortritt. Und er wußte doch selbst, wie nahe die Menschen einander sind: „*Nackt sah ich beide, den größten und den kleinsten Menschen: — allzuähnlich sind sie noch einander.*“ (VI, 134.)

Und nichtsdestoweniger behält Nietzsche seinen Aristokratismus bei. Dieser absondernde Aristokratismus verleiht das „*Pathos der Distanz*“ — jenes Pathos, das immer schon die Quelle aller moralischen Empörung gewesen ist. Ich bin „*hoch*“, die anderen niedrig: das gibt einen Boden für Protest, für Kampf, Platz für die Abladung aller Bitterkeit, aller Kränkung. Wären der „*Aristokratismus*“, die „*moralische Vollkommenheit*“ (beide Worte sind völlig gleichbedeutend) Kinder eines befriedigten Ichs, eines klaren und ruhigen Geistes, so wäre die Predigtform eines Dostojewski, Tolstoi und Nietzsche überflüssig, ja unmöglich. Nur die Hilflosigkeit gegenüber den Rätseln des Lebens gebiert jenen heimlichen, tief verborgenen Haß, der das Kennzeichen all dieser außerordentlichen Dichter war. Gegen das Schicksal kommt man nicht an! Es ist gegen alle unsere Flüche gleichgültig und wir können ihm nichts anhaben! So wollen wir unsere Empörung gegen den Menschen richten: ihn erreicht es. Man muß nur verstehen, die Schläge so zu führen, daß sie ihn treffen, man muß seine empfindlichen Stellen kennen. Daher bedeutet das Predigen so wenig.

Dostojewski, Nietzsche und Tolstoi wurden nicht fertig mit dem „*großen Unglück, der großen Häßlichkeit, dem großen Mißraten*“; sie litten so darunter, daß sie aufhören mußten, das Leben zu befragen; und wenn sie im Predigen Vergessen suchten, so beweist es nur, wie anspruchsvoll ihre Naturen waren. Ohne Antwort auf ihre Fragen konnten sie nicht mehr leben, und ihnen war jede Antwort lieber als gar keine. „*Es ist die aus der Tiefe geborene Oberfläche*", wie Nietzsche sich ausdrückt. Es ist nicht möglich zu leben, wenn man fortwährend furchtbare Gespenster vor seinen Augen hat. Dostojewski und Tolstoi würden dies kaum zugeben, aber Nietzsche bekennt es wie alles andere. In seinem Aphorismus „Was können wir von den Künstlern lernen?" schildert er jene Kunstgriffe, die sie anwenden, um in ihren Werken „*die Wirklichkeit zu verschönern*", und er schließt: „*Das alles sollen wir den Künstlern ablernen und im übrigen weiter sein als sie. Denn bei ihnen hört gewöhnlich diese ihre feine Kraft auf, wo die Kunst aufhört und das Leben beginnt; wir aber wollen die Dichter unseres Lebens sein, und im Kleinsten und Alltäglichsten zuerst.*"

Dieses stete, unabwendbare Bewußtsein, wie arm das Leben an Schönheit sei, dieses quälende Bedürfnis, überall das Schlechte zu sehen, mag es noch so verborgen sein, zwingt die Mehrheit der Menschen, einen Gesichtspunkt zu suchen, der ihnen tröstlichere Perspektiven eröffnet; der „*Aristokratismus*", das „*Gute*" sind nur Mittel, das Leben zu verschönern. Das führt allerdings zur Alternative, alle Menschen zu Plebejern oder zu Sündern zu stempeln, sie als unmoralische, als minderwertige oder verbrecherische Wesen zu kennzeichnen. Einen anderen Ausweg gibt es nicht. Vergegenwärtigen wir uns, was Tolstoi in seinem „Krieg und Frieden" versucht hat, um alle freizusprechen, um eine Philosophie zu finden, die *„nicht nur die Strafe, sondern auch die Schuld auf sich nimmt"*, die, mit anderen Worten, niemand verurteilt und die Erklärung des Lebens außerhalb des Menschen über dem Menschen sucht. Doch vermochte Tolstoi sich nicht lange auf dieser Höhe zu halten. Schon in „Anna Karenina" wurde er sich selber untreu. Und je weiter, desto mehr verkapselt er sich in seinen moralischen Aristokratismus, den er das *„Gute"* nennt und der sich vom Übermenschen Nietzsches nur der Form nach unterscheidet. Das Predigen Tolstois genügt sich selbst. Nicht der Armen, der Hungernden, der Erniedrigten wegen appelliert er an das *„Gute"*; im Gegenteil: all diese Unglücklichen sind nur der Anlaß. Das heißt: *„ein Dichter des wirklichen Lebens zu sein, bis in seine kleinsten, unbedeutendsten Äußerungen."*

Dort, wo es Schrecken, Ekel, Häßlichkeit gibt, wo eine Prostituierte, die niemand mehr haben will, verhungert, — dort hißt Tolstoi die Fahne des „*Guten*", das „*die Liebe zum Nächsten*", das — „*Gott*" ist. Wo es sich um rasche Hilfe handelt, diese Hilfe sich aber als unmöglich erweist, wo sich eine Lebenstragödie furchtbarster und empörendster Art abspielt, dort läßt Tolstoi die Poesie des Predigens sich ausbreiten. Genau dasselbe geschieht bei Nietzsche. Er wußte, daß er „*ein armes Opfertier*" war, und er schmückte sich mit den hohen Tugenden des Übermenschen; er fühlte, daß alles „*verloren*", daß *alles zu Ende, ganz zu Ende*" war, und sagte zugleich: „*Wenn es einen Gott gibt, wie soll ich den Gedanken ertragen, daß dieser Gott nicht ich bin.*" So verbargen sich Graf Tolstoi und Nietzsche vor der Wirklichkeit. Vermag aber ihre Predigt die Fragen des Lebens für immer vor den Menschen zu verbergen? Kann das „*Gute*" oder „*der Übermensch*" mit dem Unglück, der Sinnlichkeit unserer Existenz versöhnen? Die Poesie des Predigens Nietzsches und Tolstoi kann offenbar nur denjenigen befriedigen, der aus ihren Werken, aber auch aus seinen eigenen

Lebenserfahrungen nichts als Poesie gewinnt. Für jemand aber, der mit dem Leben in ernste Konflikte geraten ist, bedeutet die ganze Parade feierlicher und großartiger Worte, die Tolstoi und Nietzsche dem Triumphzug ihrer „Götter" bereiten, nichts mehr, als irgendwelche andere Feierlichkeiten, durch die die Menschen ihr Leben zu bereichern suchen. Die Aufmerksamkeit eines solchen Lesers bleibt auf Fürst Andrej, auf Iwan Iljitsch haften, an dem Hirten, dem eine Schlange in den Mund gekrochen ist, er überhört die schönen Betrachtungen, horcht aber um so gespannter auf die wirklichen Erlebnisse Tolstois und Nietzsches.

So resultatlos bis jetzt die Versuche waren, eine volle und vollendete Antwort auf die quälenden Lebensfragen zu finden — die Menschen werden nie aufhören, diese Versuche zu wiederholen. Es ist dem Menschen vielleicht nicht bestimmt, das zu finden, was er sucht. Doch auf dem Wege zur ewigen Wahrheit befreit er sich von vielen drückenden Vorurteilen und entdeckt neue, wenn nicht ewige, so doch immer weitere Horizonte. Von diesem Gesichtspunkte aus betrachtet, ist Nietzsches Formel „*Jenseits von*

Gut und Böse" ein wichtiger und großer Schritt vorwärts. Nietzsche war der erste der Philosophen, der offen und gerade zu protestieren begann gegen die ausschließliche Forderung des „*Guten*", das stets bestrebt war, trotz der Fülle und unendlichen Mannigfaltigkeit des wirklichen Lebens, nur sich selbst als „*Anfang und Ende von allem*", wie Tolstoi sagt, zu betrachten. Allerdings, Nietzsche sah im „*Guten*" nur das Böse und übersah das Gute darin, wodurch er seiner eigenen Formel amor fati widersprach. Er konnte aber nicht anders empfinden, sowie der reuige Sünder in der Sünde nichts anderes sehen kann als den Schrecken. Darin liegt die ganze Kraft und die Überzeugungsmacht der Philosophie Nietzsches. Wenn er gerecht geblieben wäre, hätten wir nicht verstanden, wovon er redete. Wir mußten Zeugen jener Feindschaft und jenes Hasses sein, jenes Ekels und Grauens vor dem „*Guten*", die in Nietzsche lebten, um die Möglichkeit seiner Lehre zu verstehen und um die Berechtigung gewisser Stimmungen anzuerkennen und ihnen zu erlauben, als Prinzip ins Bewußtsein einzudringen. Das „*Gute*", die

„brüderliche Liebe“ ist nicht Gott: das lehrt uns die Erfahrung Nietzsches. *„Wehe allen Liebenden, die nicht noch eine Höhe haben, die über ihrem Mitleiden ist.“* Nietzsche hat den Weg dazu gewiesen. Man soll das suchen, was höher ist als das Mitleiden, höher als das *„Gute“*: Man soll Gott suchen.

Anmerkungen

[1]) Vorwort Seite III Zeile 3 von oben.
W. Belinskij war der bedeutendste russische Kritiker der puschkinschen und nachpuschkinschen Periode. Er hat Hegels und Schellings Philosophie, die er eigenartig auslegte, der russischen kritischen Forschung aufgepfropft. Für die Literaturkritik war ihm nicht ein formaler Gesichtspunkt maßgebend, sondern höchste moralische und ontologische Forderungen. Obschon Belinskij Autodidakt ist, hat doch seine Polemik gegen Hegel und sein Versuch einer scharfgeprägten Konkretisierung der Hegelschen Philosophie als höchst beachtenswerte Erscheinung nicht nur in der russischen Literatur zu gelten.

[2]) Vorwort Seite V Zeile 8 von oben.
Belinskijs Brief an Gogol ist ein Appell, zur sozialen Betätigung und zu apollinisch-klaren Idealen (im Gegensatz zu den komplizierten mystischen Spekulationen, denen sich Gogol vor seinem Tode hingab) zurückzukehren.

[3]) Vorwort Seite IX Zeile 8 von unten.
„Wort" hat im Russischen ein größeres Gewicht als das deutsche „Wort"; — es bedeutet gleichzeitig

Kraft, Machtfülle, beinahe Beschwörung. Das russische „Wort“ (slowo) ist mit „Logos“ identisch, hat aber eine etwas andere Färbung. Ein russischer Faust hätte statt „Wort“ nicht „Tat“ zu sagen brauchen.

4) Vorwort Seite XIV Zeile 7 von unten.

„Der rasende Wissarion“ ist Belinskij. Er war schwer krank an fortgeschrittener Tuberkulose, war reizbar und ungemein leidenschaftlich in seiner Problemstellung, auch in der Diskussion mit seinen Freunden, die ihn darum auch „den rasenden W.“ zu nennen pflegten.

5) Seite 36 Zeile 8/9 von oben.

„Russkij Westnik“ – eine Zeitschrift.

6) Seite 37 Zeile 12 von oben.

Das „Ljapinsche Haus“ – Asyl für Obdachlose in Moskau –, ein Herd beispielloser Armut und menschlicher Niedrigkeit.

7) Seite 38 Zeile 3 von oben.

Buddha.

8) Seite 76 Zeile 11 von oben.

„Katorga“ könnte man allenfalls mit „Verbannung“ übersetzen, doch wird im Russischen das Wort „Katorga“ in direkter, aber auch in übertragener Bedeutung gebraucht, wie beispielsweise im Deutschen das Wort „Hölle“. So sagt man z. B. im Russischen: „die Katorga des Lebens“, oder „die Katorga des Alltags“, „eine sittliche Katorga“. Unter „Katorga“ im eigentlichen Sinn dieses Wortes versteht man Zuchthaus in Sibirien, Zwangsarbeit in sibirischen Bergwerken. Die Blüte der russischen Intelligenz hat in sibirischer Verbannung geschmachtet.

9) Seite 106 Zeile 4 von oben und 9) Seite 107 Zeile 8 von oben.

Die sechziger Jahre brachten Rußland das Aufblühen des philosophierenden und freiheitlichen Liberalismus. Mit den sechziger Jahren beginnt in Rußland eine neue Literatur und eine andere gesellschaftliche Einstellung. Diese Jahre wurden vorbereitet durch Puschkin, Gogol und Lermontoff. Die russische Literatur zog nun die Summe ihres Schaffens, — daher auch die Blüte der kritischen Literatur und rationalistischer Neigungen. Erstmalig wurde auf den Zusammenhang zwischen „belehrender Literatur", Gesellschaft, Humanismus und politischem Liberalismus hingewiesen. Im Gegensatz zur „offiziellen" Frömmigkeit, zum „offiziellen" Idealismus wurde der Nachdruck gelegt auf den „kritisch-denkenden Menschen" oder auf den „denkenden Realisten". Belinskij, Dobroljuboff, Pissareff, Tschernyschewskij sind — jeder auf seine Weise — für diese Überschätzung moralischer und gesellschaftlicher Werte eingetreten. Am bezeichnendsten für diese Epoche und am radikalsten war der früh verstorbene Pissareff, der auf dem Gebiete der Literatur und Gesellschaftskritik Glänzendes geleistet hat; seine Arbeiten bewegen sich im Strombett der grundlegenden philosophischen Probleme, die in materialistischer Phraseologie maskiert erscheinen. Als Dichter dieser Richtung muß Nekrassoff genannt werden, der über ein ungemein fein eingestelltes sittliches Empfindungsleben verfügte.

10) Seite 166 Zeile 4 von oben.

Die „Gedanken zur Volkszählung" wurden 1884

bis 1885, der „Tod des Iwan Iljitsch" aber 1884/86 geschrieben.

11) Seite 167 Zeile 8 von oben.

„Der Eindringling."

12) Seite 220 Zeile 8 von unten.

„Stiwa Oblonskij" – einer der Helden in „Anna Karenina"; ein vor allem Tragischen in seltsamer Weise geschützter Epikuräer.

Gustav A. Conradi

Leo Schestow oder das paradiesische Leben

Gedanken eines Schestow-Lesers

Leo Schestow (1866–1938) gehört, von außen gesehen, zu jener glänzenden Reihe russischer Religionsphilosophen des 19. und 20. Jahrhunderts, deren bekannteste Namen für uns Berdjajew und Solowjew sind. Er nimmt jedoch innerhalb dieser Reihe eine so ausgeprägte Sonderstellung ein, daß sie ihn fast zu einem Fremden, zu einem Nichtzugehörigen macht. Was ihn aus der Gemeinschaft mit Geistern wie Solowjew, Bulgakow und Berdjajew heraushebt, deren Denken man als universalistisch und harmonisierend, auf Synthese und Ausgleich der Gegensätze gerichtet bezeichnen kann, ist eine unerhörte Kühnheit, ein durch alle »Unmöglichkeiten« der Empirie hindurchbrechender Radikalismus des Gedankens, der die Klüfte nicht überbrückt, sondern weiter aufreißt, die Gegensätze nicht mildert, sondern verschärft. Die Unabhängigkeit, Kraft und Originalität seines Denkens, das er nicht als Besinnung, sondern als Kampf auffaßt, sind so groß, und genau betrachtet ist dieses Denken so unvergleichbar mit dem, was man im religiösen und philosophischen Bereich anzutreffen pflegt, daß man zuweilen den Eindruck hat, daß hier von einem unbekannten Stern her geredet wird, von dem aus gesehen die anderen russischen Philosophen mit der übrigen philosophierenden Menschheit aller Länder und Zeiten, von wenigen Ausnahmen abgesehen, eine gemeinsame Front bilden, die der Redende bekämpft. Daß er sich diese Haltung aber nicht anmaßt, sondern zu ihr berechtigt ist, daß er mit Vollmacht redet und über eine rätselhafte Beziehung zu den Quellkräften im Kosmos verfügt.

Leo Schestow (Lew Isaakowitsch Schwarzmann) wurde am 13. Februar des Jahres 1866 in Kiew geboren, als Sohn eines reichen jüdischen Textilkaufmannes. Er studierte in Moskau und Kiew die Rechtswissenschaften, wandte sich aber nach Abschluß seines Studiums literarischen und philosophischen Themen zu und wurde Mitarbeiter religionsphilosophischer und literarischer Zeitschriften. Im Jahre 1895 ging er nach Rom, heiratete dort eine rechtgläubige Medizinstudentin und fuhr 1898 nach Bern, wo seine Schwester studierte. Da er mit einem ausgezeichneten Gehör und einer ebensolchen Stimme begabt war, träumte er zeitweise davon, sich als Sänger ausbilden zu lassen, aber ein Versuch in dieser Richtung schlug fehl. Diese Begabung und Vorliebe Schestows für die Musik ist wichtig, denn sie durchtränkt seine Philosophie, sie prägt den Stil seines Denkens. Das verlainesche »de la musique avant toutes choses« pflegte er oft zu zitieren und betrachtete sein gesamtes Philosophieren als »höchste Musik« im platonischen Sinne.

Einen entscheidenden Einfluß hatte auf ihn die Begegnung mit Shakespeare und Nietzsche. Shakespeare veränderte ihn, wie er selbst erzählt, so, daß er »keinen Schlaf mehr fand«. Und dieselbe Wirkung hatte die

Lektüre Nietzsches auf ihn, der ihn tief beeinflußt hat, aber sogleich seinen heftigen Widerspruch hervorrief. Weshalb, so fragte er sich, soll der Mensch vor der Natur kapitulieren und ihre Grausamkeit auch in seinem Denken und Fühlen nachahmen? Es gibt keinerlei Gründe, »der Natur bei ihrem schrecklichen Geschäft zu helfen«. Wir werden später sehen, daß Schestow auf dem Wege dieses Widerspruches nicht etwa zu einer atheistisch-humanitären Haltung gelangt, sondern nach dem strebt, was jenseits der autonom gewordenen Normen der Vernunft und Moral liegt (Mitleid und Scham eingeschlossen), und so die Suche Nietzsches nach dem Übermenschlichen und Göttlichen, nach dem seligen Lande der Unschuld, nach dem geheimnisvollen Jenseits von Gut und Böse fortsetzt.

1898 kehrte Schestow wieder nach Rußland zurück, mit zwei abgeschlossenen Arbeiten: einer Schrift über Shakespeare (»Shakespeare und sein Kritiker Brandes«) und seinem ersten wichtigen Buch »Tolstoi und Nietzsche. Die Idee des Guten in ihren Lehren«, das 1900 herauskam. In diesem Buch bricht Schestow radikal mit dem Idealismus und wirft das Problem des »Guten« auf, das Problem der Moral also, das für ihn in enger Beziehung zu dem Problem der Vernunft steht. Der entscheidende Satz dieses Buches ist der letzte: »Das Gute ist nicht Gott. Es ist nötig, das zu suchen, was höher als das Mitleid, höher als das Gute ist. Es ist notwendig, Gott zu suchen.« Es ist, nach dem Gesagten, wohl klar, daß es sich hier nicht um den moralischen Gott handelt, dem Nietzsche den Garaus gemacht hat.

Auch in den übrigen Schriften Schestows – ich zitiere nur die wichtigsten – »Dostojewski und Nietzsche«,

»Die Apotheose der Bodenlosigkeit«, »Potestas Clavium«, »Sola Fide«, »Athen und Jerusalem«, »Kierkegaard und die Existenzphilosophie«, ist die Suche nach dem, was jenseits von Vernunft und Moral liegt (sofern diese autonom sein wollen), das alles bewegende Zentrum.

Bis zum Ersten Weltkrieg lebte Schestow abwechselnd in Rußland und im Ausland (Schweiz und Deutschland). Die Kriegsjahre verbrachte er in Rußland, verließ es jedoch mit seiner Familie im Jahre 1918 und siedelte sich zunächst in Genf und dann (ab 1920) in Paris an. Hier lebte und arbeitete er bis zu seinem Tode im Jahre 1938. Er wurde, nachdem er bekannt geworden war, oft nach Deutschland, Holland und anderen Ländern eingeladen und besuchte auch einmal das Land seiner Urväter (1936), wo er in Jerusalem, Tel-Aviv und Haifa eine Reihe von Vorlesungen hielt.

Mit Berdjajew war Schestow, trotz der Verschiedenheit ihrer Grundgedanken, eng befreundet, und auch mit Husserl, seinem geistigen »Gegenpol«, verband ihn eine aufrichtige Freundschaft, die von dem Adel beider zeugt. Husserl stellte ihn einmal amerikanischen Philosophieprofessoren, die zu ihm nach Freiburg gekommen waren, mit den Worten vor: »Dies ist mein Kollege; noch niemals hat mich jemand so scharf angegriffen wie er – seither sind wir Freunde.«

Bulgakow hat das Wesen des Menschen Schestow so treffend charakterisiert, daß ich nicht unterlassen möchte, seine Worte hier wiederzugeben:

»Es war unmöglich, Schestow nicht zu lieben, sogar wenn man nicht seine Weltanschauung teilte, und nicht in ihm den kühnen Sucher der Wahrheit zu achten. Leo Schestow besaß einen persönlichen unwiderstehlichen

Charme. Es war unmöglich, sich nicht zu freuen über eine Begegnung mit ihm, wie ich das bei verschiedenen Personen beobachtete, die nichts Gemeinsames in der Weltanschauung mit ihm hatten. Das erklärt sich durch eine wirklich erstaunliche Herzensbildung, durch seine beeindruckende Güte und sein Wohlwollen. Es bildet den Grundton seiner Beziehung zu den Menschen, ohne das Vorhandensein persönlichen Wettbewerbs (was man selten in unserer Literaturwelt antrifft), aber das verband sich mit dem harten Kampf um seine geistigen Errungenschaften.«

Dieser Herzenstakt erklärt auch die maßvolle, zurückhaltende Ausdrucksweise Schestows. Seinen Jünger Fondane (Fondane war sein einziger philosophischer Schüler und Fortsetzer; er hat in einem deutschen Konzentrationslager ein tragisches Ende gefunden), der in einem Artikel über Schestow gegen Jaspers polemisierte, bat er, einen kleinen Satz, den er geschrieben hatte, durchzustreichen: »Der aufrichtige Jaspers! Der kühne Jaspers! usw.« »Das ist nicht gut. Wenn Sie einen Gegner haben, müssen Sie ihn achten, nicht mit Verachtung strafen; man muß ihn achten. Und dann ... der Gedanke, gegen den Sie kämpfen, das ist mein und Ihr Gedanke ... Er ist noch in uns.« Das ist einer der charakteristischsten Züge Schestows: er schließt sich in seiner Polemik ein, er kämpft nicht gegen die anderen, er kämpft gegen sich selbst, wohl wissend, daß auch er, daß wir alle von dem »assoupissement et enchantement surnaturel«, von dem Pascal spricht und das uns hindert, zum freien, machtvollen, schöpferischen Leben zu gelangen, beherrscht werden. Es ist keine Spur von Anmaßung und Überheblichkeit in ihm. Und dies muß man vor Augen haben,

wenn man das im Anfang Gesagte (»wie von einem anderen Stern her«) richtig verstehen will.
Schestow in Paris! Der radikalste Misólogos oder Vernunftverächter, um mit Plato zu reden, in der Hochburg der »clarté« und der »Déesse Raison«. Denn dies ist Paris, trotz allen irrationalen Strömungen (Romantik, Surrealismus, Existentialismus), im wesentlichen geblieben. Es muß für die Götter auf dem Olymp – mit denen Schestow so gern verkehrte – ein ganz besonders erheiterndes und erquickendes Schauspiel gewesen sein. Erquickender sicherlich als das kurze Gastspiel, das der Baske Unamuno mit seiner Anwesenheit dort einmal gab, denn dieser war im Vergleich zu dem sensiblen, taktvollen und urbanen Schestow ein Dickhäuter, ein grober Bauer, der mit der Türe ins Haus fiel und ohne Rücksicht auf die Nerven und die Schädeldecken anderer seine Keule zu schwingen begann. Und von den Göttern auf dem Olymp wollte er nichts wissen. Schestow hingegen war im Bunde mit ihnen. Und das ganz besonders Erheiternde und Erquickende lag für die olympischen Götter darin, daß hier ein erstrangiger Geist, einer ihrer Verbündeten sozusagen, den Kampf aufnahm gegen die sokratische Vernunft und die sokratische Moral, die an allem Unglück schuld sind und den Göttern ihre Macht gestohlen haben. Daß hier ein höchst komplexer und subtiler Geist, dessen russisch-palästinensische Wurzeln ihm die »Freiheit der Bewegung« gegenüber jeder europäischen Verfestigung schenkten, mit den Waffen seiner Ironie, mit seiner glänzenden und sicheren Handhabung der Ratio eben diese aus den Angeln hob und den braven, vernunftgläubigen Atheisten sowohl wie den vernunfthörigen, auf Thomas von Aquin und Aristo-

teles schwörenden Abendländern ihre hoffnungslose Mittelmäßigkeit und Spießbürgerlichkeit – über die Ebene des »Spießbürgerlichen« im Sinne Schestows erhebt sich, bei aller Genialität, selbst Aristoteles nicht – vor Augen führte. Dies tat zwar, in einer weit einseitigeren Form, auch Unamuno. Aber hören wir uns ein paar Sätze aus der »Apotheose der Bodenlosigkeit« an, und wir werden darauf verzichten, Schestow, einen der freiesten und vorurteilslosesten Philosophen, die es je gab, in einem Atemzug mit dem tugendstolzen, mönchischen und von dem »Guten« besessenen Spiritualisten Unamuno zu nennen, der die Religion »en el fondo de la moral« zu finden glaubte.
»Doch wenn Christus wieder auf die Erde käme, so würde er ihn vielleicht verdammen – wegen seiner Tugend«. Von Kant ist hier die Rede.
»Was wir Phantasie nennen und bei den großen Dichtern so hoch schätzen, ist schließlich nichts anderes, als eine entfesselte, regellose und, wenn Sie wollen, ausschweifende Einbildungskraft.
Puschkin und Lermontow liebten die Gefahr und ließen sich deshalb unbedenklich mit Frauen ein. Ihre Unbedenklichkeit kam ihnen teuer zu stehen; aber dafür lebten sie frei und unbekümmert.
Was uns selbst bei Tolstoi am ehesten interessiert, sind nicht seine Tugenden, sondern seine Laster.«

Und ebenfalls über Tolstoi:

»Wenn er nicht das Talent besessen hätte, rechtzeitig aufzuhören, so hätte er wahrscheinlich ein ebenso schlimmes Ende genommen wie Puschkin oder Lermontow. Er hätte dann allerdings Gelegenheit gehabt, der Natur einige ihrer Geheimnisse zu entreißen und sie den Menschen

mitzuteilen, anstatt Enthaltsamkeit, Einfachheit und Unterwerfung zu predigen.
Die grauen Haare werden gewöhnlich als das sichere Zeichen des Sieges über die Leidenschaften angesehen. Und da die grauen Haare unvermeidlich sind, schließt man daraus, daß das höchste Ziel des Menschen darin besteht, seine Leidenschaften zu besiegen ... Und auf diesem granitenen Fundament errichtet man erhabene philosophische Systeme. Es lohnt sich nicht, über die Sitten zu diskutieren; begegnen wir also weiterhin dem Alter mit Achtung. Aber suchen wir andere Grundlagen für unsere philosophischen Postulate; es ist Zeit, den Leidenschaften die Tore weit zu öffnen, auch im metaphysischen Bereich.«
Man könnte einwenden, daß es sich hier um ein Jugendwerk handelt. Aber die Kühnheit und die Radikalität Schestows nehmen im Alter nicht ab, sondern zu. In seinen letzten Schriften finden sich nicht weniger radikale Formulierungen, wenn auch dabei weniger literarische als biblische Themen im Vordergrund stehen. Man höre sich folgenden Satz aus seinem Buch über Kierkegaard an:
»Tertullian vernahm von den Propheten und Aposteln, alle pudenda unserer Moral und alle impossibilia unserer Vernunft seien Einflüsterungen einer feindlichen Macht, die den Willen des Menschen fessele, und in dieser rätselhaften Macht fühlte er, wie später Luther, die bellua qua non occisa homo non potest vivere (das Ungeheuer, ohne dessen Tötung der Mensch nicht leben kann).«
Woraus entspringen diese jedes ehrenwerte und wohlausgestattete Gemüt verletzenden Sätze? Was muß ein Mensch erlebt haben, der folgendes niederschreibt:
»Wir erinnern uns, daß es keinen Henker gibt, der sich

an Erbarmungslosigkeit und Grausamkeit mit dem Ethischen messen könnte. Aber das Ethische steht nicht allein da. Neben ihm wirkt die »Ewigkeit«: alle Skorpione, deren sich unser empirisches Dasein rühmen kann, sind nichts im Vergleich zu jenen Foltern, die sie für jene bereit hält, die ihren Gesetzen nicht gehorchen.«

Was muß ein Mensch erlebt haben, fragen wir noch einmal, der von dem »tollen Treiben der ihrer Ketten ledigen und sich auf den hilflosen Menschen stürzenden wildgewordenen Bestien« spricht, »die sich in die prunkhaften Gewänder des ›Ethischen‹ und des ›Ewigen‹ gehüllt haben«. Diese Sätze sind ebenfalls der Schrift über Kierkegaard entnommen.

Wir wollen eine allgemeine Formulierung versuchen: Leo Schestow bekämpft alles, was die Fülle des Lebens einengt. Vernunft und Moral, sofern sie autonom sein wollen, engen das Leben ein. Daher bekämpft sie Schestow. Daher auch sein brüderliches Verhältnis zu Nietzsche. Nietzsche fühlte instinktiv, sagt er in seiner »Apotheose der Bodenlosigkeit«, daß er nicht erfolgreich gegen die Wissenschaft kämpfen konnte, solange ihre mächtige und treue Verbündete – die Moral – nicht niedergeworfen war. »Tolstoi, Dostojewski und andere versuchten, die Moral der Wissenschaft entgegenzusetzen, aber ihre Anstrengungen waren vergeblich.« Die Moral und die Wissenschaft sind Schwestern. Ihre Mutter ist die Norm, das Gesetz. »Die Moral ist wissenschaftlich. Die Wissenschaft ist moralisch.«

Man könnte nun auf den Gedanken kommen, daß man es mit einem Mystiker zu tun hat, für den die Fülle des Lebens das Undifferenzierte, Formlose, Gestaltlose ist, und der sich daher gegen alles wendet, was Form ist. Denn Gesetz ist Form. Dies wäre jedoch ein allzubebequemer, banaler, aus dem Bekannten kommender und in das Bekannte gehender Gedankengang. Auf diesem Wege ist Schestow nicht zu erfassen. Die Fülle des Lebens, zu der der Mystiker gelangt, indem er alles Getrennte, Einzelne, Individuelle aufgibt, besteht für Schestow gerade in dem Reichtum, der Mannigfaltigkeit des Getrennten, Verschiedenen, Einzigartigen, Individuellen, das sich jeder Identifizierung mit anderem, jeder Systematisierung entzieht.

Hier könnte man an den Nominalismus denken. Lassen wir jedoch die bekannten Ismen beiseite, sie verbauen nur den Weg zum Verständnis Schestows, dieses subtilen, sich unbedenklich von Widerspruch zu Widerspruch bewegenden Denkers, der sich in den gewohnten Kategorien nicht unterbringen läßt. Für Schestow haftet den Nomina und sonstigen Ausdrucksmitteln der Sprache durchaus kein Ungenügen an. Das Ungenügen liegt in der mangelnden Kühnheit dessen, der sie handhabt.

Schestow verteidigt das Ursprüngliche und damit das Amoralische der »verschiedenen individuellen Strebungen«:

»Die Moral, die uns gewisse Regeln gibt und das Leben eine Zeitlang gegen die Überraschungen schützt, hat nur einen bedingten Wert und muß schließlich der amoralischen Originalität der verschiedenen individuellen Strebungen weichen. Alle Gesetze haben nur eine regulierende Bedeutung, sie sind nötig für den Menschen, der die Ruhe sucht und geschützt werden will. Aber die ursprüngliche und wesentliche Bedingung des Lebens ist die Abwesenheit jedes Gesetzes. Die Gesetze schenken uns einen erholsamen Schlaf. Das schöpferische Tun beginnt dort, wo das Gesetz endet.«

»Gemäß der Natur« bedeutet für Schestow etwas weit Höheres, reicheres, Volleres, als für die Stoiker. Denn für diese bedeutete es: gemäß der Vernunft leben. Die autonome Vernunft aber – immer nach Schestow – engt ein, verarmt, sie saugt alle Säfte aus dem Baum des Lebens heraus. »Die Natur verlangt gebieterisch, daß jeder von uns individuell schafft.« Die Natur liebt das Unverwechselbare, Unabhängige, Originale. Man gestatte mir hier, eine Seite aus »Potestas Clavium« zu zitieren, die zu dem Menschenwürdigsten gehört, was je geschrieben wurde:

»In der Tat, man nehme einmal an, daß meine Vermutung richtig sei, daß also die Natur in der Tat fähig sei, ihre Beschlüsse und Gesetze zu ändern, daß es, in der Sprache der Scholastiker gesprochen, zweierlei Macht gäbe: potentia absoluta und potentia ordinata, daß die Natur Alexander den Großen und Mozart nicht nur verschont, sondern bewahrt hat und sie noch weiter bewahrt, indem sie sich über sie freut und in ihnen gerade ihre Originalität, ihren Stolz, ihr vermessenes Wünschen und ihre Fähigkeit hochschätzt, nicht ›im Schoße der Natur‹, sondern in Freiheit zu sein. Wie würden wir dann den Ausspruch Anaximanders (über die Ruchlosigkeit der Einzeldinge, G. A. C.) und jene europäische Wahrheit einschätzen, die seit vielen Jahrhunderten diesen Ausspruch unentwegt zur Grundlage hat.

Nehmen wir noch folgendes an – denn auch daran wäre nichts Unzulässiges – nehmen wir an, daß die Philosophie nicht nur Denken sei, sondern daß das Wort in die Tat umgesetzt wird. Daß also Menschen, die ihren Glauben in Anaximander setzten, die Individualität, die Fähigkeit, sich selbst zu genügen, in sich erfolgreich ertöteten und dann als Durchschnittsdinge, als Atome, die stets durch andere Atome ersetzt werden können, sowohl in diesem als auch in jenem Leben sich als gänzlich überflüssig erwiesen und darum der Vernichtung unterlagen! Was wird man dann über die jahrhundertealte Weisheit der Menschheit sagen? Könnte es doch geschehen, daß ein Mensch, der den Glauben faßt: ›le moi est haïssable‹, letzten Endes aus seinem ›Ich‹ etwas so Klägliches, Schwaches und Feiges machen würde, daß er in der Tat nur Verachtung und Ekel verdiente. Gut noch, wenn die Natur unermeßlich reich ist und vor keinerlei Opfern zurückscheut –, doch enthielte ja auch die entgegengesetzte Vermutung nichts Unwahrscheinliches. Wie aber, wenn die Natur an ›Individuellem‹ arm ist und ihre schöpferische Grundaufgabe darin besteht, Individualitäten zu schaffen, nicht solche, von denen Byron sagte:

> *›to feel me in the solitude of kings*
> *without the power that makes them bear a crown‹,*

sondern solche, die gleich Adlern die Einsamkeit nicht fürchten, vielmehr sie lieben, da sie die Kräfte haben, die notwendig sind, um die Last der Krone zu tragen, das heißt selbständig, nicht aber in irgend etwas anderem zu existieren. Haben wir also – soweit wir bei Anaximander, Plato, den Stoikern, Plotin, den christlichen Philosophen und so weiter in die Lehre gingen und unsere Individualität zu überwinden, unser Ich zu ertöten uns bemühten, und so weiter – das größte Verbrechen begangen? Die Natur schweigt und verrät nicht ihre Geheimnisse an die Sterblichen. Warum? Ich weiß es nicht: vielleicht will sie es nicht, vielleicht aber kann sie es nicht. Wenn sie es nicht kann, wie groß mag dann ihre Verzweiflung und ihr Haß gegen die Lehrer der Weisheit sein, die, indem sie das ›le moi est haïssable‹ predigen, alle kühnen Versuche selbsttätigen Seins an der Wurzel abschneiden! Lähmen sie doch ihr edelstes, erhabenstes und zugleich heiligstes Beginnen! Sie ist bemüht, den Menschen zur Substanz, zur causa sui zu machen, ihn unabhängig zu machen von allem, sogar von ihr selbst, die ihn geschaffen. Der Mensch aber läuft wie ein Krebs rückwärts, in den Schoß der Natur zurück, aus dem er hervorgegangen ist. Und so etwas pflegt man bei uns Weisheit zu nennen! Unsere Lehrer erziehen uns im Kampfe gegen die Natur. Sie haben es sich zur Aufgabe gesetzt, unsere Mutter um jeden Preis daran zu hindern, ihre grandiosen Pläne in Erfüllung zu bringen!«

Dieser Verbundenheit Schestows mit den schöpferischen Kräften der Natur entspricht eine Verbundenheit mit der Kunst und den Künstlern. Die Abwesenheit von festen Ideen bei einem Künstler bezeugt seine Tiefe, sagt er in seinem Buch über Dostojewski.

»Das Ziel der Kunst besteht keineswegs darin, sich einer Reglementierung und von gewissen Leuten aus irgendwelchen Gründen erdachten Normen zu unterwerfen, sondern, im Gegenteil, darin, die Ketten, die den nach Freiheit begierigen Geist des Menschen fesseln, zu zerbrechen.«

Halten wir zunächst fest: Schestow kämpft gegen das Gesetz (Vernunft, Moral) im Namen der individuellen, schöpferischen Freiheit des Menschen und in Verbundenheit mit den schöpferischen Kräften der Natur. Unsere vernünftigen Gedanken und Systeme, unsere moralischen Vorbehalte verarmen die Natur, engen sie ein. Man soll nicht in den Kategorien leben, in denen man denkt, sondern in den Kategorien denken, in denen man lebt. Unsere der Vernunft entspringenden

»ewigen Wahrheiten« sind der Feind alles Lebendigen, und die erste Bedingung und Voraussetzung des wissenschaftlichen Denkens ist der Untergang des Beseelten. Alles Liebenswerte und Schätzenswerte der Welt ist, wie Schestow sagt, im Einklang mit dem schöpferischen Subjekt, und diesem schöpferischen Subjekt entsprechen nicht die toten, starren, unveränderlichen »ewigen Wahrheiten« der Vernunft, sondern das lebendige Leben, die »vie mouvante et capricieuse« mit den Wundern ihrer vergänglichen, flüchtigen Erscheinungen, die wir als »Schein« entwerten, weil unsere Logik zu träge ist, ihnen zu folgen. Überall lauern auf uns die launischen fiats, gegen die wir uns mit den Scheuklappen unserer Vernunft und Moral zu schützen versuchen.

»Das Reale ist zu uns gekommen, ohne daß wir wissen, von wo, es ist von einem ewigen Geheimnis umgeben, welches endlose und gänzlich unvorhersehbare Veränderungen erzeugt. In dieser geheimnisvollen Veränderlichkeit des Realen liegt die ganze Bedeutsamkeit, die ganze Herrlichkeit und der ganze Zauber des Lebens«

sagt Schestow in »Potestas Clavium«. Das mit dieser geheimnisvollen Veränderlichkeit des Realen im Einklang lebende schöpferische Subjekt kann sich nicht der autonomen Vernunft und ihren Weisungen unterwerfen. Eine solche Unterwerfung würde es von vornherein lähmen. Es muß lernen, im Unbekannten zu leben und für Überraschungen und Wunder bereit sein. Denn wer die Aufmerksamkeit vom Wunder ablenkt, lenkt sie damit, wie Schestow bemerkt, vom Baum des Lebens ab.

Wir gelangen damit zum Zentrum der Philosophie Schestows, zu dem, was seine eigentliche Kühnheit und Originalität ausmacht: Schestow *erkennt keine Grenzen für das Schaffen des schöpferischen Subjekts an.* Nicht etwa im Sinne Keyserlings, der im »Buch vom persönlichen Leben« vom Geist als Zauberer und von den unbegrenzten Möglichkeiten der schöpferischen Seele spricht. Denn bei Keyserling handelt es sich um die *Interpretation* des »Weltalphabets«, das als solches bestehen bleibt, und die Verwandlungen spielen sich letztlich in der psychischen Sphäre ab. Der »Maximalismus« Schestows hingegen begnügt sich nicht mit dem Psychischen und Geistigen, mit der »inneren« und also *halben* Welt. Er bezieht die Verwandlungen der dinglichen, äußeren, physischen Welt ein. Mit anderen Worten: sein Wille zur Macht ist integral. Der wahrhaft lebendige Mensch darf, wie Schestow sagt, die mythische Erfahrung nicht ausschließen. Denn die fluide Welt der Mythen und Märchen, in der das Wunder regiert, in der alles aus allem entstehen und alles zu allem werden kann, ist realer als die Welt der Wissenschaft, die eine Schattenwelt toter Begriffe ist. Und es ist besser, in der von den Göttern geschaffenen Welt der letzte Tagelöhner zu sein, als König in der Schattenwelt der Begriffe und ethischen Normen. Europa hat an die Stelle Gottes und der Götter die Vernunft und die Moral gesetzt (Kant, Sokrates) und damit den Zusammenhang mit den Quellen und Wurzeln des Lebens verloren. »In dem Augenblick, da die Götter die Welt verließen, verdeckte für den Menschen der Baum der Erkenntnis ein für allemal den Baum des Lebens«, sagt Schestow in »Athen und Jerusalem«. Er geht daher mit Interesse den Untersuchungen Lévy-Bruhls über die Rolle der Mythen bei den primitiven Völkern nach, deren Erfahrungen andere sind als die unseren. »In dem, was uns als Gipfel des Wahnsinns, als größte Unsinnigkeit erscheint«, kommentiert Schestow, »erblicken die Primitiven die wahre Wirklichkeit, die Wirklichkeit par excellence.« Und er zitiert Lévy-Bruhl selbst:

»Das primitive Denken bewegt sich in einer unvergleichlich fluideren Welt, in der unsichtbare Mächte sich ständig in den Ablauf der Erscheinungen einmischen und in der es darum nichts physikalisch Unmögliches gibt.«

Uns erscheint diese Welt phantastisch, da wir, wie Lévy-Bruhl sagt, »in einer intellektualisierten Natur leben, deren Struktur durch notwendige Gesetze und unveränderliche Formen bedingt ist«. Und diese Intellektualisierung der Natur verdanken wir – wieder nach Lévy-Bruhl – »dem rationalen Charakter der vom klassischen Altertum geschaffenen und uns vermachten Zivilisation«. Woher aber kommt es, daß uns die Mythen und Märchen bezaubern? Auch hier zitiert Schestow wieder Lévy-Bruhl:

»Wenn wir ihnen lauschen, hört der Zwang auf, werden wir die Gewalt los ... Wenn wir sie hören, geben wir freudig alle rationalen Denkgewohnheiten auf, befinden wir uns nicht mehr in deren Gewalt.«

Der Kampf Schestows gilt eben diesen vom klassischen Altertum geschaffenen und uns vermachten rationalen Denkgewohnheiten, die uns gefangenhalten und die freie Bewegung der Seele verhindern. Er verteidigte dabei die wunderbaren Begebenheiten der griechischen Mythologie nicht weniger leidenschaftlich als die Wunder der Bibel. Wenn er »Athen« »Jerusalem« entgegensetzt, so meint er mit »Athen« die von Sokrates eingeleitete rationale Entwicklung (Aristoteles und die Stoiker), nicht die griechische Mythologie.

Mit den Göttern des Olymp und den Gestalten der griechischen Mythen pflegt er vertrauten Umgang und nimmt häufig auf sie Bezug. Man muß *»zu den Göttern gehen, wie einstmals Pygmalion zu ihnen ging, welchen die den natürlichen Lauf der Geschehnisse lenkende taube Anangkē (Notwendigkeit) nicht zu hören vermochte, und dessen Wunsch, der von ihm geschaffenen Statue Leben zu verleihen, dem konsequenten Denken als äußerster Wahnsinn und äußerste sittliche Zügellosigkeit erschien und noch erscheint. Aber vor dem Gericht der Götter, die im Gegensatz zu Anangkē Überredungen Gehör zu schenken verstehen wie auch gewillt sind, wird das Unmögliche und Wahnsinnige möglich und vernünftig«. (Athen und Jerusalem)*

Er rühmt die »pygmalische, zügellose Leidenschaft« und ist entzückt von dem Eigenwillen bei den Griechen, wobei sich immer wieder die für Schestow charakteristische Zweiteilung seines Griechenbildes zeigt, die er sogar bei demselben Autor (Plato zum Beispiel) vornimmt, je nachdem, ob er sich dem Mythischen oder dem Rationalen nähert.

Der Mensch, der aus seiner Trägheit zu sich selber erwacht, der aus der Schattenwelt der Wissenschaft, aus unserer von der Wissenschaft »geschundenen Welt« zu sich selber kommt, entledigt sich der Ketten der autonomen Vernunft und Moral und aller »ewigen Wahrheiten«, »er schüttelt alle schwerwiegenden ›Muß‹ und ›aus Notwendigkeit‹ von sich ab und wird wie die mythischen Götter der Griechen von der Erde nicht angezogen und berührt sie nicht«.

Doch dieses Erwachen des Menschen zu sich selbst, die Eroberung der göttlichen Leichtigkeit, des Schwebens über dem Bodenlosen geht nur über die Seele bis

zum Zerreißen anspannende Zweifel vor sich, durch schwere innere Loslösungen hindurch. Der Anfang der wahren, menschenwürdigen Philosophie ist die Verzweiflung, die für Schestow ein schöpferischer Vorgang ist, einem ekstatischen Ausbruch vergleichbar, der die schaffenden Tiefenkräfte der Seele befreit.
»Ich will es so schwer haben, wie nur irgend ein Mensch es hat; erst unter diesem Drucke gewinne ich das gute Gewissen dafür, etwas zu besitzen, das wenige Menschen haben und gehabt haben: Flügel, um im Gleichnisse zu reden.«
In diesen in der »Apotheose der Bodenlosigkeit« zitierten Worten Nietzsches erblickt Schestow den Schlüssel zu dessen Philosophie.
Die Freiheit über dem Abgrund, die Freiheit der Schwebe, die Nietzsche sich erobert hatte, sein »Jenseits von Gut und Böse« bezeichnet Schestow als einen »immense pas en avant«. Nietzsche hatte es – als Erster und Einziger – gewagt, Sokrates, den Heiligen des europäischen Rationalismus, anzugreifen und ihn als einen décadent zu bezeichnen. Sokrates, der Prediger des Guten und des Vernünftigen, ein décadent! Ein gefallener, ein von einem Baum des Lebens abgefallener Mensch! Die ganze von Sokrates eingeleitete Entwicklung war also ein Abfall, ein unheilvoller Irrtum, und Nietzsche hatte als erster Alarm geschlagen. Sein Kampf gegen das »Christentum« war in Wirklichkeit ein Kampf gegen die aristotelischen und stoischen Elemente, die sich der frohen Botschaft – vor und nach Luther – bemächtigt hatten, um aus ihr etwas Vernünftiges und Moralisches, etwas für Europäer Annehmbares zu machen. Gott war für die Europäer zu einem moralischen Popanz geworden. Man konnte auch ohne

ihn auskommen, indem man »ganz einfach« die Moral an seine Stelle setzte. »Tue recht und scheue niemand!«

»Als Nietzsche verkündete, daß wir Gott getötet haben, zog er die Bilanz der tausendjährigen Entwicklung des europäischen Denkens«, sagt Schestow in »Athen und Jerusalem«. Nietzsches Wille zur Macht, sein Jenseits von Gut und Böse, seine Herrenmoral »sind nur ein verzweifelter Versuch, vom Baum der Erkenntnis zum Baum des Lebens zurückzukehren«. Hinter Nietzsches Lehre von der Herrenmoral und der Sklavenmoral, hinter seinem

»äußerlichen Atheismus verbarg sich ein unaufhaltsamer Drang zur Freiheit des unschuldigen Menschen, der alle Dinge benannte und über alle Dinge herrschte. Er hätte mit noch größerem Recht von Herrenwahrheit und Sklavenwahrheit sprechen können – aber dazu mangelte es ihm an Kühnheit.«

Diese letztere Feststellung ist ein charakteristischer Zug des schestowschen Denkens. Es »überflügelt« das Denken der wenigen Ausnahmegeister, die sich in ähnlichen Bahnen bewegen. Und es radikalisiert und »schestowisiert« diese dabei. Berdjajew, der »Lehrer«, der »Kulturphilosoph«, wie ihn Schestow mit freundschaftlicher Ironie nennt, machte ihm diese »Schestowisierung« zum Vorwurf. Sie macht jedoch, meine ich, die Originalität und den Zauber der schestowschen Schriften aus.

Nietzsche ist ihm nicht kühn genug gegenüber der Wissenschaft und unterwirft sich zuletzt dem Fatum, das er »mit lieblichem Harfenklang« preist. Kierkegaard kommt nicht von Sokrates los, unterwirft sich der Pflicht und besingt »die unendliche Resignation«.

Dostojewski wagt nicht, sich offen zu seinem Kellerlochmenschen zu bekennen, und schiebt den Starez Sossima vor. Der Starez Sossima ist aber nur »ein billiger Öldruck: blaue Augen, sorgfältig gekämmter Bart und ein goldenes Reiflein um den Kopf«.
Pascal bleibt, mit seinem »le moi est haïssable«, in christlich-stoischen Vorurteilen befangen.
Kehren wir zu Nietzsche zurück. Nicht zu dem Vordergrund-Nietzsche, dem »Prediger« Nietzsche, sondern zu dem eigentlichen, von dem Schestow sagt:
»Er wollte nicht Abhängigkeit, sondern Macht, wollte nicht gehorchen, sondern befehlen, wollte Herr sein nicht nur über die Moral, sondern auch über die Wahrheit, während die europäische Weisheit wie auch die indische ihn zur Unterwürfigkeit aufforderten. Vom Willen zur Macht sprach er allerdings nur in Augenblicken der Inspiration, wenn es ihm gelang, die Gewalt und das Joch der Vernunft von sich abzuschütteln.«
Der Wille zur Macht bei Nietzsche entspricht, wie Schestow ausführt, Luthers Deus omnipotens ex nihilo creans omnia, und die nietzschesche Formel »jenseits von Gut und Böse« drückt dasselbe aus wie das lutherische »sola fide«. Bei allen zeitbedingten Unterschieden handelt es sich in beiden Fällen um die Befreiung der schöpferischen Tiefenkräfte, die Verherrlichung des *Schöpfers* – heiße er Deus oder Übermensch. Die Lehre von der Ewigen Wiederkehr ist die unvollkommene Ausdrucksform einer plötzlichen Erleuchtung, für die Nietzsche, wie Schestow sagt, nicht das richtige Wort fand. Hinter dieser Lehre verbarg sich »etwas unermeßlich Machtvolles«. Am nächsten kam Nietzsche diesem unermeßlich Machtvollen und Schöpferischen vielleicht mit seinem »denn alle Lust will Ewigkeit«.

Die schöpferische Lust und Freiheit, die dem zum Baum des Lebens zurückkehrenden Menschen bestimmt ist, ist die Lust und Freiheit des paradiesischen Lebens. Schestow wird nicht müde, von dieser schöpferischen Lust und Freiheit zu sprechen, und dort, wo er von etwas anderem zu sprechen scheint, steht im Hintergrund immer – als die Quelle, aus der alle seine Gedanken kommen, und der Maßstab, mit dem er alles andere mißt – das paradiesische Leben. Es spielt bei ihm dieselbe Rolle wie bei Nietzsche das dionysische Leben und ist nicht weniger leibhaft, blutvoll und eroserfüllt als dieses. Die paradiesische Lust ist jedoch kein bloßes Gegengewicht gegen die Tragik, wie die dionysische, sondern hat sie radikal, von der Wurzel her, überwunden. Die paradiesische Freiheit ist nicht die Freiheit der Wahl zwischen Gut und Böse, sondern die Freiheit zum ursprünglich Guten, dem »valde bonum« des Schöpfers, mit dem er die Welt und alle Dinge, nachdem er sie geschaffen hatte, und *weil* er sie geschaffen hatte, als »sehr gut« bezeichnete. Dies ist das Zentrum des Zentrums in der Philosophie Schestows. Und nur von hier aus kann man das Verhältnis dieses freiesten und überlegensten aller freien und überlegenen Geister zur frohen Botschaft der Bibel verstehen. Schestow lehnt jegliche Autorität, auch die Autorität der Bibel ab. Aber seine Philosophie der Souveränität, des Wünschens und Befehlens, des Herrseins über alle Dinge, auch über die Wahrheit, findet in diesem merkwürdigen Buch der Bücher – in dem dem widerspenstigen, die frommen Reden seiner »leidigen Tröster« verachtenden Hiob, auf sein unvernünftiges, törichtes, ja wahnsinniges »clamare« hin, sein verlorenes Gut (Gesundheit, Kinder, Herden) doppelt zurückgegeben wird und in dem es heißt: »Euch wird nichts unmöglich sein« – eine merkwürdige Bestätigung, die es aus allen übrigen heiligen Schriften der Welt heraushebt und zu einer völlig unvergleichlichen Ausnahme macht.

Alle Wissenden in Europa und Asien sind sich von je darüber einig, daß das Üble in der Welt das Einzeldasein ist, das dazu verurteilt ist, zu entstehen und zu vergehen. Die einzige für dieses Einzeldasein mögliche »Ewigkeit« ist die Identifizierung mit dem immer bestehenden Ganzen, das man – man gestatte die Vereinfachung – in Europa als Struktur, in Asien als undifferenzierte Einheit auffaßt. Das konkrete, individuelle Einzeldasein wird in beiden Fällen dem »Allgemeinen« geopfert. Im besten Fall wird es in der Erinnerung aufbewahrt – solange sie reicht.

Die einzige, rätselhafte Ausnahme ist, wie Schestow immer wieder hervorhebt, die Bibel. In der Bibel haftet dem Einzeldasein als solchem nichts Übles an. Im Gegenteil, es war, nach der Erschaffung der Welt und aller Einzeldinge, alles »sehr gut«. Und die Bestimmung der Einzelwesen ist nicht der Untergang, das Leben der Menschen entspringt und mündet in Sphären, zu denen die Vernunft und die Anangkē keinen Zugang haben. Die einzige Quelle alles Guten ist der ursprüngliche Schöpfungsakt, hinter dem eine schöpferische Macht steht, der keine Grenzen gesetzt sind. Daher ruht der Akzent bei Schestow auf den schöpferischen Tiefenkräften der Natur, und der Glaube an das Göttliche, an Gott und die Götter, ist eine schöpferische, sprengende Kraft, die den Zugang zum Baum des Lebens öffnet. Man hat die frohe Botschaft verfälscht. Man hat sie mit rationalen und moralischen Elementen verquickt, die ihr fremd sind. Man hat die Früchte vom Baum der Erkenntnis zur Grundlage der Philosophie gemacht, Aristoteles und die Stoiker haben alles durchtränkt, und das Ergebnis ist Spinoza, das Ergebnis ist Hegel, die Vernunft beherrscht alles, alles Wirkliche ist vernünftig, und alles Vernünftige wirklich. Selbst Thomas von Aquin schreibt, unter dem Diktat der Vernunft, daß das grausame Naturgesetz des Fressens und Gefressenwerdens von Anfang an geherrscht hat, auch im Paradies. Im Paradies aber wird, wie Schestow schreibt, unsere Wissenschaft zum Gespött. Wer sich dem paradiesischen Denken nähert, muß alle biederen und bequemen Gewohnheiten des logischen, moralischen oder »dialektischen« Denkens verabschieden, mit denen Hegel zum Beispiel sich dem Göttlichen nähern zu können glaubt, der es fertig bringt, so zu schreiben: »Denn warum sollte er (das heißt Gott) uns nicht offenbaren, wenn wir einigen Ernst mit ihm machen wollen.« Schestow, der diesen Satz Hegels zitiert, fährt fort: »Das ist es ja eben: wenn wir einigen Ernst mit ihm machen wollen. O heilige Einfalt! Welch ein Gelächter erhob sich selbst auf dem schon ohnehin heiteren heidnischen Olymp, als Hegel diese Zeilen schrieb!« Das paradiesische Leben ist ein Leben im Unbekannten, voller wunderbarer Überraschungen, es entspricht der Sehnsucht des lebendigen Menschen nach der Abwesenheit der gewohnten, »natürlichen« (»vernünftigen«) und moralischen Ordnung und ihren Gesetzen: »Im Paradies bekommen alle Versuchungen einen besonderen, verführerischen Zauber. Das Leben ist dort voller Gefahren« sagt Schestow in seiner geistreichen und übermütigen »Apotheose der Bodenlosigkeit«.

»Hier hört der Zwang auf, denn die Befehle des Demiurgen zwingen, im Gegensatz zu den Befehlen der gegen alles gleichgültigen Anangkē, niemanden. Sie rufen ins Dasein, beschenken, bereichern unerwartet. Je mehr Demiurg befiehlt, desto weniger muß man gehorchen. Demiurg ruft den durch die Ketten der Notwendigkeit gefesselten Menschen zur letzten Freiheit. Er fürchtet sich nicht einmal – so sonderbar dies dem menschlichen, auf Ängsten beruhenden Denken erscheint, aber Demiurg fürchtet sich vor nichts –, *seine ganze grenzenlose Macht und all seine ebenfalls grenzenlosen schöpferischen Kräfte einem anderen Wesen zu übergeben, das er selber nach seinem Ebenbilde geschaffen hat. Für Gott ist alles sehr gut.« (Athen und Jerusalem)*

Doch brechen wir die schestowsche »Musik« hier ab und fragen wir uns: was bedeutet Schestow, der Verteidiger der »aus dem Orient kommenden« Offenbarung, für uns Europäer, die wir mit unserem ganzen Stolz, mit unserer ganzen Leidenschaft dem Logos zugewandt leben? Für uns Europäer, die wir, als Erben der »vom Altertum geschaffenen und uns vermachten Zivilisation«, mit Descartes die potentia ordinata der potentia absoluta bei weitem vorziehen und ihr mit Haut und Haaren ergeben sind?

Da wäre, als erstes, zu sagen, daß wir den Verteidiger der konkreten Wirklichkeit, des Unverwechselbaren, des Individuellen, der Souveränität der Person, des Reichtums und der Fülle der Welt voll bejahen und für einen der besten Europäer halten. Und was die Feindschaft gegenüber dem Logos betrifft, den Schestow mit der Anangkē, der verhängnisvollen Notwendigkeit und den Schrecknissen des Lebens verknüpft, so muß man sich vor Augen halten, daß nur die *ihre Zuständigkeit überschreitende* Vernunft seine Feindin ist, die schrankenlose, autonome Vernunft, die höchste Autorität beansprucht und über sich keine andere Instanz anerkennt. Die Vernunft aber ist nur zuständig für die »mittleren Zonen«, in denen Aristoteles herrscht, nicht für die Randgebiete. Sie glaubt, weil sie vieles kann, alles zu können und auf dem Wege der Schlußfolgerung auch in die Randgebiete vordringen zu können. »Vieles« und »alles« sind aber, wie Schestow bemerkt, völlig verschiedene Kategorien.

Zu dem lebendigen Menschen, dem *ganzen* Menschen, gehört das Trachten nach den Wurzeln und Quellen des Lebens, »nach einem Maximum an Metaphysik«, wie Schestow sagt. Die Quelle der Metaphysik aber ist das durch nichts beschränkte schöpferische Wollen, nicht die bloße Besinnung auf das, was *schon* ist. Zentrum und Quelle der gesamten Philosophie Schestows ist die schöpferische Willkür. Daher seine Freundschaft mit Nietzsche – nicht mit dem Prediger Nietzsche, sondern mit dem Nietzsche der schöpferischen Inspiration, der »in einem Sturme von Freiheitsgefühl, von Macht, von Göttlichkeit« den Durchbruch eben dieser schöpferischen Willkür erlebte. Daher sein tieferes Interesse für Luther, nicht den Reformator, sondern den Mönch in der Einsamkeit seiner Zelle, wo sich ihm Gott als der allmächtige Schöpfer offenbarte, der alle Gesetzesfesseln, die den Menschen versklaven, sprengt. Im Angesicht des Schöpfers gibt es keine Gesetze. »Moses auf dem Berge«, sagt Luther, »wo er von Angesicht zu Angesicht mit Gott spricht, hat kein Gesetz, macht keins und wendet keins an, erst wenn er vom Berg herabsteigt, ist er Gesetzgeber und regiert das Volk durch das Gesetz.« Der Augenblick der Inspiration ist der Durchbruch der paradiesischen Freiheit und ihres glühenden Lebens – jener »neuen Glut«, von der Nietzsche in seinen Dionysos-Dithyramben spricht:

»Ein Gedanke
jetzt noch heiß-flüssig, Lava:
aber jede Lava baut
um sich selbst einen Berg,
jeder Gedanke erdrückt
sich zuletzt mit ›Gesetzen‹.«

Könnten wir Europäer nicht die von Schopenhauer und Nietzsche eingeleitete Rehabilitierung des »Willens« auf den Spuren Schestows metaphysisch vertiefen und so den Weg, der zum Baum des Lebens führt, wieder beschreiten? Der »lebendigen Vernunft« bei Ortega, der diesen Weg der Wiedereroberung des Baums des Lebens beschritten hat, haftet noch zu viel Unfreiheit an. Sie müßte noch weit lebendiger, elastischer und unabhängiger werden, um ihre eigenen Grenzen erkennen zu können und zu verhindern, daß die ancilla – man beachte die Häufigkeit von Adjektiven wie »inexorable« in den Schriften Ortegas – sich unmerklich wieder zur domina wandelt.
Das Maximum an Metaphysik, das Schestow von uns fordert, würde der von uns so heiß beliebten Physis nur zugute kommen. Wir brauchen dabei weder auf die Logik noch auf die von Schestow so leidenschaftlich bekämpften »Selbstevidenzen« zu verzichten. All dies würde zu Instrument und Spielzeug, die Vernunft zum »Laufboten«, der unsere Wünsche erfüllt.
»Auf diese Weise schafft das logische ›Auge‹ die Illusion fester, durchsichtiger Begriffe, dem entsprechend wie

das physische Auge die Illusion eines festen Kristallgewölbes über uns schafft«, sagt Schestow am Ende von »Potestas Clavium« mit gegen die »Selbstevidenzen« gerichteter, kämpferischer Absicht. Wir aber sagen: Wunderbar! Es lebe die Illusion mit ihrem »ludere«, ihrem gottgewollten Spiel! Es lebe der theatrische Bau der Welt!

Und wäre nicht Schestow damit einverstanden, wenn – – ? Aber dieses »wenn« brauche ich wohl nicht mehr auszuführen.

»Entra pure, movi securo« stand einst über dem harmonischen Rundportal eines der schönsten, herrschaftlichsten Ratspaläste Italiens, des Palazzo dei Priori in Perugia, der hochgebauten Stadt im paradiesischen Umbrien.

Diese Worte standen auch, nach Erschaffung des Menschen, in flammender Sonnenschrift über der Schöpfung. Der »Fall« in die Erkenntnis, den die Schlange bewirkte, ließ die Worte verblassen, ja unkenntlich werden. Doch leuchten sie immer wieder auf, wenn einem Herzen – allein durch den Glauben und jenseits von Gut und Böse – der reine, unschuldige, furchtlose Blick auf die Schöpfung geschenkt wird: der Blick des Einzigen auf sein Eigentum. »Tritt ein und bewege dich frei!«

Aleksej Remisow

Bei Lew Schestow

… Lew Isaakowitsch Schestow in Boulogne, hinter der Kirche. Während bei Kornetow tagsüber und bis in den Abend hinein die Trambahn kreischt – und welche ist's? die weiße Dreiundzwanzig oder die gelbe Fünfundzwanzig? oder sind sie gar beide strebend bemüht? – und man bei offenem Fenster sich selber nicht mehr hören kann, ist bei Schestow zu jenen nächtlichen Stunden, da die sperrigen Lastwagen, die den lieben langen Tag gelärmt und auch den letzten Rest ihres Treibstoffs versoffen haben, in ihre Maschinenstarre verfallen, auch ohne Radioempfänger jedes Wort deutlich vernehmbar.
Schestow lebt als Einsiedler – »Lew, der Eremit«, und gerade eben geht er in den Wald. Er besitzt eine Uhr deutscher Bauart mit kunstvoll gefertigtem Mechanismus: Wenn er das Haus verläßt, so der Fabeldichter Kukownikow, ist da so ein feines Drähtchen, wo man sich eigentlich ein Pendel vorstellt, und Schestow wickelt sich dieses Drähtchen ums Bein, und während er geht, geht auch die Uhr, und kehrt er dann nach Hause zurück, bindet er das Drähtchen los, und die

Uhr steht still. Und so geht er denn auch stundenlang im Wald spazieren – sechs Stunden vielleicht, und sagt, das sei überhaupt nicht ermüdend, ja er empfiehlt es allerseits: es sei sehr gesund.
In Paris ist er selten. Vielleicht mal dann, wenn eine gut »möblierte« Person in die Stadt kommt, um sich hier zu zeigen – etwa ein Thomas Mann oder gar Piccard – und wenn bei solcher Gelegenheit eine *réception* veranstaltet wird; oder altertümlich: ein Treffen; oder modern: eine Versammlung; oder wenn's für Tiere ist: ein trautes Beisammensein. Nur zu solchen *réceptions* geht er, ansonsten bleibt er daheim. Mal rückt Ozup mit seinen »Zahl-Tagen« an, mal Pytko-Pytkowskij mit seiner »Künstlichen Stadt«, dann wieder Kukownikow mit seinen Fabeln, Sudok mit seiner Chronik; mal schaut Berdjajew vorbei, er ist unterwegs von Clamart nach Montparnasse, er macht ein bißchen Lärm, und schon geht's weiter – er muß seine Vorlesung halten; und wie es ihn packt! und da sein Tag ohnehin fünfundzwanzig Stunden hat, muß er seine Bücher gänzlich außerhalb der Zeit schreiben; und dazu sagt er dann, das sei überhaupt nicht ermüdend, ja er empfiehlt es allerseits: es sei sehr gesund.
Einstmals, bei der Entstehung des russischen Marxismus, ging Berdjajew Seite an Seite mit Struwe – »Struwe-Berdjajew«; dann machte er gemeinsame Sache mit den »Wegmarken«, mit Bulgakow – »Berdjajew-Bulgakow«; und hier in Paris wurde die Paarung »Schestow-Berdjajew« zur Redensart. Und beide sind sehr gütige und herzliche Menschen, sie sind sehr befreundet miteinander, aber welch ein Gegensatz: geht man zu Schestow, reicht die Zeit nicht für Berdjajew, ist man hinter Berdjajew her, verpaßt man

Schestow. Kornetow meint, daß – wenn man Schestows Renommierempfänge und Berdjajews religiösphilosophische Sitzungen ausklammere – keinerlei Unverträglichkeit mehr übrigbliebe: übrigbleiben würde »Schestow-Berdjajew« – ein *Buch*. Und so will auch ich es halten, denn zum Glück werde ich zu den *réceptions* nicht eingeladen, und den Sitzungen bleibe ich fern, da mir jede rednerische Begabung fehlt – also werde ich Schestow-Berdjajews Bücher lesen.

Um fünfundzwanzig Uhr, nach Berdjajews Zeitmessung, machte ich mich zu Schestow auf, um ihn darüber zu befragen, für wen man schreiben solle: »Schreiben – für wen?« Doch genau zu der Zeit, da ich den Fragebogenweg zwischen Wald und Kirche in Richtung Boulogne unter die Füße nahm, traf in Paris ein dänischer Schriftsteller aus der Verwandtschaft Kierkegaards ein: Nachdem er in Erfahrung gebracht hatte, daß Schestow an der Sorbonne Vorlesungen über seinen berühmten Ahnen hielt, begann er sich für Schestows Bücher zu interessieren und schrieb in den dänischen »Neuesten Nachrichten« einen Artikel, in welchem er Schestow als den bedeutendsten zeitgenössischen Philosophen belobigte – bedeutender noch als Bergson. Und so wurde vereinbart, daß Kierkegaard in Begleitung Jascha Schreibers Schestow aufsuchen sollte, damit man sich bekanntmachen könne. Und genau zu der Zeit, als Schestow seinen dänischen Gast erwartete, klingelte auch ich, meine »Gedanken« schriftlich *in petto* haltend, um ihm, ohne auch nur ein Wort verlieren zu müssen, die Textseite mit meiner höchst aktuellen Frage vorzeigen zu können. Und zu meiner größten Bestürzung hielt mich Schestow für Kierkegaard, ließ eine höchst französische Artigkeit vernehmen und wunderte sich bloß darüber, daß ich allein, ohne Jascha, gekommen sei. Eilends versuchte ich ihn zu beruhigen, indem ich betonte, ich sei mit Jascha noch gar nicht persönlich bekannt, ich käme gerade eben von Kornetow, seinem Nachbarn und Verehrer, und ich selber, Poletajew, sei bemüht, mich in seine Schriften zu versenken, und im übrigen sei ich bereits am Ende seiner Polemik mit Husserl angelangt. Und um nicht etwas Unpassendes zu sagen, denn Husserl hatte ich nie gelesen, entfaltete ich meine »Gedanken« und überreichte sie Schestow. Und zu meinem Entsetzen bemerkte ich gleich, daß ich sie nicht auf der richtigen Seite aufgeschlagen hatte. Schestow zeigte sich interessiert, setzte sein *pince-nez* auf und stürzte sich sogleich auf das Unterstrichene. Und unterstrichen hatte Kornetow das Allerrührendste, das Allerkläglichste aus der gesamten Pariser Literatur, soweit sie der von Suschilow sogenannten »physiologischen« Richtung angehörte; und dazu der treuherzige Schluß:

»... Erbarmen mit dem Gehirn, das sich zerstreuen möchte; Erbarmen mit dem Mund, der nach Berührung sucht; Erbarmen mit dem Dämon, der sehnsuchtsvoll den Spielwürfeln innewohnt; Erbarmen mit ...«

»In Kiew gab's den Telegraphisten Wassja Kabantschik«, ließ Schestow mit ungewöhnlicher Gutmütigkeit hören: »Noch heute sehe ich ihn vor mir: Wassja Kabantschik! Mit allem hat Gott ihn bestraft, mit seinem Wuchs, mit seinem Aussehen, doch an einem hat er es nicht fehlen lassen: Jedesmal, wenn der Wassja seinen Verschlag betrat, gewann er an Statur, stand da, war von sich selbst begeistert.«

»Aber es geht doch gar nicht um diesen Passus ...«, sagte ich und blätterte ein paar Seiten um: »Es geht um das Problem von Michail Andrejewitsch, ich wollte fragen, für wen man schreiben solle, bei Slonim gibt es die ›Bildnisse sowjetischer Schriftsteller‹, ohne Genealogie, im Unterschied zur UdSSR, wo alles parabolisch auf Aleksej Maksimowitsch zurückgeführt wird«, quasselte ich, ohne zu wissen, was ich da überhaupt sagte. Schestow, der meine Verwirrung bemerkte, ging hinaus, um Wasser aufzustellen – beim Tee würde sich fröhlicher plaudern lassen.
Doch der Nachbar im oberen Stockwerk hat einen Hund – genau über uns: ich hatte diesen Hund gesehen, als ich wie immer eine Treppe zu hoch stieg, es ist ein hübscher Köter. Seit drei Monaten schon versucht dieser Hund vergeblich sich einzugewöhnen, und Tag und Nacht läuft er im Zimmer umher – und wie er läuft! Und tatsächlich könnte man meinen, da laufe nicht nur ein Hund umher, sondern gleich deren sechs – ganze vierundzwanzig Pfoten. Und während wir uns über den Hund unterhielten – fällt die Gewöhnung schon dem Menschen schwer, wieviel schwerer muß sie da den Tieren fallen! – verdampfte im Teetopf das Wasser. Und so mußte man noch einmal welches aufstellen.

Schestow beunruhigte sich mehr und mehr darüber, daß der Kierkegaard nicht auftauchte. Schestow hatte für ihn teureres Gebäck eingekauft als gewöhnlich. Natürlich wird dieses Gebäck nicht verderben, zum Tee werde auch ich mich daran gütlich tun.

Schestow hatte mir seine neue Abhandlung, *Der gefesselte Parmenides,* geschenkt. Fünf Jahre lang war sie liegengeblieben – eins Broschüre ohne Honorar herausgeben zu können, ist ein großer Glücksfall, niemand geht auf sowas ein, es sei denn, man finanziere die Herausgabe selbst – und so lag es eben und lag, und nur Berdjajew war es zu verdanken, daß sie schließlich erschien und daß dafür auch noch ein Honorar ausbezahlt wurde. Hätte Berdjajew sich bloß für Baldachal eingesetzt – für dessen »russischen Stil«! – aber für alle kann man's natürlich nicht tun, denn sonst würde ja wohl überhaupt nichts mehr erscheinen.

Und der Kierkegaard, der wird nun gewiß nicht mehr kommen – Ausländer machen zu so später Stunde keine Aufwartungen mehr. Kierkegaard und Jascha saßen derweil in einem Austernrestaurant an der Place des Ternes, gerade eben haben sie ihre Krabbensuppe ausgelöffelt und wenden sich nun den Schildkröteneiern zu; sie unterhalten sich aufs angeregteste. Boulogne, was soll's? Wie leichtgläubig und naiv die Philosophen doch sein können: Denn wozu auch sollte ein dänischer Literat einen russischen Emigranten aufsuchen? aus Interesse? – ja, da gibt's doch gar nichts, was wenigstens die *curiosité* nähren könnte – nichts »Wundersames«, und im übrigen: nichts als »Rückständigkeit« – wem denn wäre es entgangen, daß der Fünfjahrplan gesiegt hat! und überhaupt ist doch jetzt klargeworden, daß die Emigration nichts Bemerkenswertes aufzuweisen hat, keinen Lew Tolstoj und keinen Dostojewskij!

Beim Tee und beim Beknabbern des Kierkegaardschen Trockengebäcks ließ Schestow die literarische Vergangenheit noch einmal aufleben: Kiew, Petersburg, Moskau – Wodowosow, Tschelpanow, Shukowskij,

Wolynskij, Rosanow, Minskij, Gerschenson, und wie damals alles einfach war, wie treuherzig man sich sogar streiten konnte.

»Und so hat man sich denn auch ganz ohne Umstände gegenseitig aufgesucht: war man auf neun verabredet, so konnte man dennoch schon ab sechs auftauchen, ja man konnte gar unterwegs jemanden als Begleitung ins Schlepptau nehmen, so wurde damals gelebt, und keiner hatte irgendwelche Hintergedanken!«

»Und was ist mit Michail Andrejewitsch und seiner Frage: ›Für wen soll man schreiben?‹«, wollte ich, vom Tee schon angeregt, nun wissen.

»Sie erinnern sich doch, was Nietzsche notierte, als er *Menschliches, Allzumenschliches* abgeschlossen hatte?«

Schweigend reichte ich ihm ein vorbereitetes Stück Papier hinüber: Kornetow hatte mich darauf aufmerksam gemacht, daß Schestow sich gern auf lateinisch ausdrücke, weshalb ich, um nichts durcheinanderzubringen, einen Bleistift und Papier bereithalten sollte.

»Mihi ipsi scripsi«, sagte Schestow: »Geben Sie her, ich werde es aufschreiben.«

Als ich mich verabschiedete, sah ich mir die »Spazier«-Uhr in der Diele an, ein Gerät deutscher Bauart, mit kunstvoll gefertigtem Mechanismus. Schestow begleitete mich hinaus. Ich erinnerte mich an die Worte des Fabeldichters Kukownikow und richtete meinen Blick beim Gehen auf seine Füße, da ich den Draht sehen wollte, und tatsächlich, da glitzerte etwas an den Fersenkappen überm Absatz.

»Mihi ipsi scripsi! – richten Sie das dem Slonim aus: ›Ich hab's für mich selber geschrieben ...‹«

Und wir trennten uns. Schon war ich beim Gartentor,

hatte die Zigarette gelöscht, da wandte ich mich nochmals um. Und ich sehe Schestow, wie er bei der Benzinpumpe steht – dort wird ein Automobil aufgetankt – und er winkt mir zu.
»Ja«, schreit er: »Ich hab's – schon bei Horaz.«
Ich ging zu ihm zurück – daß der keine Angst hat, da neben der Pumpe zu stehn! Kornetow wäre niemals hier stehengeblieben: so was kann doch explodieren!
»Aus der *Ars poetica*«, sagte Schestow: *»Si vis me flere, dolendum est primum ipsi tibi.* Willst du mich zum Weinen bringen, mußt erst selber du den Schmerz empfinden …«
»Kaum warst du zu Haus, begann's zu regnen«, wie Baldachal zu sagen pflegt; und ich notierte mir Schestows Antwort, Wort für Wort.
Über Schestow reden zu müssen, ist peinlich: Jedermann kennt ihn, und sollte jemand seine Bücher nicht gelesen haben, so hat er doch wohl wenigstens seinen Namen gehört. Dies ist die gängige Meinung. So reden die, welche sich, wie ich, zurückgezogen haben in irgendeine Nische der »Hundertmillionen«-Stadt Paris, wobei ich selbst mich auf Boulogne beschränke, und zwar nicht einmal auf das ganze, sondern nur »vom Wald bis zur Kirche«.
Und mag Schestow auch mal seine täglichen Waldspaziergänge unterbrechen, um die *réceptions* »möblierter« Berühmtheiten zu besuchen oder die ganze Welt zu bereisen und an philosophischen Kongressen teilzunehmen, und mag es auch diesen panegyrischen Kierkegaard in den dänischen »Neuesten Nachrichten« und in England eine lobende Besprechung seiner *Hiobswaage* geben, und mögen die hiesigen »Letzten Nachrichten« gesondert über seine Vorlesungen an der

Sorbonne berichten (so wie sie über die Vorträge von General Gulewitsch zu berichten pflegen) – sind es aber wirklich viele, die überhaupt etwas von ihm wissen? wieviele aus der »Mehrheit«, aus der »Masse«, aus dem »Total« dieses russischen »Hundertmillionen«-Paris, das die arglose Unverschämtheit hat, auch über Literatur urteilen zu wollen, und dessen Urteil – nach der Ossorginschen Formel »Für den Leser schreiben!« – jeder Schriftsteller in Betracht zu ziehen hat? und wie auch nicht, da doch der farbenprächtige, jeglichen Regengüssen trotzende *imperméable* mit dem Buch auf einer und derselben Stufe steht! nein, weder »das zerrüttete Rußland«, das auf alles spuckt, noch »das naturalisierte Rußland«, das sich, außer für seine eigenen Angelegenheiten, für nichts interessiert, noch »das unterjochte Rußland«, das in den Fabriken und Werken zur Schwarzarbeit verdammt ist, um sich am Leben zu erhalten, und das seine geistige Nahrung aus einem mehrbändigen, in achtzehn Sprachen übersetzten Leerbuch (oder, mit Schestow zu reden, aus einem Wortspeier) bezieht, noch »das Rußland, das die russische Kultur hochhält« und das sich folglich »Die russische Kultur« als Organ zugelegt hat, als das einzige auf der ganzen schönen Nansenwelt, aber auch, seien wir gerecht, als jenes Organ, das alle andern an Langweilerei übertrifft, ob das nun »Die russischen Reichtümer« oder auch Gorkijs Sammelwerke über »Das Wissen« sind – nein, das ist ein »Rußland«, welches abseits der »russischen literarischen Kultur« steht und für das Gogol, Tolstoj, Dostojewskij Nullitäten sind, während es, wie Kornetow sagt, »zehn Feuilletons mit Naturbeschreibungen« oder die kläglichste Nacherzählung des trivialsten modernistischen Romans aus

Deutschland für die allerhöchste Errungenschaft hält, wobei der Schriftsteller einzig nach seinem Erfolg bei der Leserschaft beurteilt wird.
»Ich habe alle Bibliotheken abgegrast«, bekannte gegenüber Kornetow der Herausgeber der »Annalen«: »Sämtliche Hefte unserer Zeitschrift habe ich durchgesehen und dabei festgestellt, daß Schestows Beiträge unaufgeschnitten waren – was also wollen Sie noch?«
Nichts. Denn der Herausgeber hat recht. Schestow war und ist noch immer ein »unnützer« Schriftsteller, und dereinst werden Schestows Fragestellungen die Fragestellungen eines jeden kultivierten Russen sein. Doch vorerst ist Schestow lediglich solchen Leuten wie Kornetow, denen nunmehr auch ich mich angeschlossen habe, bekannt und wertvoll – einem »Rußland«, das man in seiner Unbehaustheit mit einem herrenlosen Hund vergleichen kann.
Soviel über Schestow.